KB078108

Special Thanks to

세상이 아무리 바쁘게 돌아가더라도
책까지 아무렇게나 빨리 만들 수는 없습니다.

길벗은 독자 여러분이
가장 쉽게, 가장 빨리 배울 수 있는 책을
한 권 한 권 정성을 다해 만들겠습니다.

독자의 1초를 아껴주는 정성을
만나보세요.

홈페이지의 '독자광장'에서 책을 함께 만들 수 있습니다.

㈜ 도서출판 길벗 www.gilbut.co.kr
길벗이지톡 www.eztok.co.kr
길벗스쿨 www.gilbutschool.co.kr

처음
시작하는
웹툰
작가를
위한

웹툰 스케치업

무작정 따라하기

웹툰 스케치업 무작정 따라하기
Making Webtoon by SketchUp

초판 발행 • 2020년 04월 30일
초판 2쇄 발행 • 2022년 09월 21일

지은이 • 강재신(몽토리)
발행인 • 이종원
발행처 • (주)도서출판 길벗
출판사 등록일 • 1990년 12월 24일
주소 • 서울시 마포구 월드컵로 10길 56(서교동)
대표 전화 • 02)332-0931 | **팩스** • 02)323-0586
홈페이지 • www.gilbut.co.kr | **이메일** • gilbut@gilbut.co.kr

기획 및 책임 편집 • 최근혜(kookoo1223@gilbut.co.kr), 최동원 | **표지 디자인** • 배진웅, 박상희
제작 • 이준호, 손일순, 이진혁 | **영업마케팅** • 전선하, 차명환, 박민영
영업관리 • 김명자 | **독자지원** • 윤정아, 최희창
편집진행 • 방세근 | **본문디자인** • 이용희 | **전산편집** • 이기숙 | **CTP 출력 및 인쇄** • 교보피앤비 | **제본** • 경문제책

ISBN 979-11-6521-111-0 03000
(길벗 도서번호 007037)

정가 27,000원

이 도서의 국립중앙도서관 출판사도서목록(CIP)은 서지정보유통지원시스템 홈페이지(http://seoji.nl.go.kr)와 국가자료공동목록시스템
(http://www.nl.go.kr/kolisnet)에서 이용하실 수 있습니다.(CIP제어번호 : CIP2020011927)

독자의 1초를 아껴주는 정성 길벗출판사

길벗 IT • 실용서, IT/일반 수험서, IT전문서, 경제실용서, 취미실용서, 건강실용서, 자녀교육서
더퀘스트 • 인문교양서, 비즈니스서
길벗이지톡 • 어학단행본, 어학수험서
길벗스쿨 • 국어학습서, 수학학습서, 유아학습서, 어학학습서, 어린이교양서, 교과서

페이스북 • www.facebook.com/gilbutzigy
네이버 포스트 • post.naver.com/gilbutzigy

십수 년 전, 출판 만화를 그릴 때 배경을 그릴 시간이 없어 어시스트들에게 수작업을 부탁했던 기억이 납니다. 마감에 쫓기면 좋은 배경을 직접 그리고 싶지만, 어쩔 수 없이 어시스트들에게 그려달라고 부탁할 수밖에 없는 현실이었습니다. 이럴 때 대안처럼 나타난 것이 스케치업이라는 프로그램이었습니다.

디지털 작업이 조금씩 출판 만화에 도입될 때 무료이며 간단하지만, 많은 가능성을 지닌 3D 프로그램인 스케치업을 처음 접하게 되었습니다. 스케치업은 건축과 인테리어를 위해 나온 프로그램이지만, 직접 손으로 배경이나 공간을 그리는 작업에도 좋은 대안이 될 것 같았습니다.

저는 시간이 나는 대로 틈틈이 스케치업의 기능을 익히고 간단한 모델을 만들어 보고, 출판 만화에도 적용해보면서 스케치업의 가능성을 확인할 수 있었습니다.

본격적인 웹툰 시대가 되면서 마감 시간은 짧아진 반면 많은 작업량과 높은 퀄리티를 원하는 상황이 되었습니다. 그리고 컬러 배경 작업의 부담이 커지면서 스케치업을 도입하게 되었습니다. 현재는 많은 웹툰 작가들이 스케치업을 사용해서 배경작업을 하게 되었고, 2018년부터는 텀블벅 클라우드 펀딩이라는 방식을 통해서 웹툰 배경과 리소스를 후원받는 방식으로 스케치업 배경시장이 엄청난 기세로 커지게 되었습니다.

출판제안을 받고 웹툰 작가들에게 스케치업의 사용법이나 배경제작 방법에 대해서 조금이라도 도움을 드리고자 이 책을 집필하게 되었습니다. 스케치업을 초보자 입장에서 쉽게 설명하려고 했지만 생각보다 쉽지 않은 작업이었습니다. 이 책이 웹툰 작가들에게 조금이라도 도움이 되어 작가들이 오로지 작품에만 집중할 수 있는 날이 오길 기대해 봅니다.

이 책이 나오기까지 많은 애를 써 주신 출판사 관계자분들과 제 옆에서 여러 가지 조언과 스케치업에 대한 피드백을 준 지인들, 바쁜 일정 중에도 흔쾌히 예제 원고의 튜토리얼과 원고를 제공해 주신 별에별 작가님께 감사드립니다.

저자 **몽토리**

이 책의 구성 미리보기

스케치업의 기초적인 내용부터 현대물과 배경 만들기, 조선시대 사극 배경 만들기, 판타지 배경 만들기를 배우면서 웹툰 작가들이 꼭 알아야 할 실무 능력을 키울 수 있습니다.

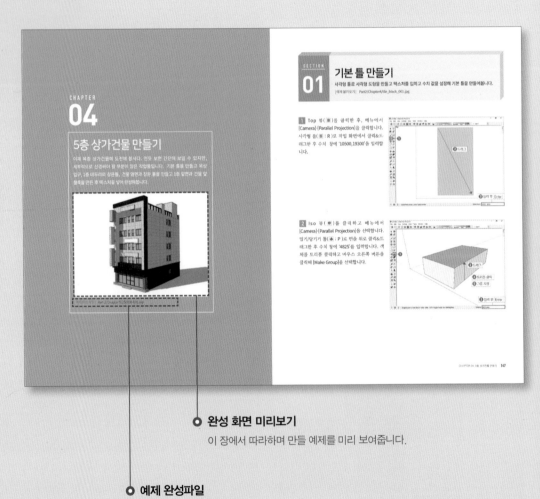

완성 화면 미리보기

이 장에서 따라하며 만들 예제를 미리 보여줍니다.

예제 완성파일

제공된 경로에서 완성파일을 확인할 수 있습니다.

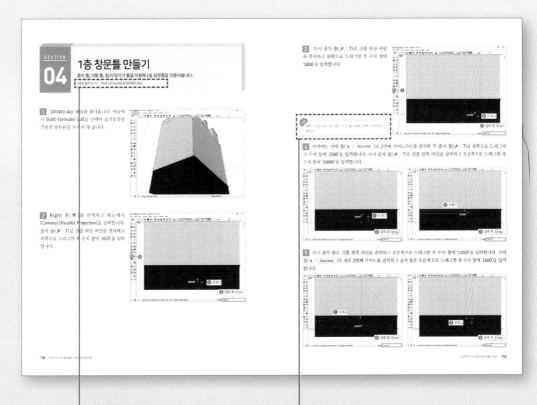

예제 불러오기

중간 과정부터 작업하고 싶은 분들을 위해 과정을 나눠 예제파일을 제공합니다. 경로에 표시된 파일을 불러오면 해당 작업 과정부터 이어서 작업할 수 있습니다.

Tip

따라 하기 과정에서 알아두면 좋을 내용이나 저자만의 작업 노하우를 담고 있습니다.

예제파일 제공

따라 하기에 필요한 모든 예제파일은 길벗 홈페이지(www.gilbut.co.kr)에서 다운로드할 수 있습니다. 길벗 홈페이지의 검색창에 [웹툰 스케치업 무작정 따라하기]를 검색한 뒤 책이 표시되면 [실습예제] 버튼을 클릭해 예제파일을 다운로드한 다음 찾기 쉬운 위치에 압축을 풀어 사용하세요.

목차

목차

스케치업
기본 강좌

이번 파트에서는 스케치업의 소개와 스케치업과 웹툰과의 관계를 살펴본 후에, 스케치업의 기본 툴 사용법에 대해서 간단하게 알아보겠습니다.

CHAPTER 01.   스케치업 소개
CHAPTER 02.   스케치업 기본 기능 익히기

PART

J1

CHAPTER

01

스케치업 소개

웹툰 작가에게 필수적인 스케치업의 특징을 간단히 살펴본 후에 스케치업의
현재 시장과 앞으로의 전망을 알아보겠습니다.

웹툰을 위한 스케치업 소개

스케치업의 장점을 알아보고 웹툰 시장의 흐름과 앞으로 스케치업의 활용 방안을 살펴봅니다.

1. 웹툰을 위한 스케치업의 특징과 장점

스케치업은 영화나 웹툰 속의 구도를 연출할 때 사용하면 편리합니다. 카메라 배치, 둘러보기, 걷기 기능을 사용하면 가상 현실에 있는 것처럼 연출할 수 있습니다.

▲ 스케치업 공식 홈페이지(출처:https://www.sketchup.com/)

1) 스케치업은 가장 배우기 쉬운 3D 드로잉 프로그램이다

스케치업은 직관적이어서 배우기 쉽고 빠른 작업이 가능합니다. 다른 3D 프로그램에 비해서 거추장스러운 기능들은 과감히 빼서 복잡하지 않고 직관적인 기능들로 구성되어 있습니다. '스케치업'이란 이름에 어울리게 연필로 그리는 느낌으로 작업할 수 있습니다. 여러 가지 선이 분할되고 면을 만드는 등의 기능들이 자동으로 이뤄지고, 추정 기능이나 객체를 이동하거나 회전시킬 때 가이드 역할을 하는 스냅 기능이 기본적으로 탑재되어 있어서 빠르게 작업할 수 있습니다.

2) 자체 외곽선 기능과 현실 세계에 기반한 그림자 생성 기능이 가장 큰 특징이다

스케치업이 웹툰 작가들의 주목을 받게 된 데에는 자체 외곽선 기능과 현실 세계를 반영한 그림자 생성 기능이 중요한 역할을 했습니다. 이렇게 스케치업은 다른 3D 프로그램과는 뚜렷하게 차별화되는 기능으로 만화나 웹툰에 가장 어울리는 3D 프로그램으로 자리매김하게 되었습니다.

3) 스타일 기능과 장면 기능의 연계로 수많은 화면 연출이 가능하다

스케치업은 자체적으로 훌륭한 프레젠테이션 기능을 갖추고 있습니다. 실제 카메라의 화각 표현과 더불어 설계, 제도에서 사용되는 표현 방식, 수많은 스타일과 장면의 조합으로 2D와 3D를 넘나드는 방식으로 한눈에 작업물을 파악할 수 있고, 여러 장면을 만든 후 애니메이션까지도 연출할 수 있습니다. 특히 이러한 장면 기능은 웹툰의 연출을 위해 유용하게 사용할 수 있습니다.

4) 3D 웨어하우스 제공으로 전 세계 유저들과 만든 모델을 공유할 수 있다

스케치업에서 제공하는 3D 웨어하우스(Warehouse)는 수백만 개의 3D 모델을 제공하는 전 세계에서 가장 방대한 무료 데이터 창고입니다. 필요한 3D 모델을 일일이 만들 필요 없이 3D 웨어하우스에 접속해서 필요한 3D 모델을 내려받으면 빠른 시간에 필요한 공간을 디자인할 수 있습니다.

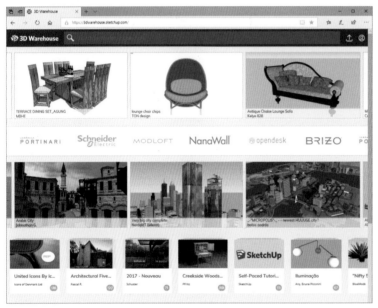

▲ 스케치업 3D 웨어하우스 홈페이지(출처: https://3dwarehouse.sketchup.com)

2. 현재의 웹툰과 스케치업의 시장 상황

한국에서 웹툰 시장이 활성화 되고 더불어 스케치업이 웹툰의 배경 제작용으로 주목받게 된 것은 어찌 보면 자연스러운 흐름이라고 볼 수 있습니다. 펜과 붓으로만 표현했던 흑백 출판만화가 인터넷을 통해서 컴퓨터와 스마트폰으로 보여주는 방식으로 전환되면서 자연스럽게 디지털 컬러링이 필요해졌고, 기존의 수작업으로 해오던 배경 작업도 좀 더 효율적이고 높은 퀄리티를 내면서도 작업시간을 단축하기 위해서는 3D 배경의 사용은 필수적이었죠. 이는 출판만화 시장의 메이저인 일본과 비교해 봐도 쉽게 알 수 있습니다.

웹툰과 함께 스케치업으로 제작된 3D 배경이 대중화 된 이제는 웹툰 제작에 스케치업이 필수적인 요소로 자리잡아가고 있습니다. 또, 스케치업으로 배경을 전문적으로 제작하는 배경제작자가 웹툰도 함께 하는 경우도 있으며, 최근에는 텀블벅을 통한 웹툰 스케치업 배경 리소스 판매가 활발하게 이뤄지고 있습니다.

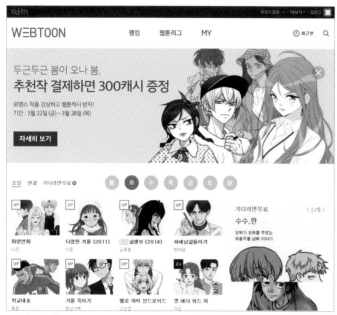

▲ 다음 웹툰(출처: http://webtoon.daum.net/)

3. 웹툰과 스케치업의 미래

현재 웹툰은 스마트기기와 디지털 컴퓨팅 기술에 많은 영향을 받고 있으며, 앞으로도 이 기술들과 밀접한 영향을 받을 수밖에 없습니다. 이는 웹툰은 다양한 디지털 기술을 적극적으로 접목시켜서 여러 형태의 콘텐츠를 만들거나 시도할 수 있다는 말이기도 합니다.

웹툰은 지금도 영상, 음향, 플랫폼, 스마트 기기에서 다양한 시도를 하고 있으며, 한편에서는 이미 VR 기술을 이용한 웹툰이 제작되고 있습니다. VR을 이용한 웹툰은 배경 공간을 3D 프로그램으로 제작하면 현실감과 입체감을 극대화할 수 있어 스케치업의 사용은 필수라고 할 수 있습니다.

앞으로 웹툰이 어떻게 변할지 정확하게 예측하기는 힘들지만, 스케치업이 웹툰 제작의 보조적인 도구로써 그 쓰임새와 중요성이 점점 커질 것은 틀림없는 사실입니다.

▲ VR 만화의 플랫폼인 스피어툰

스케치업 기본 기능 익히기

스케치업의 화면 구성과 웹툰 작업에 자주 사용하는 10가지 툴의 사용법을
간단히 알아봅니다.

스케치업 기본 세팅하기

스케치업의 기본 화면 구성을 자세히 알아봅니다.

1. 스케치업 화면 살펴보기

스케치업의 화면은 다음과 같이 구성되어 있습니다.

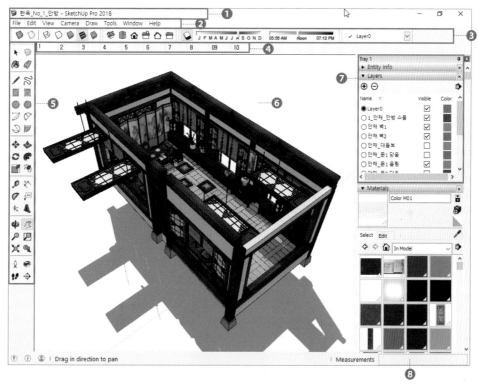

❶ **제목 표시줄:** 작업 중인 파일 이름과 스케치업의 버전을 표시합니다.

❷ **메뉴 바:** 스케치업의 기능을 메뉴 형태로 표시합니다.

❸ **상단 툴 바:** 자주 사용하는 주요 툴을 모아놓은 곳으로 사용자가 자유롭게 편집할 수 있습니다.

❹ **장면표시줄:** 처음에는 없지만, 장면을 추가하면 이 부분에 저장한 장면들이 표시됩니다.

❺ **좌측 툴 바:** 스케치업의 기본 툴을 모아놓은 툴 바입니다. 메뉴에서 [View]-[Toolbars...]를 클릭한 뒤 [Large Tool Set]을 선택하면 툴 바를 불러올 수 있습니다.

❻ **작업 화면 창:** 스케치업의 주요 작업을 하는 공간입니다.

❼ **기본 트레이:** 팔레트 형식의 패널들이 주제별로 구분되어 표시됩니다. 좀 더 세분화되고 디테일한 작업을 할 때 많이 사용합니다. [Window]-[Default Tray] 메뉴에서 원하는 패널을 선택해 표시할 수 있습니다.

❽ **수치 창:** 작업 시에 여러 가지 수치가 표시되고 직접 수치를 입력해 작업할 수 있습니다.

2. 툴 바와 패널 배치하기

스케치업을 설치하고 처음 실행하면 간단한 기본 툴만 표시됩니다. 스케치업의 모든 기능을 자유롭게 쓰기에는 조금 부족하다고 느낄 수 있지만 이 책의 내용대로 필요한 툴을 배치해서 작업하면 스케치업의 주요 기능을 편하게 쓸 수 있습니다. 처음에는 이렇게 툴 바를 세팅하고 배치해서 스케치업을 사용하고 나중에 실력이 향상되면 자신만의 툴 세팅으로 변경해서 작업해 보기 바랍니다.

● 툴 바 세팅하기

스케치업으로 작업할 때 편리하도록 툴 바를 배치하는 방법을 알아봅니다.

1 상단 툴 바에서 마우스 오른쪽 버튼을 클릭한 후 [Toolbars...]를 선택합니다.

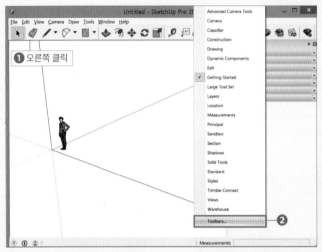

> **TIP**
> 메뉴에서 [View]-[Toolbars]를 선택한 후 설정해도 동일합니다.

2 [Toolbars] 창이 나타나면 화면에 표시할 툴을 선택할 수 있습니다. [Large Tool Set]을 체크하고 [Close]를 클릭하면 화면 왼쪽에 좌측 툴 바가 나타납니다.

3 다시 상단 툴 바에서 마우스 오른쪽 버튼을 클릭한 뒤 [Styles], [Views], [Shadows], [Layers]를 체크하면 상단 툴 바에 Styles, Views, Shadows, Layers 관련 툴이 표시됩니다. 상단 툴 바에서 사용하기 편한 위치로 배치하면 됩니다.

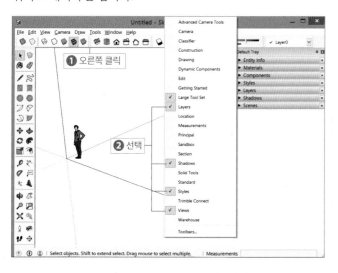

● 패널 세팅하기

다음과 같이 패널을 세팅하는 방법을 알아봅니다.

1 메뉴에서 [Window]-[Default Tray]를 선택한 뒤 [Entity Info], [Materials], [Components], [Styles], [Layers], [Scenes], [Shadows]를 선택하면 화면에 선택한 패널이 표시됩니다.

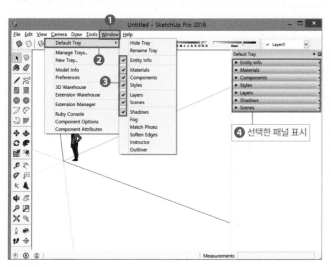

2 메뉴에서 [Window]-[Manage Trays...]를 선택하면 표시되는 [Manage Trays] 창에서 원하는 패널을 선택할 수도 있습니다. [New]를 클릭하면 새로운 트레이를 만들어서 원하는 패널을 트레이로 관리할 수 있습니다. 표시할 패널을 모두 선택했으면 [Close]를 클릭합니다.

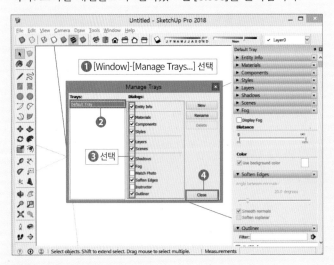

3 Tray 이름을 클릭하고 드래그하면 패널을 원하는 위치로 옮길 수도 있고, 고정핀(📌)을 클릭하면 [Auto Hide]가 되어 패널을 쓰지 않을 때는 자동으로 패널이 축소됩니다.

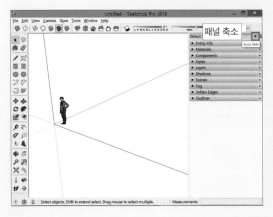

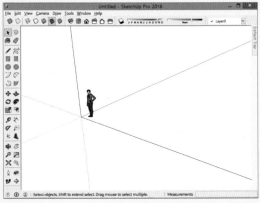

● 단위(Unit) 설정하기

스케치업에서는 cm나 mm 등의 실제 단위로 모델링을 할 수 있습니다. cm, mm 단위로 세팅하는 방법을
알아봅니다.

1 메뉴에서 [Window]-[Model Info]를 클릭합니다.

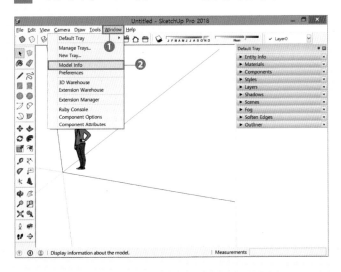

2 왼쪽의 목록 중에서 [Units] 항목을 클릭합니다. 오른쪽 항목에서 [Lenght Units]란 밑의 [Format]
을 [Decimal]과 [mm]로 설정합니다. 우리나라에서는 미터법을 쓰기 때문에 스케치업 작업에 있어서 cm
나 mm 단위로 주로 작업합니다.

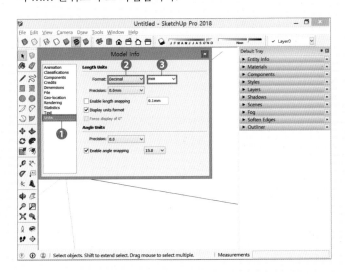

편집을 위한 기본 툴 살펴보기

편집할 때 기본적으로 필요한 선택 툴, 페인트 통 툴, 지우개 툴, 이동 툴 등에 대해 알아봅니다.

1. 선택 툴

선택 툴(▶ : Spacebar)은 객체를 선택할 때 사용하며 스케치업 작업 시에 가장 많이 사용되는 기본적인 툴입니다.

● 클릭으로 선택하기

선택 툴(▶ : Spacebar)로 그룹화되지 않은 사각형 객체의 윗면을 한 번 클릭하면 윗면만 선택됩니다.
더블클릭하면 클릭한 면과 주변의 선들이 선택되고 트리플 클릭을 하면 연결된 전체 객체가 선택됩니다.

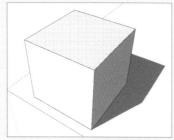
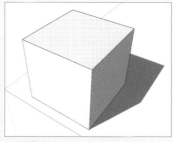
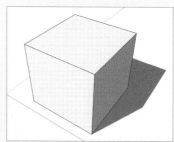

▲ 원클릭 ▲ 더블클릭 ▲ 트리플 클릭

● 오른쪽 드래그로 선택하기

여러 개의 객체를 드래그로 선택할 수도 있습니다. 선택 툴(▶ : Spacebar)이 선택된 상태에서 작업 화면을 클릭&드래그하면 점선에 조금이라도 포함되는 객체들은 모두 선택할 수 있습니다.

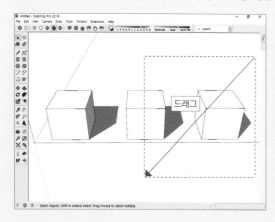
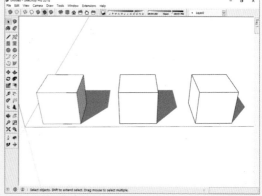

2. 페인트 통 툴

객체에 색과 텍스처, 즉 재질(Materials)을 입히는 툴입니다. 페인트 통 툴(🅑 : B)이 선택된 상태에서 [Materials] 패널의 텍스처나 색상을 선택하고 객체를 클릭하면 선택된 텍스처나 색상이 입혀집니다. 스케치업을 설치하면 기본적으로 세팅되어 있는 [skm] 형식의 텍스처 폴더가 있으며 사용자가 원하는 이미지(jpg, png, psd, tiff, tga, bmp)를 불러와서 텍스처로 사용할 수 있습니다.

● 텍스처(재질) 입히기

페인트 통 툴(🅑 : B)이 선택된 상태에서 [Materials] 패널을 클릭하고 원하는 'Materials set'을 선택하면 사용할 수 있는 텍스처(재질)가 표시됩니다. 원하는 텍스처를 선택한 후 텍스처를 입힐 객체를 클릭하면 해당 텍스처가 입혀집니다.

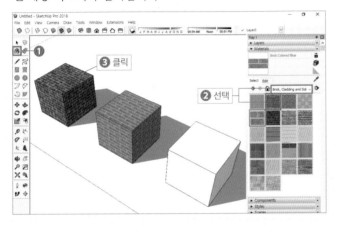

● 텍스처 샘플링

이미 텍스처가 입혀진 객체의 텍스처를 다른 객체에 적용하려면 페인트 통 툴(🅑 : B)이 선택된 상태에서 텍스처가 입혀진 객체를 Alt 키를 누른 채 클릭한 뒤 같은 텍스처를 입힐 객체를 클릭하면 됩니다. 이렇게 같은 텍스처를 입히는 것을 '샘플링'이라고 합니다.

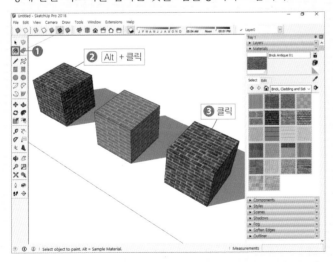

3. 지우개 툴

지우개 툴(: E)은 선과 선에 연결된 면이나 그룹, 컴포넌트를 삭제하고 객체의 선을 숨겨 면을 부드럽게 만들어 주는 데 사용됩니다.

지우개 툴(: E)로 사각형 객체의 라인을 클릭합니다. 클릭한 라인이 지워지면서 연결된 면들도 삭제됩니다.

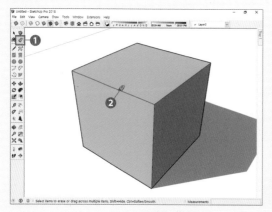
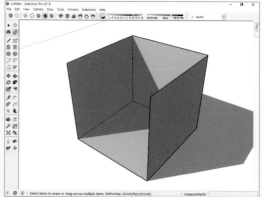

Shift 키를 누른 채 선을 클릭하면 선이 숨겨지면서 연결된 부분의 면끼리는 서로 구분이 됩니다. Ctrl 키를 누른 채 선을 클릭하면 선이 숨겨지면서 선을 공유하는 주변의 면들은 구분이 되지 않고 부드러워집니다.

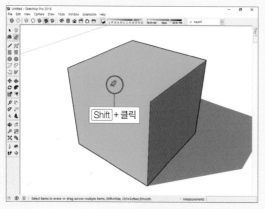
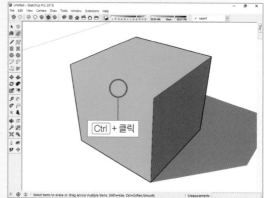

4. 사각형 툴

사각형 툴(: R)은 직사각형이나 정사각형 등의 사각형을 그리는 툴입니다. 간단하지만 스케치업에서 가장 많이 사용하는 툴 중 하나입니다.

사각형 툴(■ : R)을 선택하고 임의의 지점을 클릭&드래그한 후에 수치 창에 '2000,2000'을 입력하고 Enter 키를 누릅니다. 가로, 세로 정확하게 2000mm의 사각형이 그려집니다.

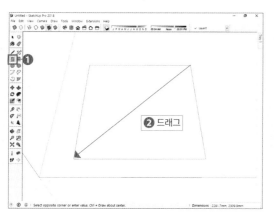

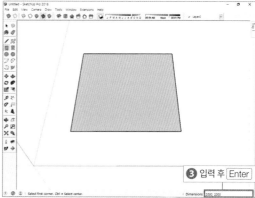

5. 원형 툴과 다각형 툴

원형 툴(● : C)과 다각형 툴(●)은 이름은 다르지만 사용 방법이 동일합니다. 다각형 툴(●)은 주로 삼각형, 사각형, 오각형 등의 각진 다각형을 그리는 툴입니다.

원형 툴(● : C)을 선택하면 수치 창에 'sides'와 숫자가 표시됩니다. 수치 창의 값은 원을 이루는 면의 개수입니다.

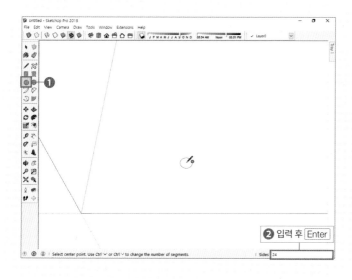

원형 툴이 선택된 상태에서 임의의 지점을 클릭&드래그하면 중심점을 기준으로 원이 그려집니다. 수치 창에 원하는 반지름 값을 입력하고 Enter 키를 누르면 원하는 크기의 원을 만들 수 있습니다.

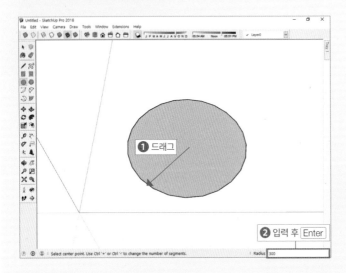

● 원형 툴과 다각형 툴의 차이점

만약에 원형 툴(● : C)과 다각형 툴(●)의 sides 값을 수치 창에 모두 8로 지정했다면, 두 객체를 어떻게 구분할 수 있을까요?

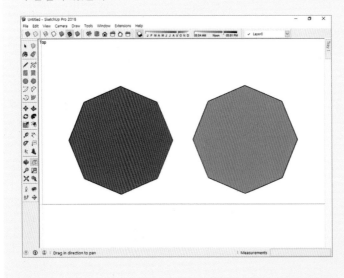

이런 경우 두 객체를 밀기/당기기 툴(🔶 : P)로 돌출시키면 그 차이점을 알 수 있습니다. 원형 기둥의 옆면에는 세로선이 보이지 않고 부드럽게 처리되지만 다각형 기둥 옆면은 각 변마다 세로선이 각지게 처리됩니다.

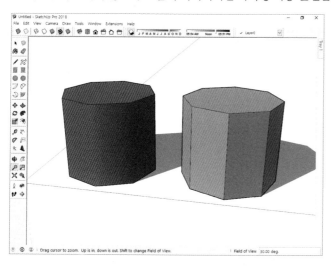

6. 이동 툴

이동 툴(🔶 : M)은 각 객체나 객체의 끝점 또는 선, 면, 그리고 객체의 그룹을 이동하고, 복사하는 기능을 가지고 있습니다. 이동 툴(🔶 : M)이 선택된 상태에서 Ctrl 키를 누른 채 객체를 클릭&드래그를 하면 해당 객체를 복사할 수 있습니다.

● 객체의 이동

이동 툴(🔶 : M)로 객체를 클릭&드래그하면 객체가 이동됩니다.

선택 툴(🔺 : Spacebar)로 객체를 선택하고 이동 툴(🔶 : M)을 선택한 후 원하는 방향으로 클릭&드래그합니다. 수치 창에 '4000'을 입력하고 Enter 키를 누르면 드래그한 방향으로 객체가 이동됩니다.

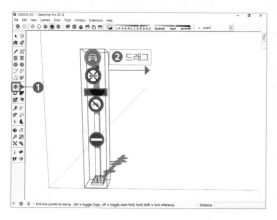
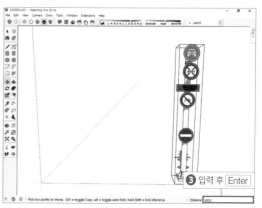

● 객체의 다중 복사

객체를 원하는 위치에 복사한 후, 동일한 간격으로 원하는 개수만큼 연속하여 복사하는 기능입니다.

이동 툴(✛ : M)을 선택한 후 Ctrl 키를 한 번 눌러 + 표시(✛)가 나타난 상태에서 원하는 객체를 클릭&
드래그합니다. 수치 창에 '1500'을 입력하고 Enter 키를 누릅니다.

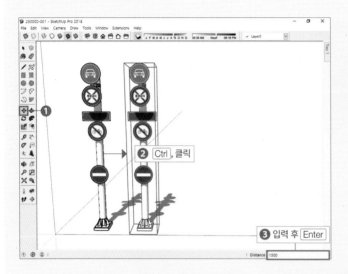

다시 수치 창에 '*4'를 입력하고 Enter 키를 누르면 처음 복사한 객체를 포함하여 4개의 객체가 같은 간
격으로 복사됩니다.

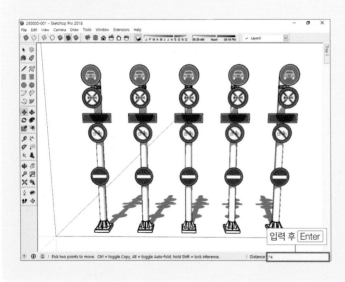

● 객체의 다중 배열 복사

두 객체의 사이에 원하는 개수만큼 객체를 배열하여 복사할 수도 있습니다.

이동 툴(✥ : M)을 선택합니다. Ctrl 키를 한 번 눌러 + 표시(✥)가 나타난 상태에서 원하는 객체를 클릭&드래그한 후 수치 창에 '5000'을 입력하고 Enter 키를 누릅니다. 다시 수치 창에 '/3'을 입력하고 Enter 키를 누르면 첫 번째 객체에서 마지막 객체까지 총 3개의 객체가 같은 간격으로 복사됩니다.

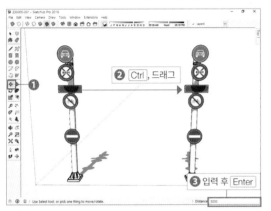 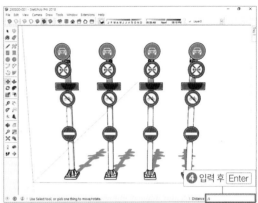

7. 회전 툴

회전 툴(⟳ : Q)은 각 객체(선, 면, 그룹)를 회전하고, 복사할 때 사용합니다. 회전 툴(⟳ : Q)이 선택된 상태에서 Ctrl 키를 누른 채 객체를 클릭&드래그를 하면 객체가 복사됩니다. 이동 툴(✥ : M)과 마찬가지로 다중 복사, 다중 배열을 할 수 있습니다.

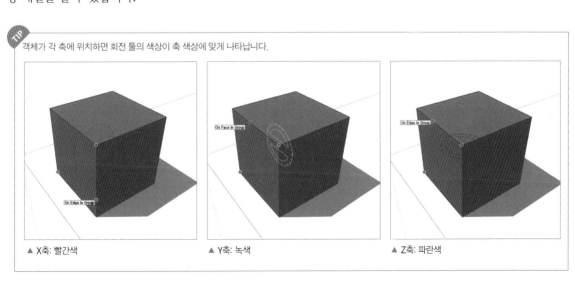

▲ X축: 빨간색   ▲ Y축: 녹색   ▲ Z축: 파란색

먼저 회전시킬 객체를 선택한 뒤 회전 툴(◎ : Q)을 선택하고 객체를 회전시킬 때 중심이 될 임의의 지점을 클릭합니다. 중심점이 선택된 상태에서 객체를 원하는 방향으로 드래그하면 마우스 커서를 따라 객체가 회전됩니다. 수치 창에 '60'을 입력하고 Enter 키를 누르면 객체가 60도 회전합니다.

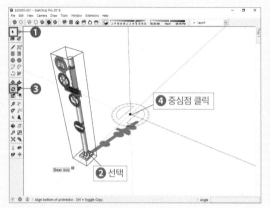
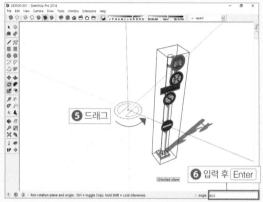

8. 배율 툴

배율 툴(▣ : S)은 객체를 확대/축소할 때 사용합니다. 객체가 선택된 상태에서 배율 툴(▣ : S)로 각 축(X, Y, Z)의 방향이나 대각선 방향으로 배율을 드래그하면 객체의 크기를 조절할 수 있습니다.

객체가 선택된 상태에서 배율 툴(▣ : S)을 클릭하면 그림처럼 객체의 크기를 조절할 수 있는 녹색 점이 표시됩니다. 객체의 비율을 유지한 채로 크기를 조절하려면 대각선 방향의 녹색점을 클릭&드래그합니다. 선택한 객체를 50% 정도 축소하고 싶다면 수치 창에 '0.5'를 입력한 뒤 Enter 키를 누르면 됩니다.

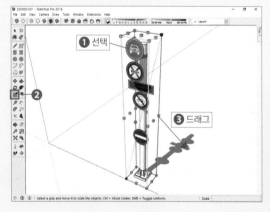
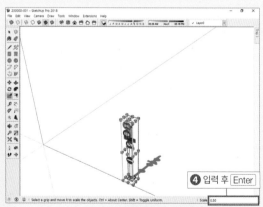

9. 밀기/당기기 툴

밀기/당기기 툴(◆ : P)은 그리기 툴로 그린 도형의 면을 직선 방향으로 돌출시켜 입체적으로 표현해주며 스케치업의 다른 그리기 툴과 함께 스케치업의 장점을 잘 나타내는 툴입니다. 잘 익혀두면 쉽고 재미있게 작업할 수 있습니다.

● 면 밀기

원형 툴(● : C)로 원을 하나 그린 후 밀기/당기기 툴(◆ : P)을 선택합니다. 원의 면을 위로 클릭&드래그한 후 수치 창에 '3500'을 입력하고 Enter 키를 누르면 3500mm 높이의 원기둥이 만들어집니다.

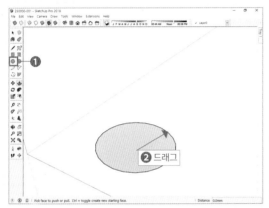
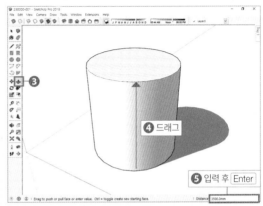

● 면 뚫기

입체 객체의 면에 원형 툴(● : C)로 원을 그려 넣고 밀기/당기기 툴(◆ : P)을 선택한 후 원의 면을 입체 객체의 안으로 드래그하면 다음 그림과 같이 입체 객체에 구멍이 뚫어집니다.

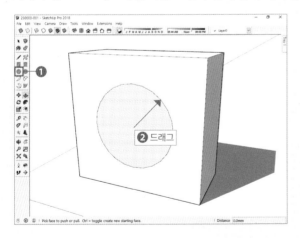

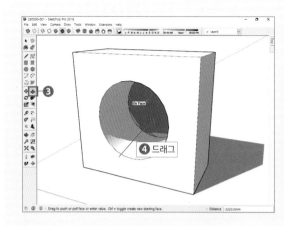

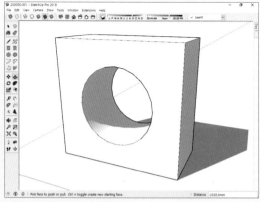

10. 팔로미 툴

팔로미 툴(🐾)은 특정 경로를 따라 지정된 단면으로 입체를 생성하는 툴입니다.

사각형 툴(▦ : R)로 사각형을 그린 후 선택 툴(▸ : Spacebar)로 사각형의 면을 선택한 후 Del 키를 누릅니다. 사각형 라인 오른쪽 끝에 사각형 툴(▦ : R)로 사각형을 그린 후 위쪽과 오른쪽에 다시 사각형을 작게 그려 계단형 모양을 만들어줍니다. 선택 툴(▸ : Spacebar)을 클릭하고 Shift 키를 누른 채 사각형 라인을 모두 선택한 후 팔로미 툴(🐾)로 단면이 될 계단형 모양의 면을 클릭합니다. 그림처럼 자동으로 객체가 생성되었습니다.

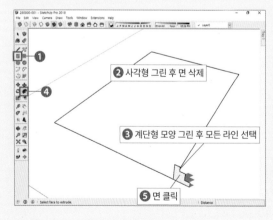

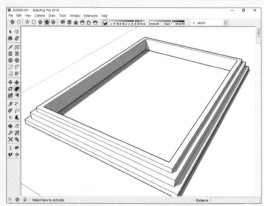

이번에는 직접 수동으로 경로를 지정해 만들어 보겠습니다. 그림처럼 사각형 객체의 한쪽에 원하는 모양을 그려줍니다. 팔로미 툴(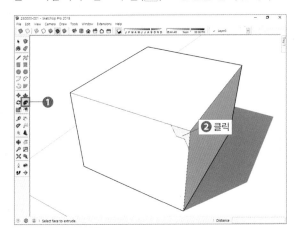)로 단면을 클릭합니다.

사각형의 위쪽 라인을 따라 한 바퀴 돌아 처음 시작점을 다시 클릭합니다. 그림처럼 경로를 따라 모서리 깎기가 되었습니다.

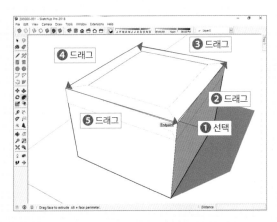
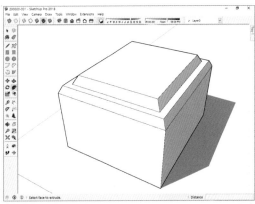

현대물 배경
스케치업 튜토리얼

시내에서 가장 흔하게 볼 수 있는 도로와 인도를 이루는 소품들과 5층
상가건물을 만들어 보겠습니다. 만들기 쉬운 소품부터 하나씩 만들면서
스케치업의 기본적인 기능과 운용방법을 알아봅니다.

PART

02

도로펜스 만들기

거리의 소품으로 사용할 도로펜스를 만들어 보겠습니다. 거리에서 가장 흔하게 볼 수 있는 소품이지만 평소에는 신경 쓰지 않고 다니는 소품 중 하나입니다. 도시나 번화가, 주거지역에 따라서 굉장히 다양한 디자인을 가지고 있습니다. 비교적 간단한 기능을 사용하며 그룹과 컴포넌트를 어떻게 활용하는지를 잘 살펴보면서 만들어 보겠습니다.

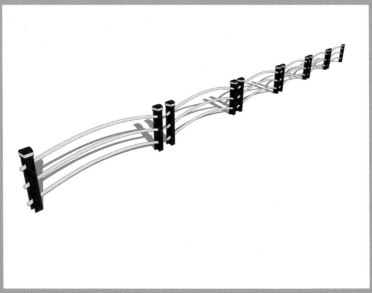

| 예제 완성파일 | Part 2/Chapter 1/도로펜스.skp

SECTION 01

도로펜스 기둥 만들기

선택 툴과 이동 툴을 이용해 도로펜스 기둥의 틀을 만들어 보겠습니다.

1 도로펜스 기둥을 직각으로 올리기 위해서 Top 뷰(⬛)를 선택한 후, 메뉴에서 [Camera]-[Parallel Projection]을 클릭합니다.

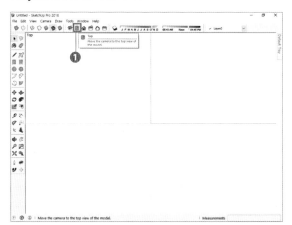

> **TIP**
> Top 뷰를 클릭하면 위에서 본 작업 화면이 표시되고 [Camera]-[Parallel Projection(평행 투영)]을 선택하면 원근감을 없애고 도면과 같은 평면 작업을 할 수 있습니다.

2 좌측 툴 바에서 사각형 툴(⬛ : R)을 선택합니다. 작업 화면에 클릭&드래그한 후 수치 창에 '120,150'을 입력합니다.

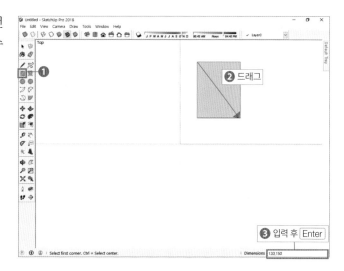

3 앞의 과정에서 만든 사각형의 각 변을 복사해 도로펜스의 기둥 모양을 만들 수 있습니다. 선택 툴(: Spacebar)을 선택한 후, 윗변을 클릭합니다. 이동 툴(: M)을 선택하고 Ctrl 키를 한 번 눌러 + 표시( )가 나타난 상태에서 아래로 클릭&드래그한 후 수치 창에 '15'를 입력합니다.

TIP
이동 툴(: M)로 이동 시에 ← 키를 눌러서 Y축(녹색축)으로 고정시켜 줘도 됩니다. 스케치업에는 X, Y, Z축으로 이동하기 위해 →, ←, ↑ 방향키를 미리 눌러주면 의도치 않은 축 방향으로 이동하는 것을 방지할 수 있습니다.

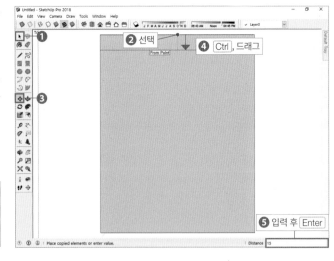

4 같은 방법으로 아랫 변을 선택 툴(: Spacebar)로 선택합니다. 이동 툴(: M)을 선택하고 Ctrl 키를 한 번 눌러 + 표시( )가 나타난 상태에서 위쪽으로 클릭&드래그한 후 수치 창에 '15'를 입력합니다.

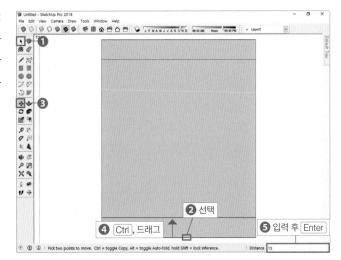

5 사각형의 왼쪽 변을 선택 툴(: Spacebar)로 선택합니다. 이동 툴(: M)을 선택하고 Ctrl 키를 한 번 눌러 + 표시( )가 나타난 상태에서 오른쪽으로 클릭&드래그한 후 수치 창에 '52.5'를 입력합니다.

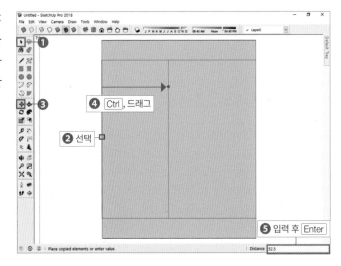

6 사각형의 오른쪽 변을 선택 툴(▶ : Spacebar)로 선택합니다. 이동 툴(✤ : M)을 선택하고 Ctrl 키를 한 번 눌러 + 표시(✛)가 나타난 상태에서 왼쪽으로 클릭&드래그한 후 수치 창에 '52.5'를 입력합니다.

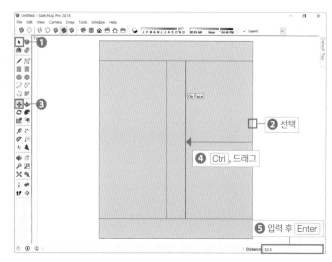

7 지우개 툴(✐ : E)을 선택한 후 오른쪽 변을 클릭해서 지워줍니다.

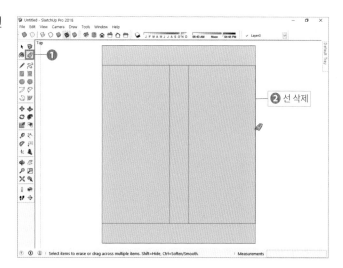

8 왼쪽 변도 클릭해서 지워줍니다.

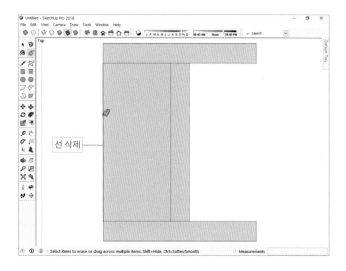

9 안쪽의 선도 클릭해서 지워줍니다.

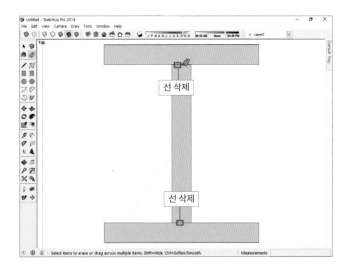

10 도로펜스 기둥의 바닥 면이 완성됐습니다.

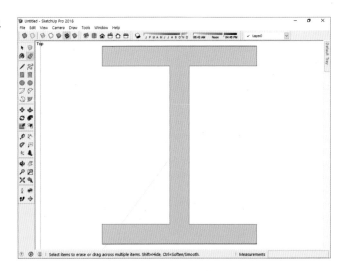

11 Iso 뷰(🔲)를 클릭해서 뷰를 변경한 후 메뉴에서 [Camera]-[Parallel Projection]을 선택합니다.

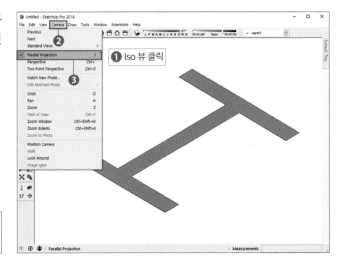

TIP
Iso 뷰를 클릭하면 X축 45도, Y축 45도에서 본 작업 화면이 표시됩니다. 작업물을 내려다 볼 때 사용하는 뷰입니다.

12 밀기/당기기 툴(◈ : P)로 면을 클릭하고 위쪽으로 드래그한 후 수치 창에 '900'을 입력합니다. 도로펜스 기둥의 바닥 면이 돌출되면서 입체적인 모양이 나옵니다.

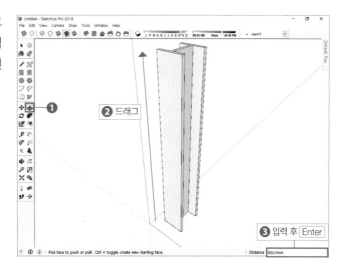

13 선택 툴(▶ : Spacebar)을 클릭하고, 객체를 트리플 클릭해서 모두 선택합니다. 마우스 오른쪽 버튼을 클릭한 후 [Make Group]을 선택해서 그룹 지정합니다.

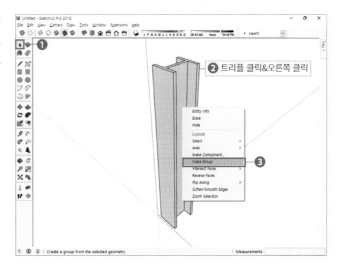

도로펜스 상단 만들기

오프셋 툴로 펜스 상단의 크기를 설정하고 밀기/당기기 툴로 상단의 크기를 정해봅니다.

| 예제 불러오기 |　Part 2/Chapter 1/펜스상단만들기.skp

1 펜스 상단이 잘 보이도록 마우스 휠 버튼을 아래로 클릭&드래그하여 조절합니다. 사각형 툴(　: R)을 선택해 펜스 상단의 대각선 꼭지점 a, b를 클릭한 후 수치 창에 '150,120'을 입력합니다.

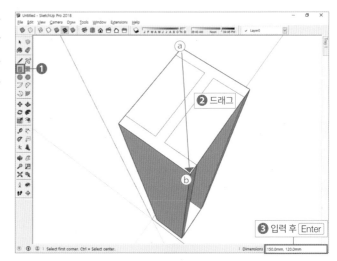

2 오프셋 툴(　: F)로 사각형을 바깥쪽으로 클릭&드래그한 후 수치 창에 '10'을 입력해 10mm 큰 사각형을 만듭니다.

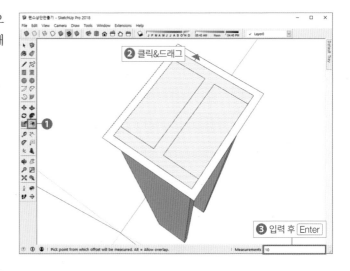

3 선택 툴(◄ : Spacebar)로 사각형을 트리플 클릭한 후 마우스 오른쪽 버튼을 클릭해 [Make Group]을 선택합니다.

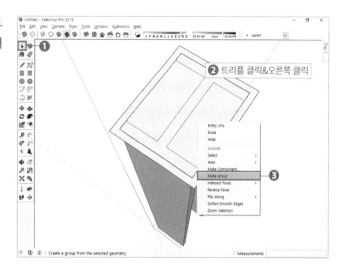

4 도로펜스 상단 그룹을 더블클릭해서 편집 모드로 들어갑니다. Shift 키를 누른 채 안쪽의 사각형의 라인만 선택하고 Del 키를 눌러 삭제합니다.

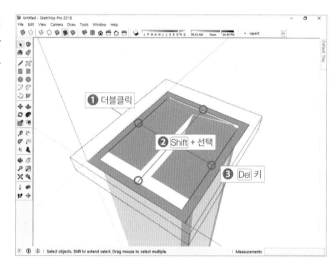

5 밀기/당기기 툴(◆ : P)로 도로펜스 상단의 면을 위로 클릭&드래그한 후 수치 창에 '15'를 입력합니다. 다시 Ctrl 키를 한 번 눌러 + 표시(◆)가 나타난 상태에서 동일한 도로펜스 상단의 면을 위로 클릭&드래그한 후 수치 창에 '50'을 입력합니다.

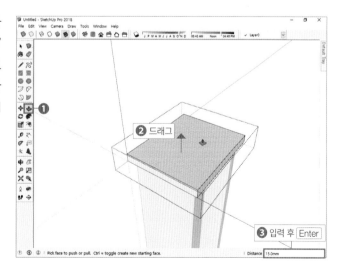

6 다시 도로펜스 상단의 면을 선택하고 Ctrl 키를 한 번 눌러 + 표시가 나타난 상태에서 위로 클릭&드래그한 후 수치 창에 '15'를 입력합니다. 다시 Ctrl 키를 한 번 눌러 + 표시( )가 나타난 상태에서 도로펜스 상단의 면을 위로 클릭&드래그한 후 수치 창에 '42'를 입력합니다.

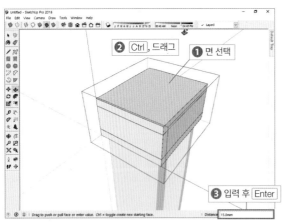
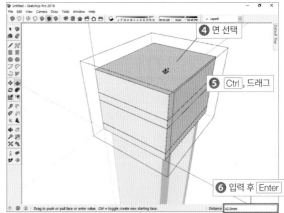

7 마우스 휠 버튼으로 클릭&드래그하여 정면이 보이도록 조정합니다. 2점호 툴(: A)로 그림과 같이 양끝점을 차례로 선택하고 위로 드래그한 후 수치 창에 '42'를 입력해 호의 높이가 접점이 되도록 그려줍니다.

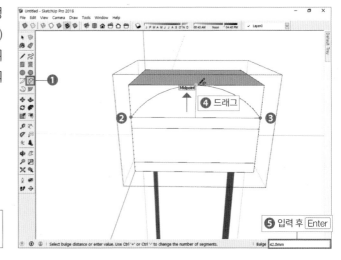

> **TIP**
> 2점호 툴: 모델에 부드러운 곡선을 만들 때 사용합니다. 선을 볼록 튀어나오게 한다는 느낌으로 그리면 됩니다.

8 밀기/당기기 툴(: P)로 그림과 같이 면을 끝까지 드래그하여 삭제합니다. 양쪽 2개의 면을 삭제합니다.

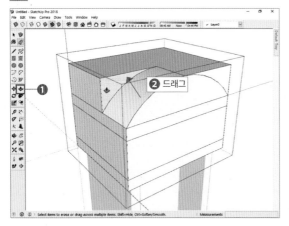
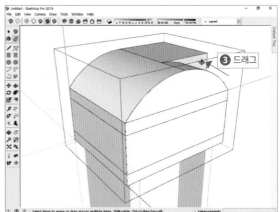

9 지우개 툴(: E)로 호가 시작되는 가로 라인을 클릭해서 삭제합니다. 뒤쪽의 같은 위치의 라인도 클릭해서 삭제해 줍니다.

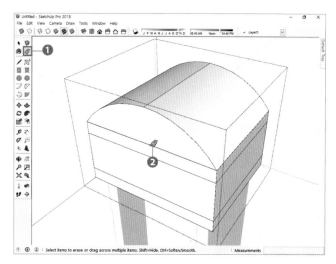

10 지우개 툴(: E)로 둥근 면을 가로지르는 라인을 Ctrl 키를 누른 상태에서 클릭합니다. 라인이 사라지면서 곡면이 부드러워집니다.

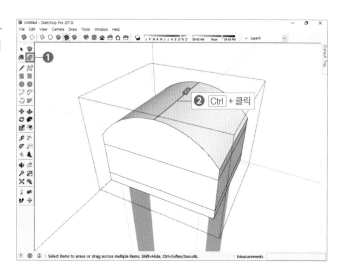

[Materials] 패널로 텍스처 입히기

[Materials] 패널을 사용해 만들어진 도로펜스 기둥에 텍스처를 입히는 방법을 알아봅니다.

|예제 불러오기| Part 2/Chapter 1/텍스처입히기.skp

1 선택 툴(: Spacebar)로 빈 공간을 클릭해서 편집 모드에서 나옵니다. [Materials] 패널에서 [In Model]( )의 아래 화살표를 클릭해 [Metal]을 선택합니다.

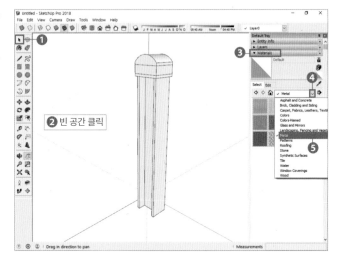

2 두 번째에 있는 [Metal Aluminum Anodized]를 선택한 후 펜스 기둥을 클릭하면 그림과 같이 텍스처가 입혀집니다.

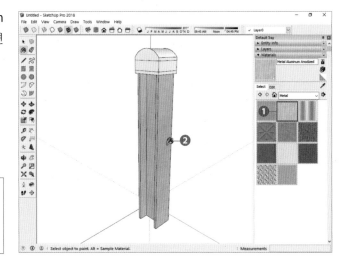

TIP

[Materials] 패널의 [In Model]을 클릭하면 [Select]탭에는 현재 작업 중인 스케치업 모델에 사용하고 있는 7개의 텍스처가 패널 창에 표시됩니다. 패널 상단에는 현재 선택된 텍스처와 이름이 표시되며, 선택된 텍스처는 테두리가 굵게 표시됩니다.

3 [Materials] 패널의 [Edit]탭을 클릭하면 현재 선택된 텍스처를 조정할 수 있습니다. [Color]-[Picker]를 [HLS]로 선택하면 H(Hue: 색상), S(Saturation:채도), L(Lightness:명도) 슬라이더로 변경됩니다. H, S, L 수치를 '215, 12', '19'로 입력하고 [Texture]에 '600'을 입력한 후 Enter 키를 누릅니다.

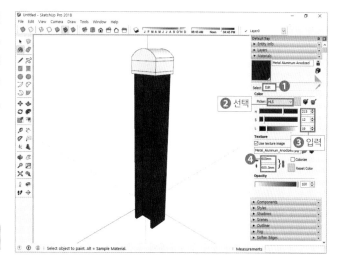

> **TIP** [Texture]에서는 텍스처의 크기를 지정할 수 있습니다.

4 도로펜스 기둥 윗쪽의 그룹을 더블클릭해서 편집 모드로 들어간 후, 트리플 클릭해서 모두 선택합니다. 페인트 통 툴(⊗ : B)로 텍스처를 입혀줍니다.

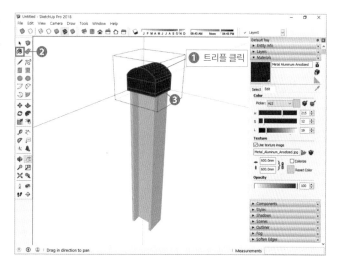

5 그림과 같이 Ctrl 키를 누른 상태에서 4개의 면을 선택하고, [Materials] 패널의 [Select]-[Color-Named]를 선택합니다.

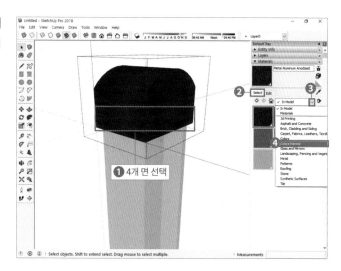

6 페인트 통 툴(🖌 : B)을 선택한 후 [Color-Named] 중에서 [0046_Gold]를 선택한 후 면을 클릭하여 색을 입혀줍니다.

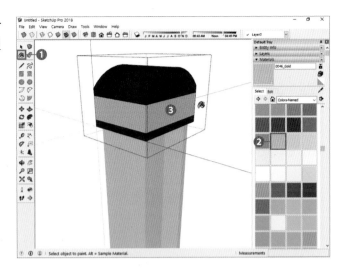

7 화면의 빈 곳을 클릭하여 편집 모드에서 나옵니다. 선택 툴(▶ : Spacebar)로 Ctrl 키를 누른 채 도로펜스 기둥과 윗쪽을 모두 선택한 후 마우스 오른쪽 버튼으로 [Make Group]을 클릭합니다.

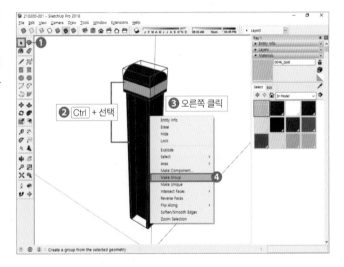

둥근 가로 기둥 만들기

2점호 툴과 밀기/당기기 툴을 이용해 둥근 가로 기둥을 만들어봅니다.

| 예제 불러오기 | Part 2/Chapter 1/둥근가로기둥만들기.skp

1 Front 뷰()를 클릭합니다. 2점호 툴(⊘ : A)로 그림과 같이 오른쪽으로 클릭&드래그한 후 수치 창에 '3135'를 입력하고, 위쪽으로 드래그한 후 수치 창에 '225'를 입력해 호를 만듭니다.

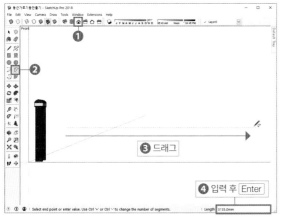
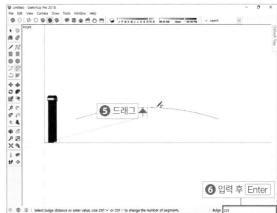

2 그림과 같이 화면을 조정합니다. 도로펜스의 가로 기둥을 만들기 위해 원형 툴(◉ : C)을 선택한 후 수치 창에 '12'를 입력합니다. 12면의 원을 만들어줍니다.

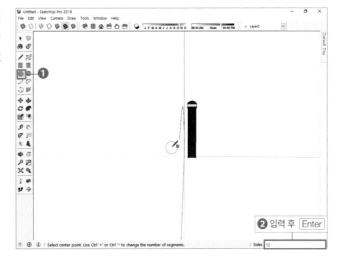

3 2점호 툴(: A)로 만든 가로 기둥에 원의 끝을 이어줘서 휘어진 둥근 가로 기둥의 곡선을 만들어보겠습니다. 원형 툴(: C)로 곡선의 끝점을 클릭한 후 → 키를 눌러 X축을 고정합니다. 중심에서 바깥으로 드래그한 후 수치 창에 '30'을 입력하여 원을 그립니다.

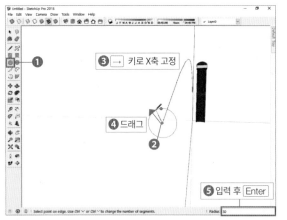
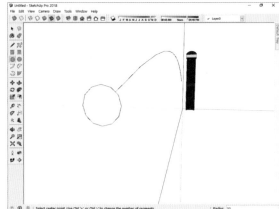

TIP
→ 키를 눌러 X축 고정 상태가 되면 라인이 빨간색으로 변합니다.

4 선택 툴(: Spacebar)로 2점호 툴(: A)로 만든 곡선을 선택한 뒤 팔로미 툴( )로 원을 클릭하면 그림과 같이 휘어진 봉이 만들어집니다.

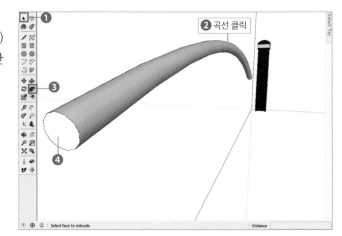

5 밀기/당기기 툴(: P)을 선택한 후 Ctrl 키를 한 번 눌러 + 표시( )가 나타난 상태에서 가로 기둥의 끝쪽 면을 가로 기둥 안으로 클릭&드래그한 후 수치 창에 '6'을 입력합니다.

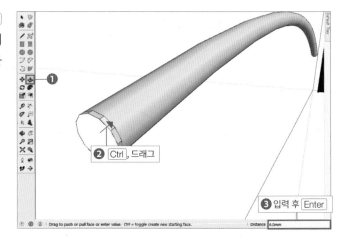

6　선택 툴(🔲 : Spacebar)로 바깥의 면만
선택합니다. 배율 툴(🔲 : S)로 바깥의 대각선
을 이루는 점을 드래그한 후 수치 창에 '0.75'
를 입력합니다. 0.75배율로 축소됩니다.

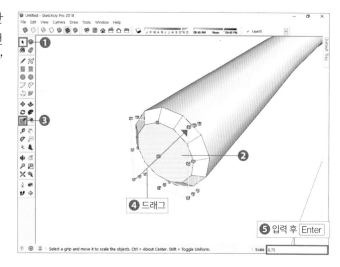

7　선택 툴(🔲 : Spacebar)을 클릭한 후 왼쪽에서 오른쪽으로 드래그하여 끝 쪽의 면을 모두 선택합니다.
[Soften Edges] 패널을 선택한 후 [Angle between normals] 슬라이더를 '62' 부근으로 이동하고 'Smooth
normals'를 클릭해 체크합니다. 끝 쪽의 라인들이 사라지면서 부드러워진 것을 알 수 있습니다.

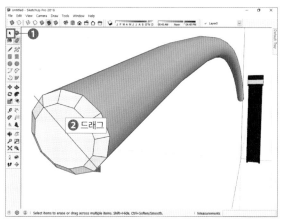
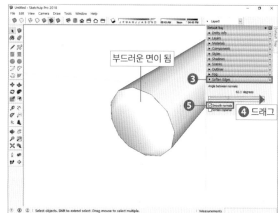

8　마우스 휠 버튼을 누른 상태로 드래그해
서 반대편으로 화면을 돌립니다. 밀기/당기기
툴(🔲 : P)을 선택하고 끝 쪽의 면을 Ctrl 키
를 한 번 눌러 + 표시(🔲)가 나타난 상태에서
밖으로 클릭&드래그한 후 수치 창에 '6'을 입
력합니다.

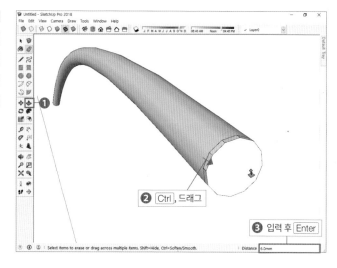

9 선택 툴(▶ : Spacebar)로 반대쪽 바깥의 면만 선택합니다. 배율 툴(▦ : S)을 클릭한 후 바깥의 대각선을 이루는 점을 Ctrl 키를 누른 채 안쪽으로 드래그한 후 수치 창에 '0.75'를 입력합니다.

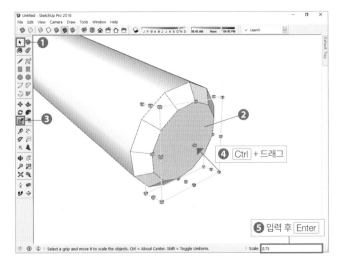

10 선택 툴(▶ : Spacebar)로 왼쪽에서 오른쪽으로 드래그해서 끝 쪽의 면을 모두 선택합니다. [Soften Edges] 패널을 선택한 후, [Angle between normals] 슬라이더를 '62' 부근으로 이동하고 'Smooth normals'를 클릭하여 체크합니다. 끝 쪽의 라인이 사라지면서 부드러워진 것을 알 수 있습니다.

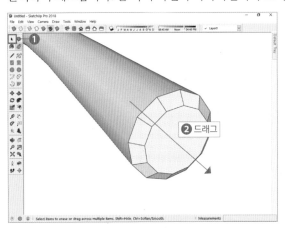

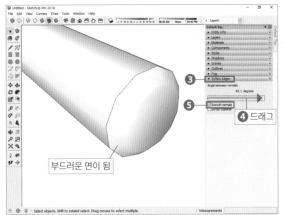

11 Front 뷰(⌂)를 클릭한 후, 만들어진 가로 기둥을 트리플 클릭을 하고 마우스 오른쪽 버튼을 클릭해 [Make Group]을 선택합니다.

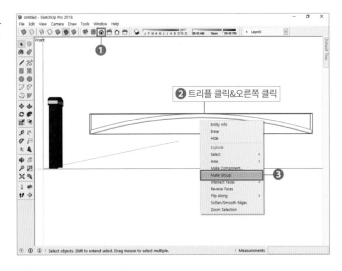

12 [Materials] 패널의 [Metal]에서 [Metal Silver]를 선택합니다. 봉에 'Metal Silver' 색상이 입혀집니다.

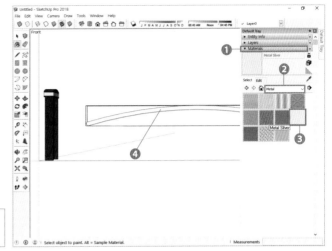

TIP 만약 봉에 색상이 입혀지지 않으면 페인트 통 툴을 선택해 봉을 다시 한번 클릭합니다.

13 선택 툴(▲ : Spacebar)로 둥근 가로 기둥을 선택한 후 페인트 통 툴(🎨 : B)을 클릭하고 [Materials] 패널의 [Edit] 탭을 클릭해서 H, S, L 슬라이더 옆의 입력란에 '240', '3', '89'를 입력한 후 둥근 가로 기둥을 클릭합니다.

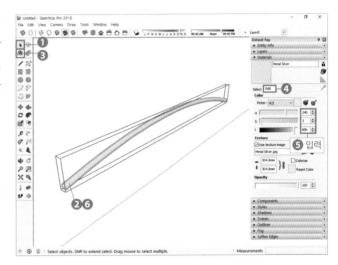

도로펜스 가로 기둥 복제하기

이동 툴을 이용하여 가로 기둥을 복사합니다.

| 예제 불러오기 | Part 2/Chapter 1/가로기둥복제하기.skp

1 Front 뷰(⌂) 클릭해서 그림과 같이 화면이 보이게 합니다. 메뉴에서 [Camera]-[Parallel Projection]을 선택하면 평면 상태에서 정확한 작업을 할 수 있습니다.

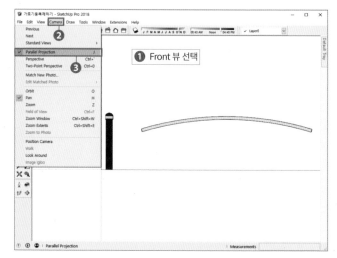

2 선택 툴(▮ : Spacebar)로 봉을 선택합니다. 이동 툴(✚ : M)로 펜스의 기둥보다 조금만 나가도록 왼쪽으로 드래그하여 이동시킵니다. 선택 툴(▮ : Spacebar)로 펜스 기둥을 만들고 남아있는 라인을 선택하고 Del 키를 눌러 삭제합니다.

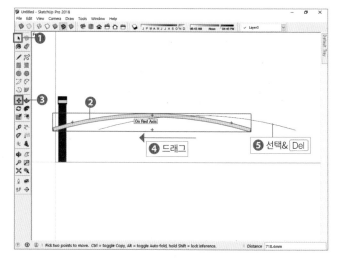

3 선택 툴(↖ : Spacebar)로 가로 기둥을 선택한 후 이동 툴(✢ : M)로 그림을 참고해서 위로 드래그하여 비슷한 높이로 올려줍니다. 꼭 정확한 수치를 입력하지 않고 적당한 위치를 고려해 작업하면 됩니다.

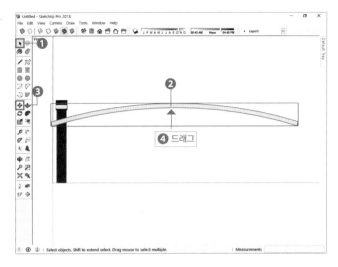

4 이동 툴(✢ : M)을 선택한 상태에서 Ctrl 키를 눌러 가로 기둥을 그림과 같이 아래로 복사합니다.

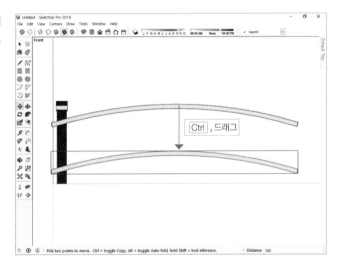

5 가로 기둥을 복사한 후 수치 창에 '/2'를 입력하고 Enter 키를 누르면 그림과 같이 복사한 가로 기둥 사이에 가로 기둥이 복사됩니다.

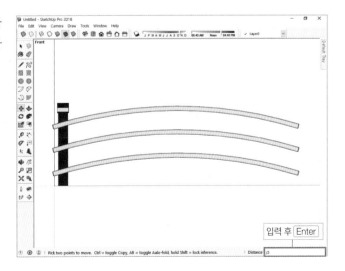

6 이동 툴(✛ : M)로 펜스 기둥을 선택합니다. Ctrl 키를 눌러 + 표시(✛)가 나타난 상태에서 그림과 같이 X축(오른쪽)으로 드래그한 후 수치 창에 '2890'을 입력합니다.

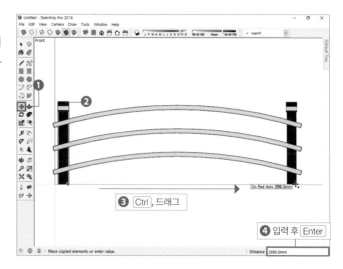

7 Top 뷰(▣)를 선택한 후 선택 툴(▮ : Spacebar)로 그림과 같이 드래그해서 봉을 모두 선택합니다.

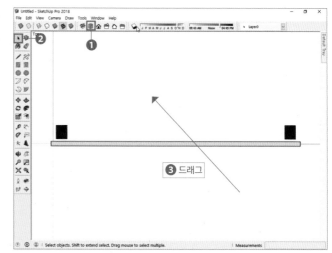

8 봉을 모두 선택한 후 이동 툴(✛ : M)로 그림과 같이 펜스 기둥의 중앙에 위치하도록 Y축(위쪽)으로 드래그하여 이동시켜 줍니다.

TIP

↤ 키를 한 번 눌러 Y축 고정으로 해 놓고 이동하면 편리합니다.

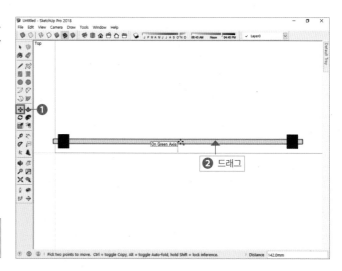

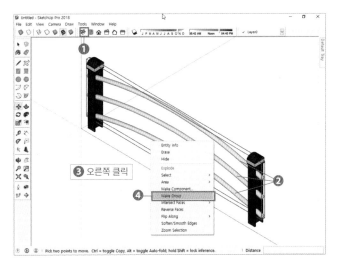
9 Iso 뷰( )를 클릭하면 그림과 같이 보입
니다. 선택 툴(: Spacebar)로 가로 기둥 3
개를 선택한 후 마우스 오른쪽 버튼을 클릭해
[Make Group]을 선택합니다.

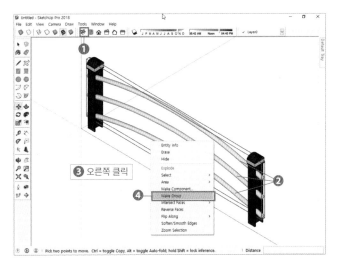

10 메뉴에서 [Camera]-[Parallel Projection]
을 선택하면 다시 화면이 Perspective 모드로
돌아옵니다. 선택 툴(: Spacebar)로 Shift
키를 누른 채 모든 객체를 선택하고 마우스 오
른쪽 버튼을 클릭해 [Make Group]을 선택합
니다.

TIP
perspective 뷰는 다른 뷰와 다르게 사람의 눈과 가장 비슷한
시점, 구도를 보여줍니다. 가장 편안하고 자연스럽게 작업할
수 있는 뷰입니다.

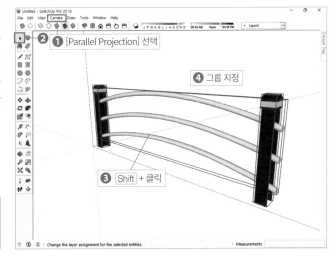

TIP

강제 추정 / 축 잠금 기능

스케치업은 Move, Rotate, Scale 등의 가이드 기능과 X, Y, Z축을 표시하는 기능을 모아놓은 Gizmo가 없습니다. 이 기능이 없어서 때로 불편할 때도 있
지만, 키보드의 방향키로 강제 추정과 축 잠금 기능을 대신할 수 있습니다. 이 기능들이 없으면 작업 시 매우 불편하다고 느낄 수 있으므로, 익혀서 자
주 쓰면 편리합니다.

1. 강제 추정: 방향키를 한 번 누르면 각 축 방향으로 강제 추정을 할 수 있습니다. 축 방향의 강제 추정을 해제하려면 해당 방향키를 한 번 더 눌러주면
됩니다. 계속 누르고 있는 것이 아닌 한 번 눌렀다 떼면 계속 적용됩니다.

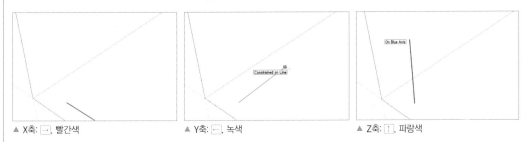

▲ X축: ←, 빨간색　　　　　　　　▲ Y축: →, 녹색　　　　　　　　▲ Z축: ↑, 파랑색

2. 추정 잠금/축 잠금: 각 툴로 그리거나 편집 작업 중 또는 축 방향으로 작업하는 중에 Shift 키를 누르고 있으면 축을 표시하는 실선이 굵은 선으로 표
시되면서 방향키를 누르지 않아도 축 방향으로 임시로 추정 잠금 상태가 되어 그 축 방향으로만 작업을 할 수 있습니다. 직각이나 평행선도 잠금이 됩
니다. 화살표를 눌러 고정시키는 것과는 다르게 Shift 키는 계속 누르고 있어야 합니다.

컴포넌트 지정하기

[Make Component]를 사용해 컴포넌트를 지정해보겠습니다.

| 예제 불러오기 | Part 2/Chapter 1/컴포넌트지정.skp

1 객체 전체를 선택한 후 마우스 오른쪽 버튼을 클릭해 [Make Component]를 선택합니다. [Create Component] 창에서 [General]-[Definition]에 [거리펜스 1]을 입력한 후 [Create] 버튼을 클릭합니다.

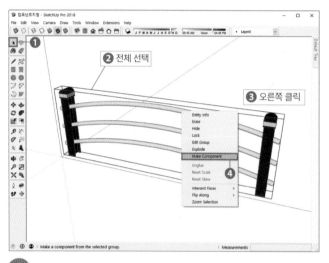

> **TIP** 마을 단위로 만들게 된다면 도로펜스 같은 소품은 수십 개에서 많게는 수백 개를 복제해야 하기 때문에 컴포넌트로 등록해서 쓰면 편리성과 용량 면에서 유리합니다.

2 [Components] 패널에서 [In Model](🏠)을 클릭하면 '거리펜스 1'이 등록된 것을 확인할 수 있습니다.

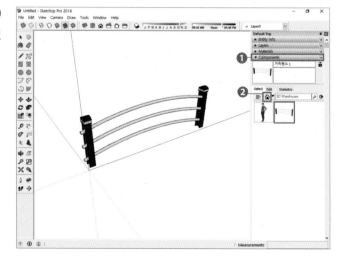

3 컴포넌트로 지정한 도로펜스를 다중복사 하겠습니다. 이동 툴(✤ : M)을 선택하고 Ctrl 키를 한 번 눌러 + 표시(✤)가 나타난 상태에서 도로펜스를 오른쪽으로 클릭&드래그합니다. 그림과 같이 약간 떨어진 위치로 복사됩니다.

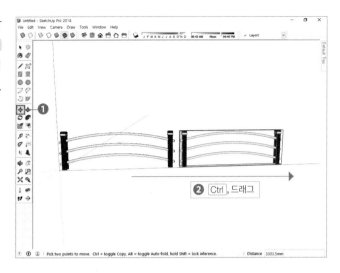

4 수치 창에 '*5'를 입력한 후 Enter 키를 누르면 5개가 복사되어 총 6개의 펜스가 만들 어집니다.

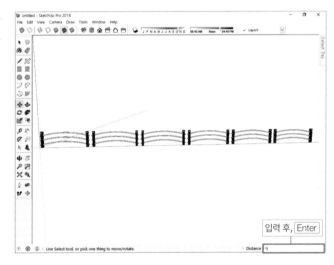

2D Export로 내보내기

완성된 펜스를 2D Export를 이용해 이미지로 내보내겠습니다.

| 예제 불러오기 | Part 2/Chapter 1/2D내보내기.skp

1 마우스 휠 버튼을 클릭해서 작업 화면을 그림과 같이 조정합니다. 상단 툴 바에서 [Show/Hide Shadows] 🍥 를 클릭해서 그림 자를 표시한 뒤 'Date'와 'Time'의 슬라이더를 조절해 원하는 그림자 모양을 지정합니다.

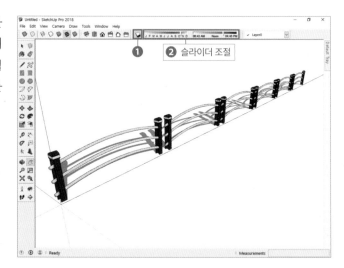

2 이제 완성된 펜스를 2D Export를 이용하 여 이미지로 내보내겠습니다. 둥근 기둥의 전 체 외곽선을 좀더 두껍게 하기 위해 [Styles] 패널의 [Edit]탭을 선택한 후 [Edge] 설정에서 [Profiles]을 '2'로 지정합니다.

> TIP
> [Edges](라인)는 각각의 면의 가장자리와 내부 라인도 보여 주며, [Profiles]은 한 객체의 전체를 감싸는 외곽 라인을 보 여줍니다. [Profiles]을 끄면 둥근 객체의 외곽선이 보이지 않 습니다.

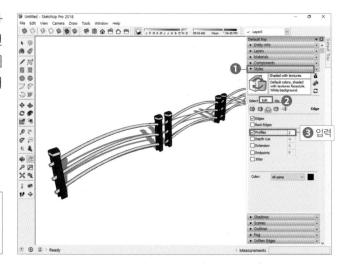

 메뉴에서 [File]-[Export]-[2D Graphic...]을 클릭합니다. [Export 2D Graphic] 창이 나타나면 파일 형식은 tif나 png 중에서 선택한 후 [Options...]을 클릭합니다. [Extended Export Image Options] 창이 표시되면 [Image Size]에 원하는 사이즈를 입력하고 [Anti-alias]와 [Transparent Background]에 체크를 하고 [OK] 버튼을 클릭합니다.

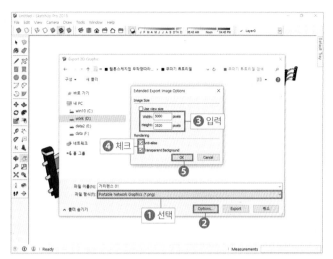

TIP 스케치업 버전이 다른 사용자에게 파일을 보낼 때에는 메뉴에서 [File]-[Save As...]를 선택해 원하는 버전으로 저장할 수 있습니다.

TIP

2D Export란?

2D Export란 스케치업에서 작업한 객체를 bmp, jpge, tiff, png 등의 2D 이미지 파일 형식으로 저장하는 기능입니다. 스케치업에서 저장된 2D 이미지는 건축, 설계, 인테리어, 콘셉트 디자인, 영화, 만화 등 수많은 분야에서 아이디어 단계의 스케치, 완성된 이미지까지 폭넓게 활용되고 있습니다. 다른 3D 프로그램들은 먼저 렌더링을 한 후 그 이미지 파일을 저장하는데, 스케치업은 따로 렌더링을 하지 않고도 화면에 보이는 그대로를 2D 이미지 파일 형식으로 저장할 수 있습니다.

- **다른 3D 프로그램**: 셰이딩 모드 → 렌더링 → 2D 이미지 저장, 동영상으로 저장
- **스케치업**: 셰이딩 모드(스타일) → 2D 이미지 저장

이 차이점으로 인해서 스케치업이 다른 3D 프로그램에 비해서 모델링뿐만 아니라, 2D Export에서도 자기만의 독특한 개성을 그대로 살리면서도 쉽고 간편하게 작업할 수 있습니다.

CHAPTER
02

도로표지판 만들기

도로표지판을 만들고 간단한 색을 입혀보겠습니다. 도로표지판은 둥근
표지판과 네모 표지판을 만들고 기둥을 만든 후에 만든 부품을 정확하게
연결해야 자연스러운 모양이 됩니다.

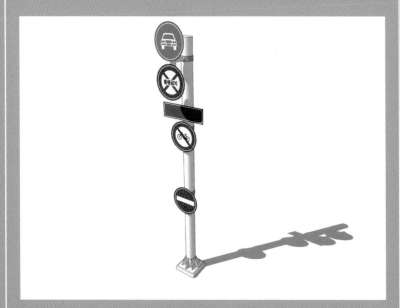

| 예제 완성파일 | Part 2/Chapter 2/230000-001.skp

SECTION 01

둥근 표지판 만들기

표지판의 가장 기본이 되는 둥근 표지판을 만들어봅니다.

1 Front 뷰(⌂)를 클릭하고 메뉴에서 [Camera]-[Parallel Projection]을 선택합니다. 원형 툴(◉ : C)을 클릭&드래그한 후 수치 창에 '300'을 입력합니다. 원의 Sides는 기본인 24로 그대로 둡니다.

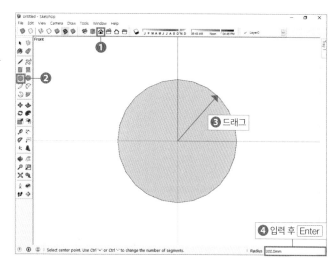

2 Iso 뷰(◉)를 클릭합니다. 밀기/당기기 툴(◆ : P)을 선택하고 원의 면을 클릭&드래그한 후 수치 창에 '5'를 입력합니다. 객체를 트리플 클릭한 후 마우스 오른쪽 버튼을 클릭하고 [Make Group]을 선택해 그룹 지정합니다.

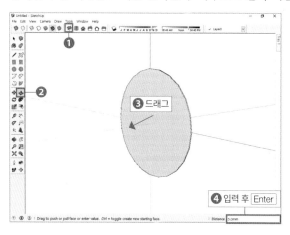

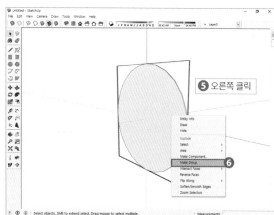

3 Top 뷰(▣)를 클릭합니다. 사각형 툴(▣ : R)로 그림처럼 그룹의 근처에서 클릭&드래그한 후 수치 창에 '310,35'를 입력합니다.

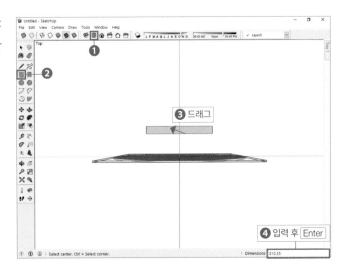

4 마우스 휠 버튼을 왼쪽으로 클릭&드래그하여 그림과 같이 조정합니다. Iso 뷰(⬢)를 클릭하고 메뉴에서 [Camera]-[Parallel Projection]을 선택해서 Perspective 뷰로 전환합니다. 밀기/당기기 툴(◆ : P)로 사각형의 윗 면을 클릭&드래그한 후 수치 창에 '10'을 입력합니다.

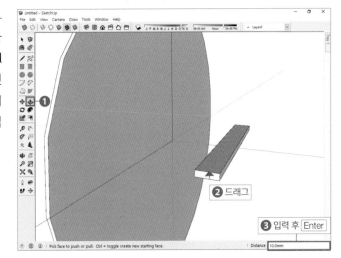

5 사각형의 바깥 라인을 클릭합니다. 이동(◆ : M) 툴을 선택하고 Ctrl 키를 한 번 눌러 + 표시(✛)가 나타난 상태에서 사각형을 위쪽으로 클릭&드래그한 후 수치 창에 '10'을 입력합니다.

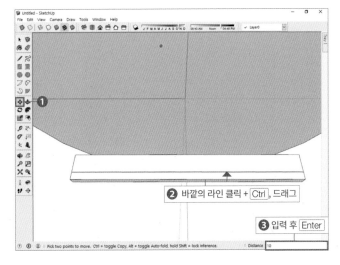

6 밀기/당기기 툴(◈ : P)을 선택하고 사각형의 분할된 작은 면을 위로 '10mm'만큼 드래그합니다. 사각형 전체를 트리플 클릭한 후 마우스 오른쪽 버튼을 클릭하고 [Make Group]을 선택해 그룹 지정합니다.

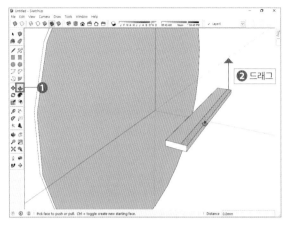
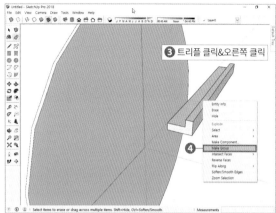

7 이동 툴(✛ : M)을 선택한 후 Ctrl 키를 한 번 눌러 + 표시(✛)가 나타난 상태에서 객체를 그림과 같이 위로 클릭&드래그하여 복사합니다. 복사한 객체에서 마우스 오른쪽 버튼을 클릭한 후 [Flip Along]-[Group's Blue]를 선택해서 Z축으로 대칭을 만들어 줍니다.

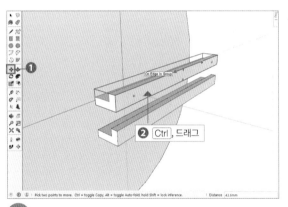
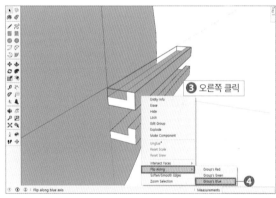

> TIP 객체를 클릭&드래그할 때 ↑ 키를 눌러 Z축 고정을 하면 이동이 쉽습니다.

8 대칭이 된 객체를 이동 툴(✛ : M)로 선택하고 끝점을 클릭한 후 아래로 드래그하여 그림과 같이 2개의 객체를 정확히 붙여 고정대 모양을 만들어 줍니다.

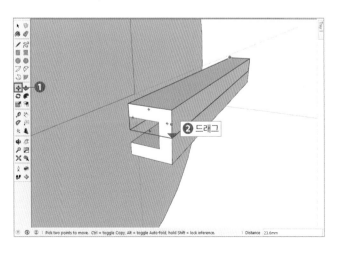

9 이동 툴(✤ : M)을 선택하고 ⬆ 키를 한 번 눌러 Z축을 고정시킵니다. 위쪽 고정대를 위로 클릭&드래그한 후 수치 창에 '5'를 입력하여 이동합니다. 고정대 두 객체를 선택해서 마우스 오른쪽 버튼을 클릭하고 [Make Group]을 클릭해서 그룹 지정합니다.

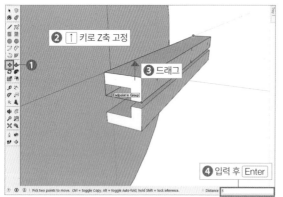
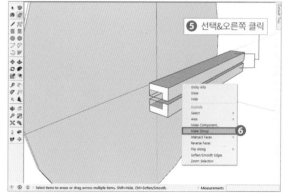

10 이동 툴(✤ : M)로 그림과 같이 왼쪽 위의 모서리를 클릭하면서 ⬅ 키를 한 번 눌러서 Y 축으로 고정시킨 후 둥근 표지판까지 이동해서 붙입니다.

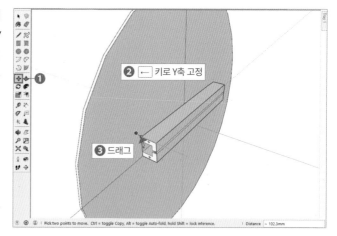

11 이동 툴(✤ : M)로 고정대 그룹의 위쪽 중간 포인트를 찾아 클릭하고, ⬆ 키를 한 번 눌러 Z축을 고정시킨 후 둥근 표지판의 가장 높은 Endpoint까지 드래그하여 이동합니다.

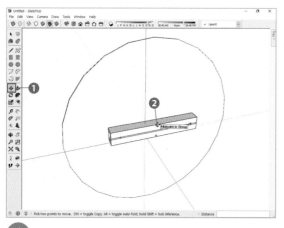
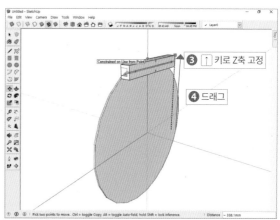

> **TIP** 각 객체의 끝 부분이나 모서리에 마우스 커서를 가져가면 Endpoint가 표시됩니다. 둥근 표지판의 경우, 가장 높은 모서리 끝이 Endpoint입니다.

12 다시 ↑ 키를 눌러 Z축을 고정시킨 후, 고정대 그룹을 아래로 드래그한 후 수치 창에 '130'을 입력합니다.

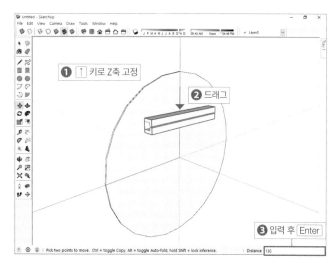

13 Ctrl 키를 한 번 눌러 + 표시(✛)가 나타난 상태에서 ↑ 키를 눌러 Z축을 고정시킨 후 고정대 그룹을 아래로 클릭&드래그하여 고정대를 복사합니다. 수치 창에 '250'을 입력합니다.

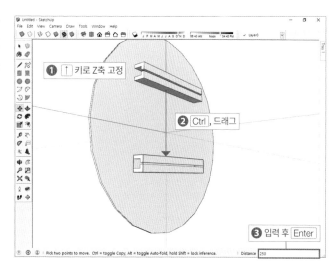

14 Shift 키를 누른 채 둥근 표지판과 고정대 객체 2개를 모두 선택합니다. 마우스 오른쪽 버튼을 클릭한 후 [Make Group]을 선택해서 그룹 지정합니다.

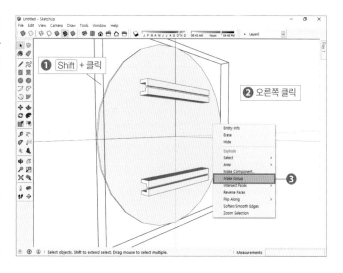

사각 표지판 만들기

오프셋 툴, 배율 툴을 이용해 사각 표지판을 만들어봅니다.

|예제 불러오기| Part 2/Chapter 2/230200-001.skp

---

1 '230200-001.skp' 파일을 불러온 후 Front 뷰(⌂)를 선택합니다. 사각형 툴(▦ : R)로 둥근 표지판의 오른쪽에서 클릭&드래그 한 후 수치 창에 '910,280'을 입력합니다.

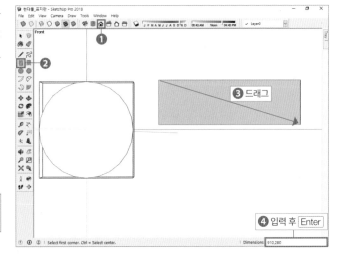

TIP Front 뷰를 선택하면 스케치업에서 객체들의 정면이 표시됩니다.

---

2 Iso 뷰(◈)를 클릭하고, 밀기/당기기 툴(◈ : P)로 사각형의 윗면을 클릭&드래그한 후 수치 창에 '5'를 입력합니다. 사각형 객체를 트리플 클릭한 후, 마우스 오른쪽 버튼을 클릭하고 [Make Group]을 선택해 그룹 지정합니다.

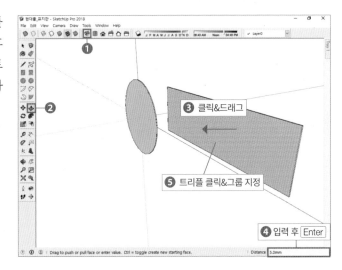

---

3 사각형을 더블클릭해서 편집 모드로 들어간 후 앞면을 클릭합니다. Front 뷰( )를 클릭해서 사각형이 잘 보이는 방향으로 설정합니다. 오프셋 툴(: F)로 면을 클릭하고 안쪽으로 드래그한 후 수치 창에 '10'을 입력합니다.

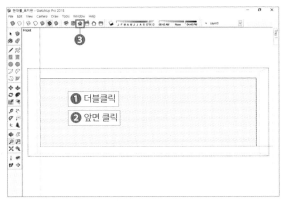
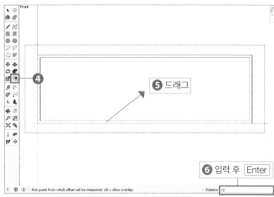

4 사각형 툴(: R)을 선택한 후, 사각형의 모서리 4곳을 안쪽으로 클릭&드래그한 후 수치 창에 '45,45'를 입력합니다. 총 4개의 사각형을 그립니다.

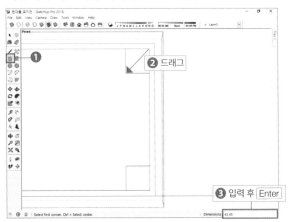
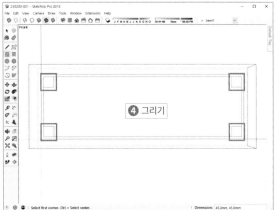

5 2점호 툴(: A)을 클릭한 후 Sides에 '8'을 입력합니다. 그림과 같이 조금 전에 그린 사각형의 대각선 두 포인트를 클릭하고 바깥으로 드래그한 후 수치 창에 '13'을 입력합니다. 2점호 툴(: A)로 4곳의 사각형 안에도 동일하게 그려줍니다.

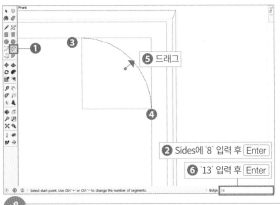
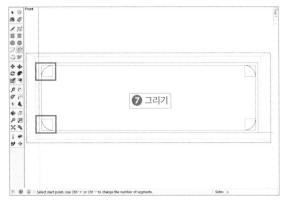

TIP 2점호 툴은 임의의 시작점과 끝점인 2점을 선택한 후, 호의 크기를 지정해 그리는 툴입니다.

6 선택 툴(: Spacebar)로 사각형을 선택해 아래의 그림과 같이 삭제합니다.

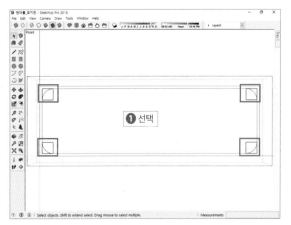

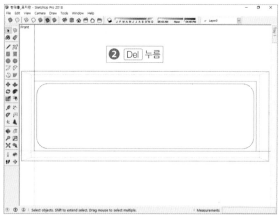

7 오프셋 툴(: F)로 둥근 사각형을 선택하고 안쪽으로 클릭&드래그한 후 수치 창에 '10'을 입력합니다.

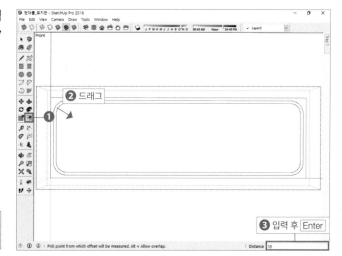

> **TIP** 오프셋 툴은 원이나 사각형 등의 객체의 여러 선을 한 번에 안쪽이나 바깥쪽으로 복사해 주는 툴입니다.

8 [Meterials] 패널을 열어 [Colors]를 클릭한 후 [Color H08]을 선택합니다. 그림과 같이 안쪽 흰색 띠가 될 부분을 제외하고 색을 입혀줍니다.

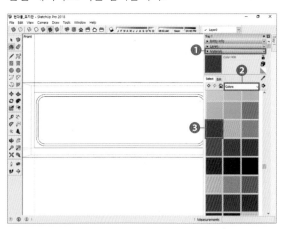

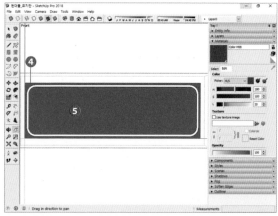

9 흰색 라인 안의 면을 더블클릭하면 라인과 흰색 면이 같이 선택됩니다. 이때 Shift 키를 누른 채 흰색 면을 선택하면 흰색 면은 선택 해제가 되면서 그림과 같이 라인만 선택됩니다.

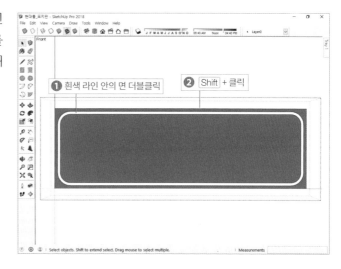

10 마우스 커서를 선택된 라인에 위치시키고 마우스 오른쪽 버튼을 클릭해 [Hide]를 선택하면 그림과 같이 선이 숨겨집니다.

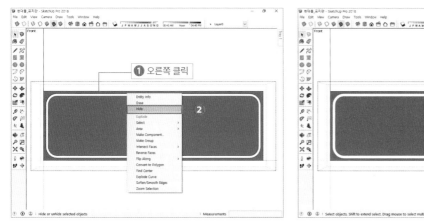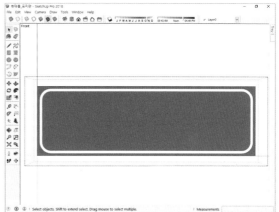

11 Iso 뷰( )를 클릭하고, 마우스 휠 버튼을 왼쪽으로 드래그하여 그림과 같이 조정합니다. 둥근 표지판을 더블클릭해서 편집 모드로 들어갑니다. 위쪽 고정대를 하나 선택하고 복사(Ctrl + C 키)합니다. 빈 공간을 클릭해서 편집 모드에서 빠져나온 후, 복사한 고정대를 그림과 같이 사각 표지판의 임의의 자리에 붙여넣기(Ctrl + V 키) 합니다.

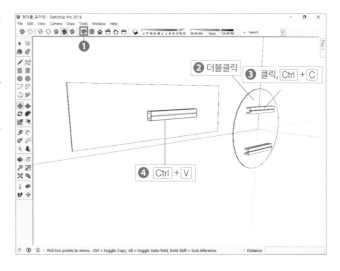

12 Back 뷰(⌂)를 선택해 그림과 같이 뒷면이 보이게 합니다. 이동 툴(✛ : M)로 사각 객체의 중간에 커서를 가져가 'Midpoint in Group'이라고 뜨는 지점을 클릭합니다. → 키를 한 번 눌러 X축을 고정시키고 왼쪽으로 드래그하여 이동시킵니다. 사각 표지판의 중간지점에 가면 그림과 같이 하늘색 포인트가 뜨는 지점에서 멈춥니다.

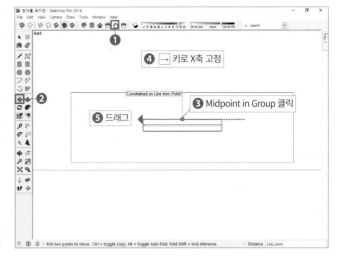

TIP
Back 뷰는 작업 화면 객체의 뒷면을 보여주는 뷰입니다.

13 사각 표지판 안에 고정대가 정가운데 오도록 위치를 조절합니다. 이동 툴(✛ : M)로 가운데 고정대의 세로의 중간지점을 클릭하고 ↑ 키를 한 번 눌러 Z축을 고정시킨 후 위로 드래그하여 그림과 같이 하늘색 포인트가 표시되면 멈춰줍니다.

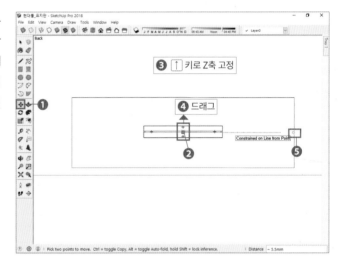

14 배율 툴(▦ : S)로 고정대의 왼쪽 중앙을 클릭한 후, Ctrl 키를 누른 채 드래그한 후 수치 창에 '2.4'를 입력합니다. 좌우가 같은 배율로 늘어납니다. Shift 키를 누른 채 사각 표지판과 뒤쪽 고정대를 선택한 후 마우스 오른쪽 버튼을 클릭하고 [Make Group]을 선택해 그룹 지정합니다.

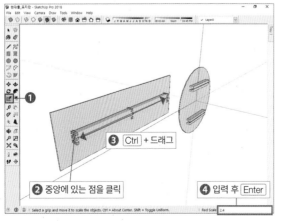

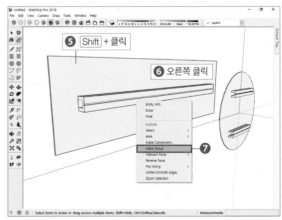

도로표지판 기둥 만들기

뷰를 바꾸어 가면서 원형 툴과 배율 툴을 이용해 기둥을 만들어봅니다.

| 예제 불러오기 | Part 2/Chapter 2/230300-001.skp

1 '230300-001.skp' 파일을 불러옵니다. Top 뷰(■)를 선택한 후 원형 툴(● : C)을 클릭하고 sides에 '24'를 입력합니다. 임의의 지점에서 클릭&드래그한 후 수치 창에 '44'를 입력합니다.

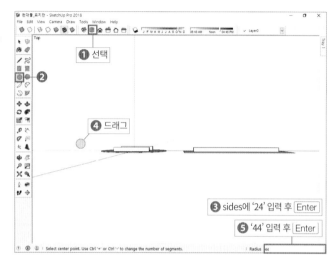

2 Iso 뷰(■)를 클릭한 뒤 마우스 휠 버튼을 오른쪽으로 클릭&드래그하여 그림과 같이 작업 화면을 조정합니다. 밀기/당기기 툴(● : P)을 클릭한 후 원형의 윗면을 위로 클릭&드래그한 후 수치 창에 '15'를 입력합니다.

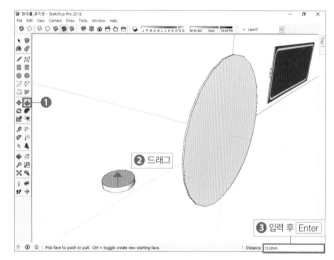

3 [Ctrl] 키를 한 번 눌러 + 표시(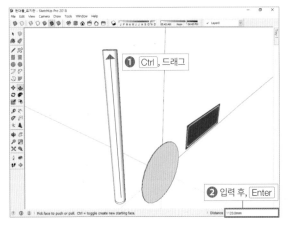)가 나타난 상태에서 원통의 윗면을 위로 클릭&드래그한 후 수치 창에 '1120'을 입력합니다. 다시 [Ctrl] 키를 한 번 눌러 + 표시( )가 나타난 상태에서 원통의 윗면을 위로 클릭&드래그한 후 수치 창에 '15'를 입력합니다.

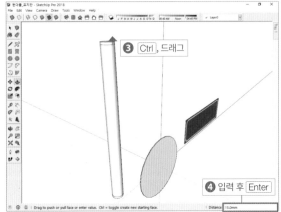

4 마우스 휠 버튼을 클릭&드래그하여 그림과 같이 작업 화면을 조절한 뒤 원통의 가장 윗면을 선택합니다. 배율 툴(■ : S)을 선택하고 [Ctrl] 키를 누른 채 원통의 윗면을 클릭&드래그한 후 수치 창에 '0.2'를 입력합니다.

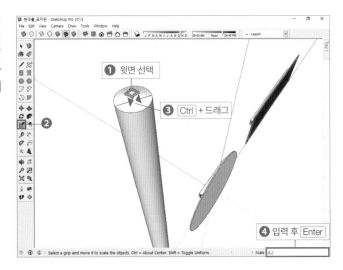

5 지우기 툴(■ : E)을 선택한 후 [Shift] 키를 누른 채 윗면의 둥근 라인을 클릭해서 라인을 숨겨줍니다.

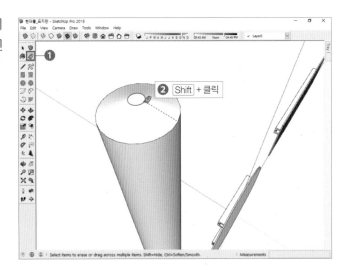

6 원형의 가장 밑면도 배율 툴(: S)을 선택한 후 Ctrl 키를 누른 채 클릭&드래그한 후 수치 창에 '0.2'를 입력합니다. 지우개 툴(: E)을 선택한 후 Shift 키를 누른 채 둥근 라인을 클릭해서 라인을 숨겨줍니다.

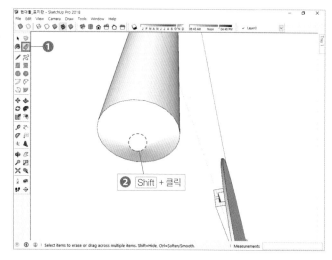

7 기둥 객체를 트리플 클릭한 후 마우스 오른쪽 버튼을 클릭하고 [Make Group]을 선택해 그룹 지정합니다.

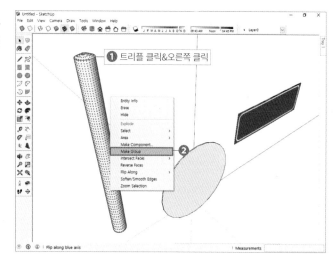

고정대 만들기

뷰를 변환하면서 원형 툴과 오프셋 툴을 이용해 고정대를 만들어봅니다.

| 예제 불러오기 | Part 2/Chapter 2/230400-001.skp

1 '230400-001.skp' 파일을 불러옵니다. Top 뷰(⬛)를 클릭하고 메뉴에서 [Camera]-[Parallel Projection]을 선택합니다. 원형 툴(⚫ : C)로 기둥 옆에 반지름 **44mm**의 원을 그립니다. 오프셋 툴(◉ : F)을 클릭하고 원을 바깥쪽으로 드래그한 후 수치 창에 '5'를 입력합니다.

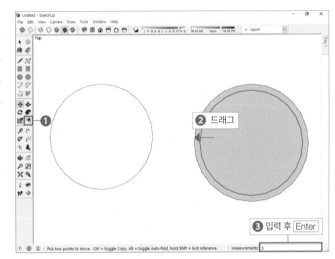

2 원 가운데 면을 선택하고 Del 키를 눌러 삭제합니다. Iso 뷰(⬛)를 클릭하고 밀기/당기기 툴(◆ : P)로 면을 위로 클릭&드래그한 후 수치 창에 '35'를 입력합니다.

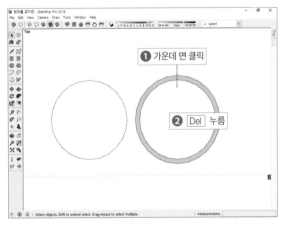

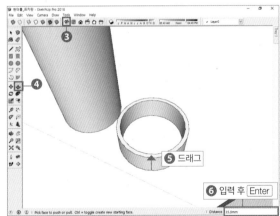

3 객체를 트리플 클릭한 후 마우스 오른쪽 버튼을 클릭해 [Make Group]을 선택해 그룹 지정합니다. 페인트 통 툴(: B)을 선택한 후 [Materials] 패널의 [Colors]에서 [Color M03(회색)]을 선택하고 원통 그룹을 클릭해서 색을 입혀줍니다.

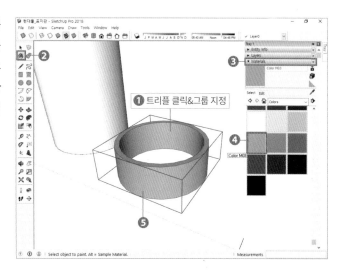

4 Front 뷰( )를 클릭한 뒤 그림과 비슷한 지점에 사각형 툴(: R)로 클릭&드래그한 후 수치 창에 '120,35'를 입력합니다.

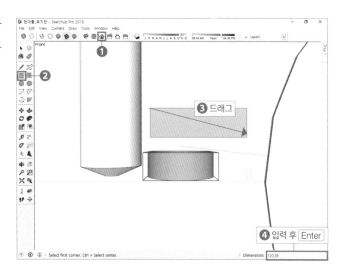

5 Iso 뷰( )를 클릭합니다. 밀기/당기기 툴(: P)로 면을 오른쪽으로 클릭&드래그한 후 수치 창에 '5'를 입력합니다. 객체를 트리플 클릭한 후 마우스 오른쪽 버튼을 클릭하고 [Make Group]을 선택하고 그룹 지정합니다.

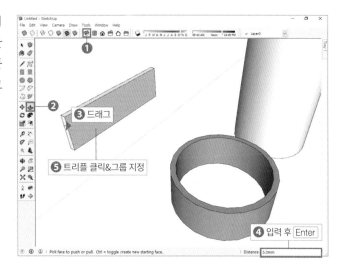

6 Back 뷰(⌂)를 클릭하고 메뉴에서 [Camera]-[Parallel Projection]을 선택합니다. 이동 툴(✥ : M)로 두 객체가 그림과 같이 겹쳐지도록 클릭&드래그 합니다.

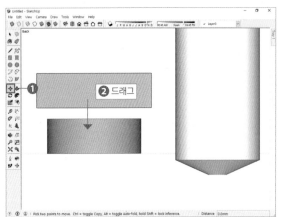
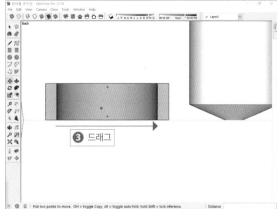

7 Top 뷰(▣)를 클릭합니다. 이동 툴(✥ : M)을 클릭하고 ← 키를 눌러 Y축을 고정한 후 사각형을 위로 클릭&드래그합니다.

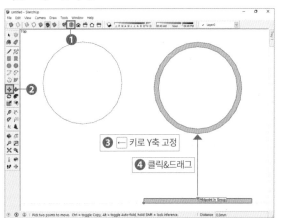
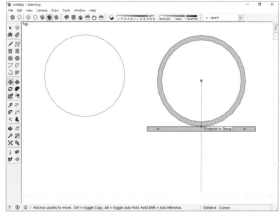

8 Front 뷰(⌂)를 클릭합니다. 다각형 툴(◉)을 선택하고 Sides에 '6'을 입력합니다. 사각형 위의 임의의 지점을 클릭&드래그한 후 수치 창에 '5'를 입력합니다. 오프셋 툴(☜ : F)로 육각형을 안쪽으로 클릭&드래그한 후 수치 창에 '2'를 입력합니다. 안쪽 면을 선택하고 Del 키를 눌러 삭제합니다.

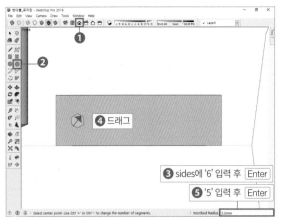
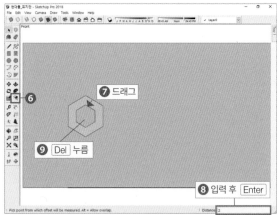

9 Iso 뷰( )를 클릭하고 메뉴에서 [Camera]-[Parallel Projection]을 선택합니다. 밀기/당기기 툴(: P)로 육각형 객체의 면을 클릭&드래그한 후 수치 창에 '4'를 입력해 나사 객체를 완성합니다. 나사 객체를 트리플 클릭한 후 마우스 오른쪽 버튼을 클릭하고 [Make Group]을 선택해 그룹 지정합니다.

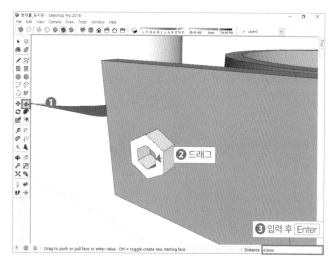

10 Front 뷰( )를 클릭합니다. 이동 툴(: M)로 나사를 사각형의 바깥에서 안쪽으로 10mm만큼 이동해줍니다. 나사의 중심점을 왼쪽으로 클릭&드래그하여 사각형의 세로 중간으로 이동해줍니다.

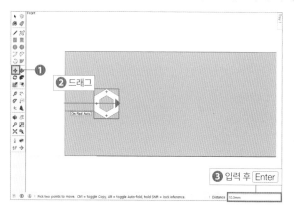
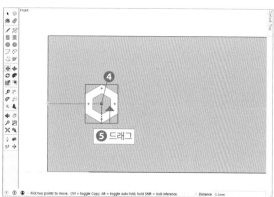

11 이동 툴(: M)을 선택하고 Ctrl 키를 한 번 눌러 + 표시( )가 나타난 상태에서 → 키를 눌러 X축을 고정하고 나사를 오른쪽으로 클릭&드래그한 후 수치 창에 '91.3'을 입력합니다. Shift 키를 누른 채 나사 2개를 선택합니다.

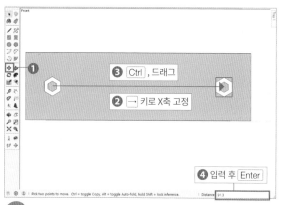
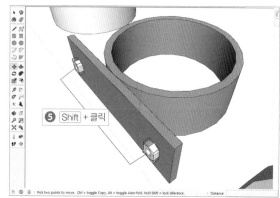

TIP 여러 개의 객체를 선택할 때, Shift 키를 누른 채 선택하면 쉽게 다른 객체를 추가하거나 뺄 수 있습니다.

12 이동 툴(◈ : M)을 선택한 후, ← 키를 눌러 Y축을 고정시킵니다. 선택된 나사를 사각판의 반대 지점으로 클릭&드래그한 후 수치 창에 '9'를 입력합니다. Shift 키를 누른 채 나사, 사각형, 띠를 모두 선택하고 마우스 오른쪽 버튼을 클릭한 후 [Make Group]을 선택해 그룹으로 지정합니다.

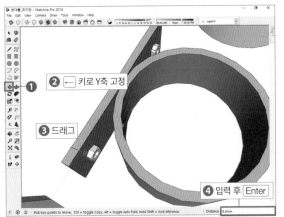
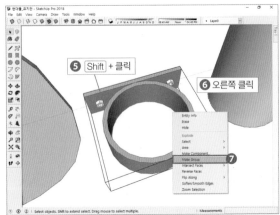

13 Top 뷰(▣)를 클릭하고 메뉴에서 [Camera]-[Parallel Projection]을 선택해 기둥과 띠가 잘 보이는 뷰로 전환합니다. 이동 툴(◈ : M)로 띠의 중심을 클릭하고 → 키를 눌러 X축 고정을 한 후 원과 정확하게 겹쳐지게 왼쪽으로 이동합니다.

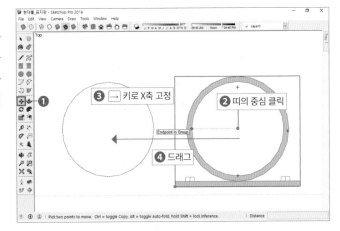

14 원이 정확하게 겹쳐져서 하나의 원으로 보입니다.

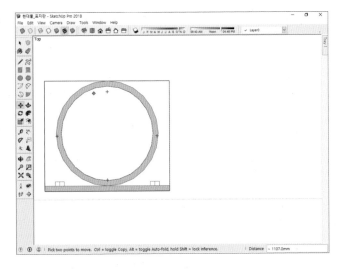

15 Iso 뷰(🔲)를 클릭합니다. 마우스 휠 버튼으로 클릭해서 화면을 조정해보면 다음과 같은 결과가 나옵니다.

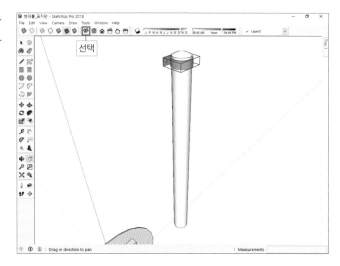

16 이동 툴(✥ : M)로 다중 배열을 해보겠습니다. Ctrl 키를 한 번 눌러 + 표시(✥)가 나타난 상태에서 고정대를 클릭&드래그해서 그림과 같이 기둥 아래로 복사한 후, 수치 창에 '/3'을 입력합니다. 같은 간격으로 고정대 3개가 복사되었습니다.

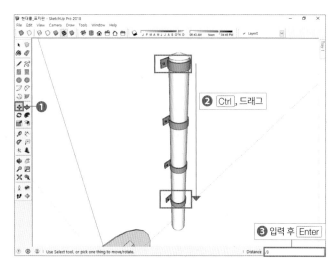

중간 기둥 만들기

원형 툴과 밀기/당기기 툴을 이용해 중간 기둥을 만들어봅니다.

| 예제 불러오기 |　Part 2/Chapter 2/230500-001.skp

1　'230500-001.skp' 파일을 불러옵니다.
Back 뷰(🏠)를 클릭하고 메뉴에서 [Camera]-
[Parallel Projection]을 선택합니다. 원형 툴
(◉ : C)로 기둥 옆의 임의의 지점을 클릭&드
래그한 후 수치 창에 '32'를 입력합니다.

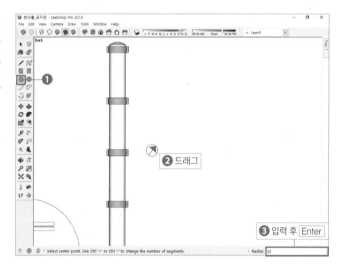

2　마우스 휠 버튼을 클릭&드래그하여 작업
화면을 조정합니다. 밀기/당기기 툴(◆ : P)로
면을 오른쪽으로 클릭&드래그한 후 수치 창에
'270'을 입력합니다.

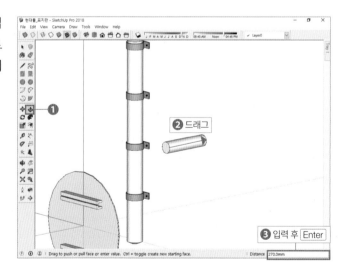

3 Top 뷰(📖)를 클릭하고 메뉴에서 [Camera]-[Parallel Projection]을 선택합니다. 이동 툴(✛ : M)로 원통 기둥을 위로 클릭&드래그하여 그림과 같이 정렬합니다.

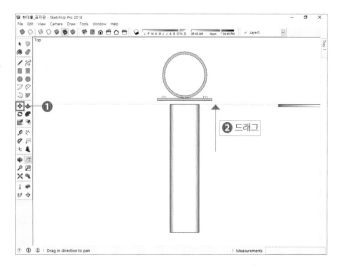

4 Iso 뷰(📖)를 클릭하고 메뉴에서 [Camera]-[Parallel Projection]을 선택합니다. ⬅ 키를 한 번 눌러 Y축을 고정시킨 후, 선택된 원통을 드래그해서 기둥의 앞부분까지 이동합니다. Shift 키를 누른 채 기둥과 고정대를 선택하고 마우스 오른쪽 버튼을 클릭하고 [Make Group]을 선택해 그룹 지정합니다.

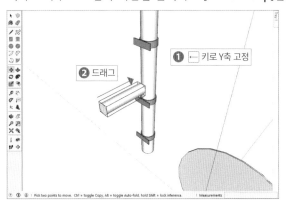
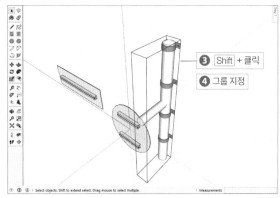

5 원기둥과 가로 기둥을 연결한 부위의 연결선을 보이게 설정합니다. 그룹을 더블클릭해서 편집 모드로 들어간 후 원기둥을 선택하고 마우스 오른쪽 버튼을 클릭해 [Intersect Faces]-[with Model]을 선택하면 그림과 같이 연결 부분에 라인이 생성됩니다. 빈 공간을 클릭해서 편집 모드에서 나옵니다.

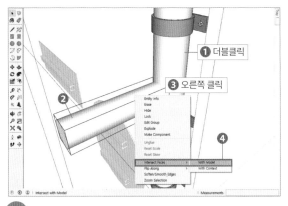
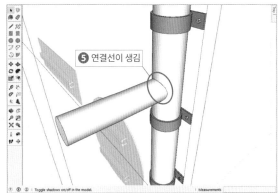

TIP [Intersect Faces]는 2개 이상의 객체가 교차할 때 교차된 단면의 형태대로 잘라주는 기능입니다. [With Model]은 선택된 객체와 교차된 객체를 분할시켜 줍니다.

표지판 정렬하기

이동 툴을 이용해 뷰를 변환하면서 표지판을 정렬해봅니다.

| 예제 불러오기 | Part 2/Chapter 2/230600-001.skp

1 '230600-001.skp' 파일을 불러옵니다. Top 뷰(▣)를 클릭하고 메뉴에서 [Camera]-[Parallel Projection]을 선택합니다. 이동 툴(✥ : M)로 둥근 표지판을 그림처럼 이동합니다.

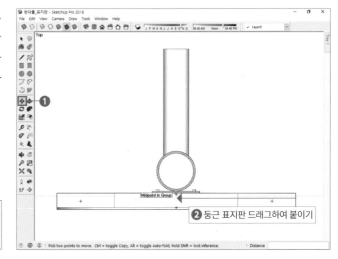

TIP
중간점(Midpoint in Group)을 잡고 이동시키면서 추정 기능으로 기둥의 중간점을 찾으면 쉽게 중심을 맞출 수 있습니다.

2 Iso 뷰(◈)를 클릭하면 그림과 같이 나타납니다.

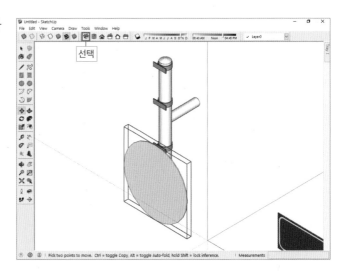

3 메뉴에서 [Camera]-[Parallel Projection]을 선택하면 그림과 같이 나타납니다. 둥근 표지판을 선택한 후 이동 툴(✤ : M)을 선택하고 ↑ 키를 한 번 눌러 Z축 고정을 시킵니다.

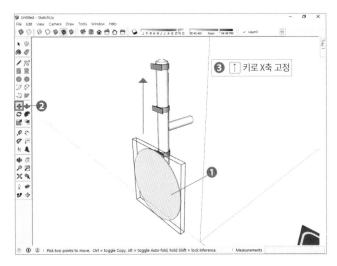

4 둥근 표지판을 위로 드래그한 후 수치 창에 '754'를 입력하면 그림과 같이 둥근 표지판이 기둥 위로 올라갑니다.

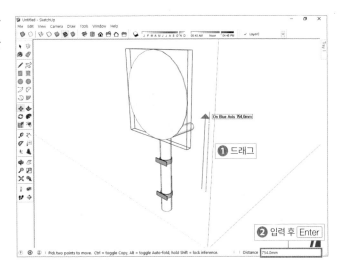

5 마우스 휠 버튼을 뒤쪽으로 클릭&드래그하여 회전해보면 그림과 같이 나타납니다.

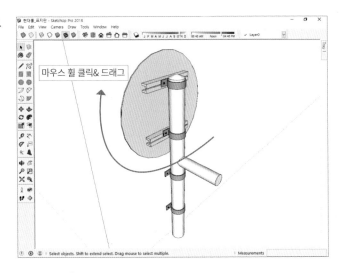

6 고정대를 이동시키기 위해서 기둥을 더블 클릭해서 편집 모드로 들어갑니다. 두 번째 고정대를 선택한 후 이동 툴(✛ : M)을 클릭하고 ↑ 키를 한 번 눌러 Z축을 고정킵니다. 두 번째 고정대를 드래그해서 그림과 같이 표지판의 가로 고정대에 위치를 조정해 줍니다.

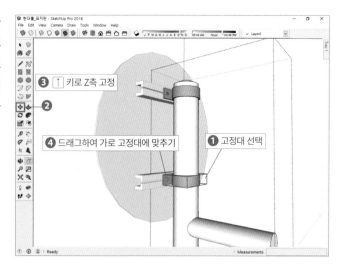

7 화면의 빈 곳을 클릭해 편집 모드에서 빠져나옵니다. 둥근 표지판을 선택한 후 이동 툴(✛ : M)을 클릭하고 Ctrl 키를 한 번 눌러 + 표시(✛)가 나타난 상태에서 ↑ 키를 한번 눌러 Z축 고정한 뒤 아래쪽으로 드래그하여 복사합니다.

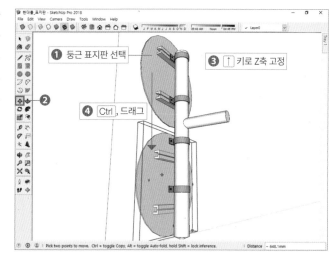

8 둥근 표지판의 가로 고정대와 기둥의 고정대를 이동 툴(✛ : M)로 그림과 같이 배치합니다.

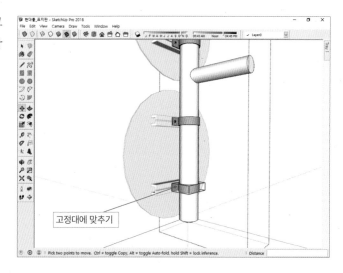

9 위치 조정이 끝났으면 화면의 빈 곳을 클릭해서 편집 모드에서 나옵니다. 그림과 같이 객체들을 드래그하여 선택한 후 마우스 오른쪽 버튼을 클릭하고 [Make Group]을 선택해서 그룹 지정합니다.

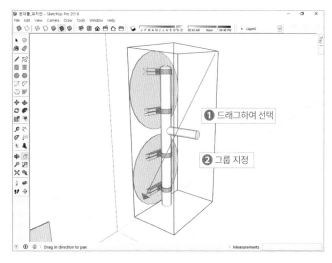

10 그림과 같이 표지판의 한 부분이 완성되었습니다.

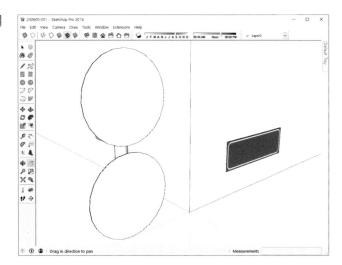

SECTION

07

받침대 만들기

밀기/당기기 툴, 줄자 툴, 지우개 툴, 사각형 툴, 이동 툴, 선 툴을 이용해 받침대를 만들어봅니다.

|예제 불러오기| Part 2/Chapter 2/230700-001.skp

1 '230700-001.skp' 파일을 불러옵니다. Top 뷰(　)를 클릭한 뒤 사각형 툴(　 : R)로 그림과 비슷한 임의의 지점을 클릭&드래그하고 수치 창에 '493,493'을 입력합니다.

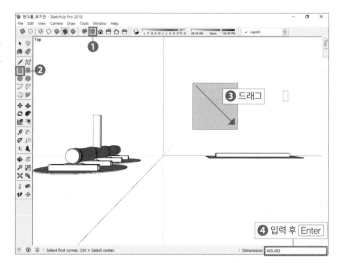

2 Iso 뷰(　)를 클릭한 후 마우스 휠 버튼을 왼쪽으로 클릭&드래그하여 그림과 같이 조정합니다. 밀기/당기기 툴(　 : P)로 사각형의 윗면을 클릭&드래그한 후 수치 창에 '80'을 입력합니다.

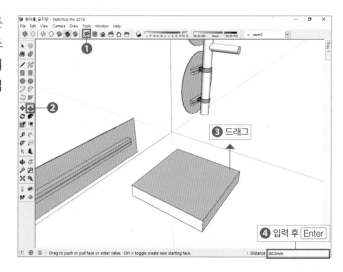

3 Top 뷰(⬛)를 클릭하고 메뉴에서 [Camera]-[Parallel Projection]을 선택합니다. 오프셋 툴(⬛ : F)로 사각형 테두리를 안쪽으로 클릭&드래그한 후 수치 창에 '26.5'을 입력합니다.

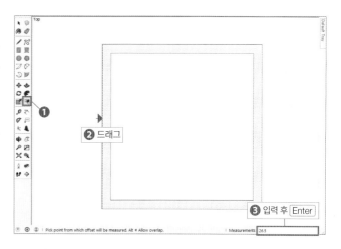

4 줄자 툴(⬛ : T)로 1개의 라인을 클릭하고 안쪽으로 **10mm**만큼 위치로 드래그해서 보조선을 각각 그려줍니다. 선 툴(⬛ : L)을 클릭한 후 그림과 같이 보조선과 라인의 교차점을 잇는 대각선을 그려줍니다.

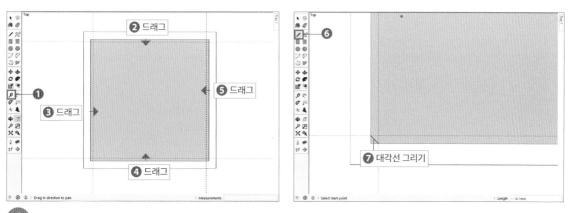

> **TIP** 줄자 툴은 치수를 측정하는 기능과 보조선을 만드는 기능이 있습니다. 객체의 시작점가 끝점에 커서를 가져가면 수치 창에 치수가 나타납니다.

5 지우개 툴(⬛ : E)을 클릭한 후 모서리 바깥의 라인을 클릭해서 지워줍니다.

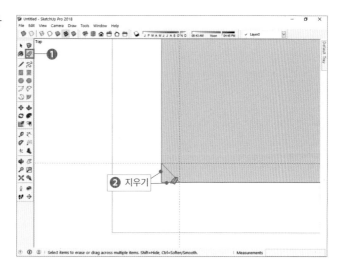

6 마우스 휠 버튼을 클릭&드래그하여 그림과 같이 화면을 조정합니다. 밀기/당기기 툴 (　 : P)로 모서리를 지운 사각형의 면을 위로 클릭&드래그한 후 수치 창에 '20'을 입력합니다. 객체를 트리플 클릭하고 마우스 오른쪽 버튼을 클릭한 후 [Make Group]을 선택해 그룹 지정합니다.

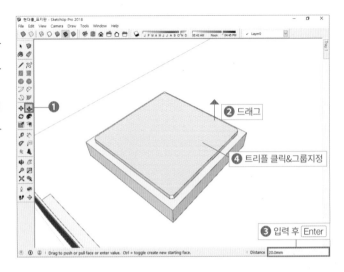

7 원형 툴(　 : C)을 선택한 뒤 모서리를 지운 사각형의 위쪽 라인의 Midpoint 지점과 왼쪽 라인의 Midpoint 지점에 커서를 가져간 후, 사각형의 중심점으로 이동하면 그림처럼 2개의 라인의 Midpoint가 표시되면서 중심점을 쉽게 찾을 수 있습니다.

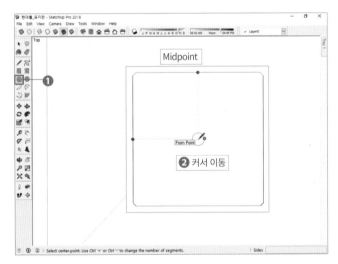

8 중심점에서 클릭&드래그한 후 수치 창에 '107.5'를 입력합니다. 모든 객체를 더블클릭하고 마우스 오른쪽 버튼을 클릭한 후 [Make Group]을 선택해 그룹 지정합니다.

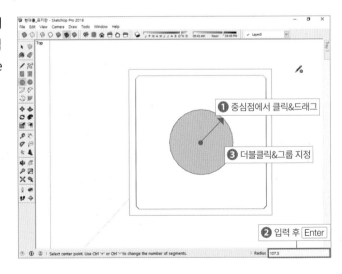

9 사각형 툴(■ : R)로 원의 하단에서 클릭&드래그한 후 수치 창에 '10,105'를 입력합니다. 사각형 객체를 더블클릭한 후 마우스 오른쪽 버튼을 클릭하고 [Make Group]을 선택해 그룹 지정합니다.

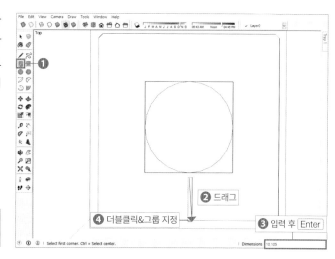

TIP 사각형을 그릴 때 처음에 길게 드래그하는 방향의 값이 수치 창에서 먼저 나옵니다.

10 이동 툴(✣ : M)로 사각형의 상단 라인의 중간점(Midpoint)을 선택한 후 그림과 같이 원의 접점으로 드래그해서 이동시킵니다. 화면을 확대해 사각형의 모서리를 클릭하고 → 키를 눌러서 X축을 고정시킨 후 사각형의 모서리를 드래그하여 교차점까지 이동해줍니다. 원과의 교차점을 클릭해서 교차시켜 줍니다.

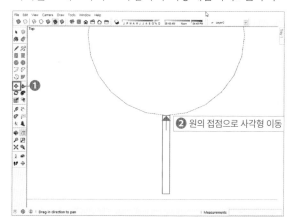

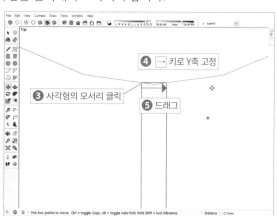

11 Iso 뷰(◉)를 클릭합니다. 사각형을 더블클릭해서 편집 모드로 들어간 후, 밀기/당기기 툴(◆ : P)로 면을 위로 클릭&드래그하고 수치 창에 '210'을 입력합니다.

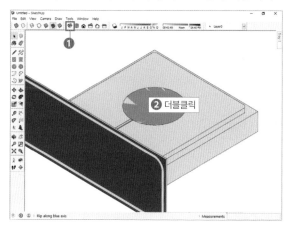

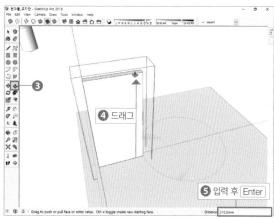

12 선 툴(✏ : L)로 오른쪽 위 꼭지점을 클릭해 오른쪽으로 드래그한 후 수치 창에 '15'를 입력합니다. 왼쪽 아래 꼭지점을 클릭해 위쪽으로 드래그한 후 수치 창에 '20'을 입력합니다.

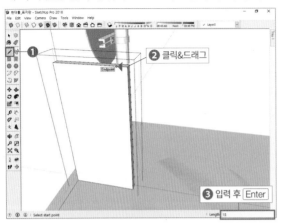 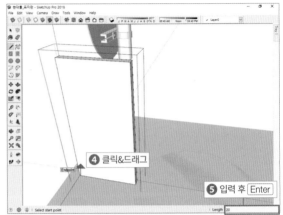

13 삼각 모양의 지지대 받침대를 만들기 위해서 라인으로 면을 분할한 후 필요없는 면은 삭제하겠습니다. 선 툴(✏ : L)로 그림과 같이 두 지점을 잇는 라인을 그려준 후 밀기/당기기 툴(◆ : P)로 한쪽 면을 뒤쪽 면까지 드래그해서 지워줍니다. 빈 공간을 클릭해서 사각 날개 편집 모드에서 나옵니다.

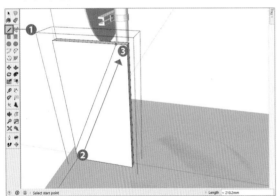 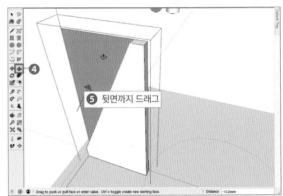

14 Top 뷰(▣)를 클릭하고 메뉴에서 [Camera]-[Parallel Projection]을 선택합니다. 선택 툴(▸ : Spacebar)로 사각 날개 객체를 선택한 후, 다시 회전 툴(⟳ : Q)을 클릭하고 원의 중심점(Endpoint in Group)을 추정 기능으로 찾아서 클릭합니다.

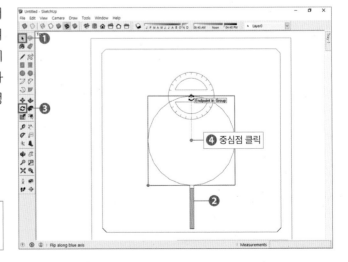

TIP 회전 툴은 회전점을 찍고 회전 축을 설정한 후에 객체를 회전시키는 툴입니다. 물체의 중앙이 아니더라도 특정 위치와 맞춰서 회전시키면 됩니다.

15 [Ctrl] 키를 한 번 눌러 + 표시(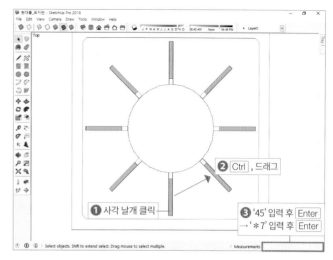)가 나타난 상태에서 사각 날개 객체를 클릭&드래그한 후 수치 창에 '45'를 입력합니다. 45도로 회전되고 수치 창에 '*7'을 입력하면 그림과 같이 45도 간격으로 사각 날개 7개가 회전 복사됩니다.

16 메뉴에서 [Camera]-[Parallel Projection]을 클릭하고, 마우스 휠 버튼을 클릭&드래그하여 작업 화면을 그림과 같이 조정하면 일정 간격으로 회전 복사된 사각 날개를 확인할 수 있습니다.

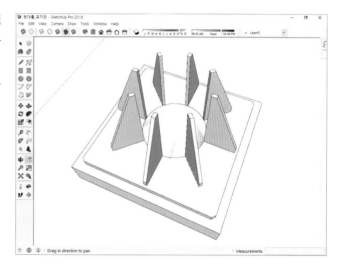

기둥 만들기

오프셋 툴, 밀기/당기기 툴, 2점호 툴 등을 이용해 기둥을 만들어봅니다.

| 예제 불러오기 | Part 2/Chapter 2/230800-001.skp

1 '230800-001.skp' 파일을 불러옵니다. 사각 날개 사이의 원을 더블클릭해서 편집 모드로 들어갑니다. 오프셋 툴(: F)로 면을 클릭해서 바깥으로 드래그한 후 수치 창에 '7'을 입력합니다.

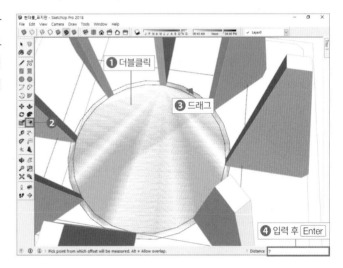

2 사각 날개 사이의 원을 트리블 클릭해서 전체 선택한 후, Shift 키를 누른 채 가운데 원의 면을 클릭합니다. 마우스 오른쪽 버튼을 클릭해 [Make Group]을 선택해서 그룹 지정합니다. 밀기/당기기 툴(: P)로 가운데 원의 면을 위로 클릭&드래그한 후 수치 창에 '215'를 입력합니다.

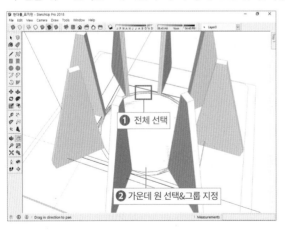

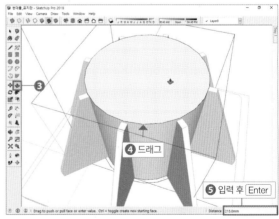

3 오프셋 툴(: F)로 바깥면의 테두리를 안쪽으로 드래그한 후 중 수치 창에 '7'을 입력합니다. 밀기/당기기 툴(: P)로 중앙의 면을 위로 클릭&드래그한 후 수치 창에 '15'를 입력합니다.

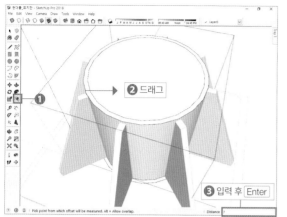
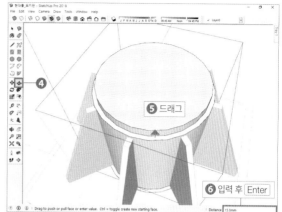

4 원의 윗면만 선택해 복사(Ctrl + C 키) 한 뒤 빈 공간을 클릭해 편집 모드에서 빠져나 옵니다. 메뉴에서 [Edit]-[Paste In Place]를 선 택하면 복사한 객체가 있었던 자리에 붙여넣 기됩니다.

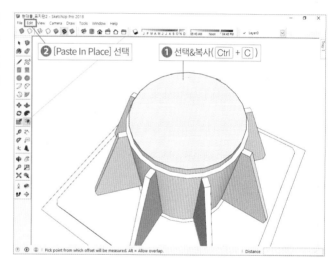

5 오프셋 툴(: F)로 붙여넣기한 원의 테 두리를 바깥쪽으로 클릭&드래그한 후 수치 창 에 '7'을 입력해서 7mm 확대된 원을 그려줍 니다. 안쪽의 원래 원의 라인만 선택하고 삭제 합니다.

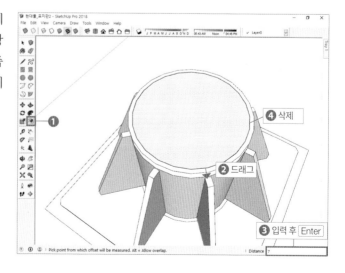

6 밀기/당기기 툴(: P)을 클릭하고 면을 위로 클릭&드래그한 후 수치 창에 '4700'을 입력합니다. 다시 Ctrl 키를 한 번 눌러 + 표시( )가 나타난 상태에서 위로 클릭&드래그한 후 수치 창에 '15'를 입력합니다.

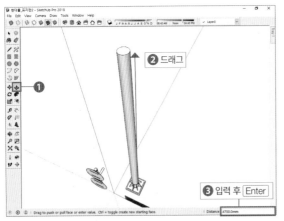
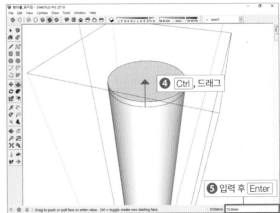

7 2점호 툴(: A)로 원의 중심점 (Midpoint)을 지나는 양끝을 클릭합니다. 호를 위쪽으로 클릭&드래그한 뒤 수치 창에 '15'를 입력합니다.

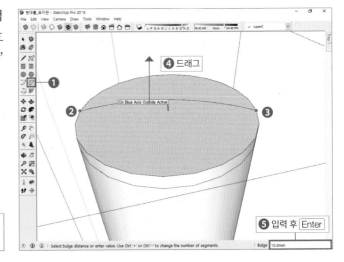

TIP 호를 그려줄 때 ↑ 키를 한번 눌러서 Z축 고정을 해주면 쉽게 그릴 수 있습니다.

8 선 툴(: L)로 원의 중심점(EndPoint)과 호를 잇는 세로 선과 가로 선을 각각 그려줍니다. 호의 오른쪽 라인을 선택해서 Del 키를 눌러 삭제합니다.

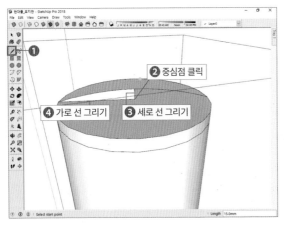
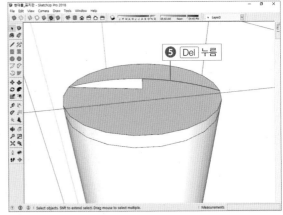

9 앞에서 정확하게 파이 면이 원의 가운데에 그려줬습니다. 기둥의 상단 둥근 라인을 선택하고 팔로미 툴( )로 조금 전 그린 파이의 면을 클릭하면 다음과 같은 부드럽고 볼록한 둥근 면이 만들어집니다.

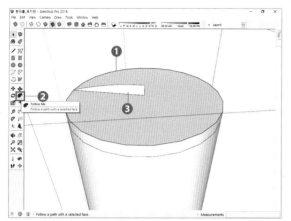
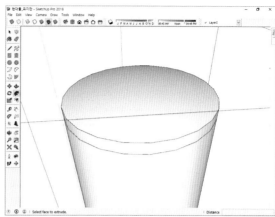

10 범위 확대/축소 툴( )을 클릭하면 기둥이 만들어진 것을 알 수 있습니다.

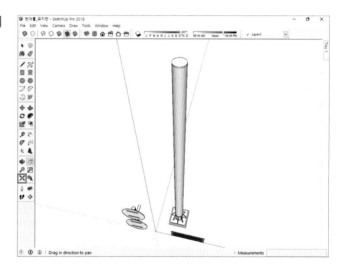

기둥용 고정 걸이 만들기

이동 툴, 페인트 통, 사각형 툴, 밀기/당기기 툴을 이용해 기둥용 고정 걸이를 만들어봅니다.

|예제 불러오기| Part 2/Chapter 2/230900-001.skp

1 '230900-001.skp' 파일을 불러옵니다. 마우스 휠 버튼을 클릭&드래그하여 그림과 같이 작업 화면을 확대합니다. 기둥을 더블클릭해서 편집 모드로 들어간 후 사각형 바로 위의 둥근 객체 부분을 더블클릭해서 기둥의 고정 걸이 편집 모드로 들어갑니다. 기둥의 고정 걸이를 선택해서 고정 걸이를 위로 이동할 준비를 마칩니다.

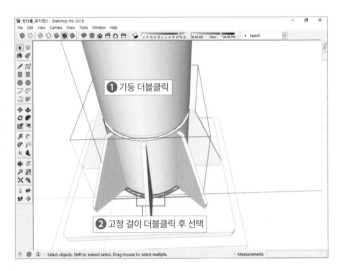

2 이동 툴(✤ : M)을 선택하고 ⬆ 키를 한 번 눌러 Z축 고정을 시킨 후, 그림과 같이 고정 걸이를 위로 드래그하여 이동시킵니다. 기둥 그룹을 더블클릭해서 편집 모드로 들어간 후 밀기/당기기 툴(◆ : P)로 면을 클릭&드래그한 후 수치 창에 '85'를 입력합니다. 기둥에 딱 맞는 고정 걸이가 만들어졌습니다.

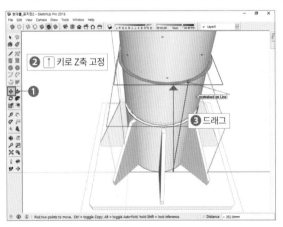

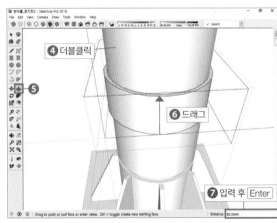

3 페인트 통 툴(　 : B)을 선택하고 [Materials] 패널을 열고 [Color M03]을 선택해(HSL: 0, 0, 66) 고정 걸이에 색을 전부 입혀준 뒤 화면의 빈 곳을 2번 더블클릭해서 편집 모드에서 빠져나옵니다.

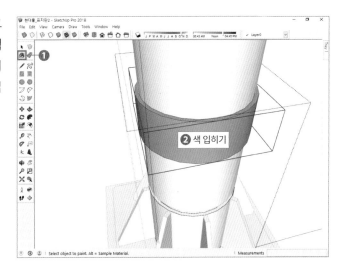

4 Front 뷰(　)를 클릭하고 메뉴에서 [Camera]-[Parallel Projection]을 선택합니다. 사각형 툴(　 : R)로 그림과 같은 위치에 클릭&드래그한 후 수치 창에 '285,85'를 입력합니다.

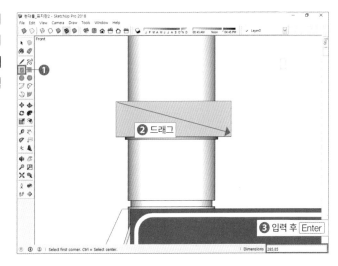

5 마우스 휠 버튼을 클릭&드래그해 작업화면을 그림과 같이 조정합니다. 밀기/당기기 툴(　 : P)로 사각형의 면을 앞으로 클릭&드래그한 후 수치 창에 '7'을 입력합니다.

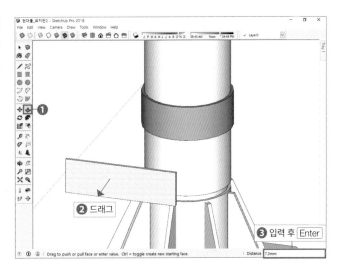

6 사각판 객체를 트리플 클릭한 후 마우스 오른쪽 버튼을 클릭하고 [Make Group]을 선택해 그룹 지정한 뒤 페인트 통 툴(: B)로 고정 걸이와 같은 색(Color M03)을 입힙니다.

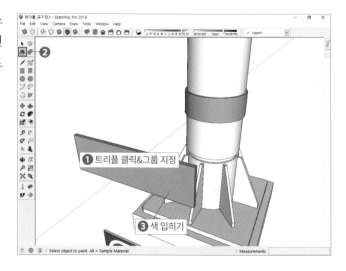

7 Top 뷰( )를 클릭하고 메뉴에서 [Camera]-[Parallel Projection]을 클릭합니다. 이동 툴(: M)로 사각판 객체를 그림과 같이 고정 걸이의 바깥 면까지 클릭&드래그해서 이동합니다.

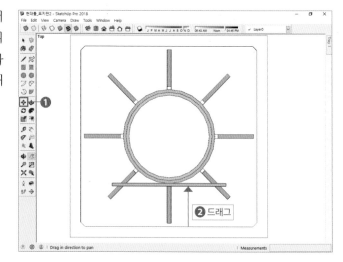

8 Iso 뷰( )를 클릭합니다. 이동 툴(: M)로 사각판 객체를 클릭&드래그해서 고정 걸이와 높이를 맞춰줍니다.

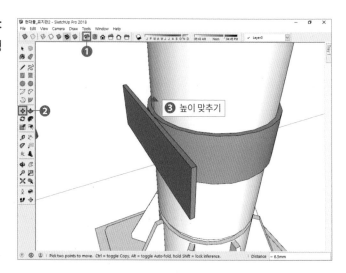

9 그림과 같이 화면을 조정합니다. 먼저 만들었던 표지판에서 나사를 선택하기 위해 나사를 더블클릭하여 편집 모드로 들어갑니다. 나사를 선택해 복사(Ctrl + C 키)합니다.

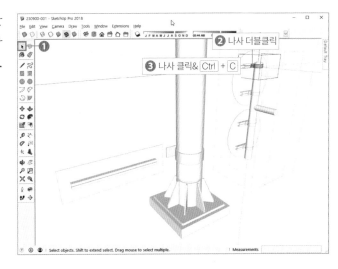

10 만들어진 사각판 객체를 선택한 후 복사한 나사를 붙여넣기(Ctrl + V 키)합니다. 배율 툴(: S)로 나사를 대각선으로 클릭&드래그한 후 수치 창에 '1.25'를 입력합니다.

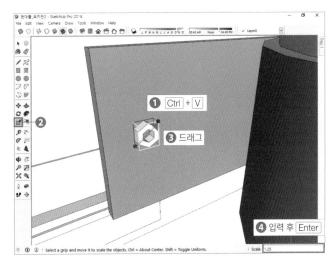

11 이동 툴(: M)로 나사 객체를 사각판의 세로 라인에서 오른쪽으로 20mm 정도 자리로 이동시킵니다.

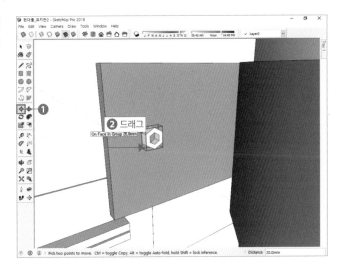

12 이동시킨 나사 객체를 복사([Ctrl] + [C] 키)한 뒤 작업 화면을 그림과 같이 사각판 반대편이 보이도록 돌린 후 붙여넣기([Ctrl] + [V] 키)합니다. 나사를 사각판의 세로 라인에서 왼쪽으로 20mm 정도 자리로 이동시킵니다.

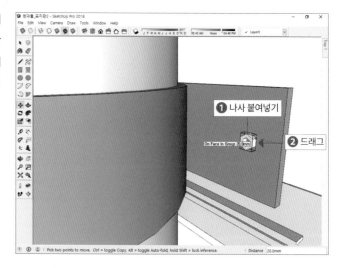

13 고정 걸이를 사각형과 하나의 그룹으로 묶어주기 위해서 편집 모드로 가서 고정 고리를 가져오겠습니다. 기둥 그룹을 더블클릭해서 편집 모드로 들어갑니다. 고정 걸이 그룹을 선택하고 잘라내기([Ctrl] + [X] 키)를 한 후, 화면의 빈 공간을 클릭해 편집 모드에서 나옵니다. 메뉴에서 [Edit]-[Paste In Place]를 클릭해 고정 걸이 그룹을 붙여넣습니다.

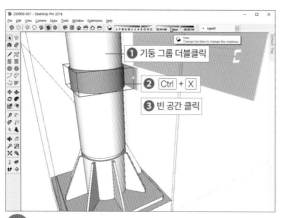
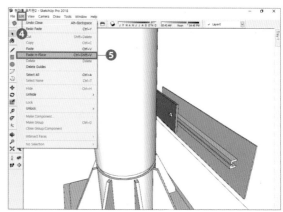

TIP 편집 모드에서 완전히 나오기 위해서는 빈 공간을 여러 번 클릭하면 됩니다.

14 다음 작업을 위해서 고정 걸이와 사각판, 나사를 그룹 지정해보겠습니다. 고리와 나사가 붙은 판을 [Shift] 키를 누른 채 모두 선택한 후 그룹 지정합니다. 표지판을 걸 수 있는 고정 걸이가 만들어졌습니다.

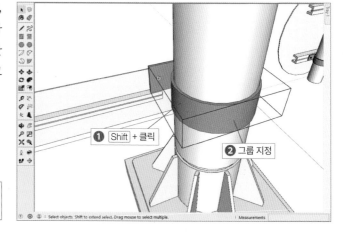

TIP 드래그하면 고리와 나사가 붙은 판을 한 번에 선택할 수 있습니다.

기둥과 표지판 배치하기

뷰를 전환하면서 이동 툴, 범위 확대/축소 툴을 이용해 기둥과 표지판을 배치해봅니다.

| 예제 불러오기 | Part 2/Chapter 2/231000-001.skp

1 '231000-001.skp' 파일을 불러옵니다. Right 뷰(🖶)를 클릭하고 메뉴에서 [Camera]-[Parallel Projection] 을 클릭합니다. 이동 툴(✤ : M)로 고리 그룹을 Z축(위쪽)으로 클릭&드래그한 후 수치 창에 '1300'을 입력합니다.

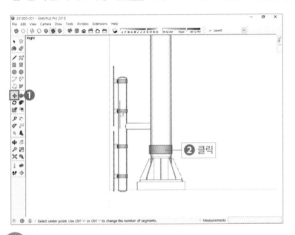 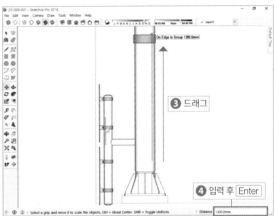

Right 뷰는 스케치업에서 객체의 오른쪽 부분을 보여주는 뷰입니다. Perspective 뷰보다 객체의 옆을 더 정확히 보면서 작업할 수 있습니다.

2 이동 툴(✤ : M)로 고정 걸이 객체를 선택하고 Ctrl 키를 한 번 눌러 + 표시가 나타난 상태에서 그림과 비슷한 임의의 지점으로 클릭&드래그해서 2개를 복사합니다. 전체 비율을 생각하며 어색하지 않을 정도의 위치로 복사하면 됩니다. 이미 만들어져 있는 둥근 표지판 그룹을 더블클릭해서 편집 모드로 들어간 후 둥근 표지판 하나를 선택해 복사(Ctrl + C 키)하고 편집 모드를 나옵니다.

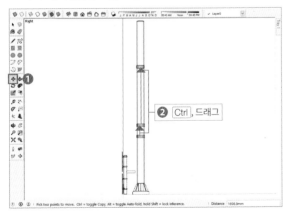 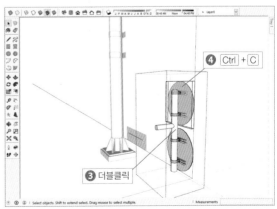

3 Top 뷰(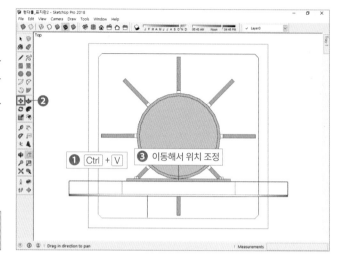)를 클릭하고 메뉴에서 [Camera]-[Parallel Projection]을 선택합니다. 기둥이 잘 보이도록 작업 화면을 조정하고 임의의 지점에 둥근 표지판을 붙여넣기(Ctrl + V 키)를 합니다. 이동 툴(✛ : M)을 클릭해 그림과 같이 드래그해서 중심점을 맞춰줍니다.

TIP
중심점을 맞출 때는 ← , → 키를 이용해서 X축, Y축을 각각 맞춰줍니다.

4 기둥 아래에 있는 둥근 표지판을 위로 올려보겠습니다. Iso 뷰(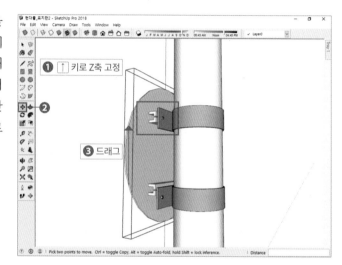)를 클릭하고 메뉴에서 [Camera]-[Parallel Projection]을 클릭해서 Perspective 뷰로 전환합니다. 복사한 표지판을 고정대에 맞춰 주기 위해서 ↑ 키를 한 번 눌러 Z축을 고정시킨 후 이동 툴(✛ : M)로 드래그하여 이동시킵니다.

5 고정 걸이를 선택하고 이동 툴(✛ : M)로 고정 걸이의 위치를 그림과 같이 조정합니다. Shift 키를 누른 채 둥근 표지판과 고정 걸이 2개를 선택하고 마우스 오른쪽 버튼을 클릭하고 [Make Group]을 선택해 그룹 지정합니다.

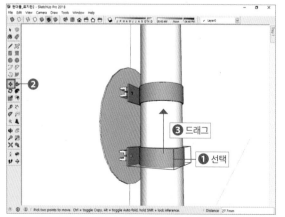

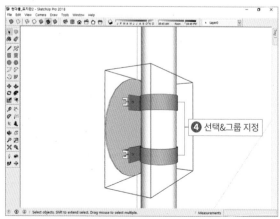

6 범위 확대/축소 툴(⬚)을 클릭하고 이동 툴(✛ : M)을 클릭한 후 Ctrl 키를 한 번 눌러 + 표시가 나타난 상태에서 표지판을 위로 클릭& 드래그한 후 수치 창에 '1400'을 입력합니다.

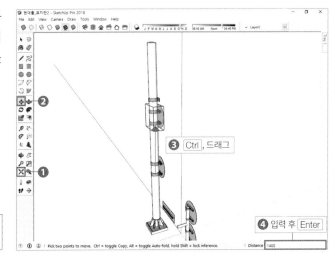

TIP 범위 확대/축소 툴은 모델링 객체 전체가 화면에 꽉 차게 보이도록 설정하는 기능입니다.

7 Top 뷰(⬚)를 클릭하고 메뉴에서 [Camera]-[Parallel Projection]을 선택합니다. 이동 툴(✛ : M)로 사각 표지판의 중간 지점을 클릭해 추정 기능으로 기둥에 맞춰줍니다.

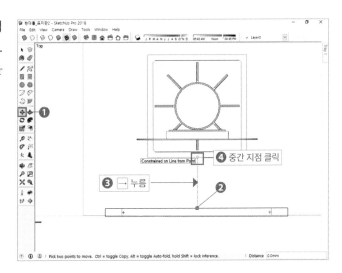

8 Iso 뷰(⬚)를 클릭합니다. 메뉴에서 [Camera]-[Parallel Projection]을 클릭해서 Perspective 뷰로 전환합니다. 이동 툴(✛ : M)로 가로 표지판을 둥근 표지판 조금 위쪽으로 드래그해서 맞춰줍니다.

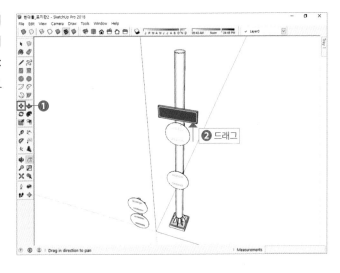

9 작업 화면을 그림과 같이 조정해서 사각 표지판의 뒤쪽을 보이게 한 후, 이동 툴(✚ : M)로 사각 표지판의 가운데 점을 찾아서 클릭합니다. ⬆ 키를 눌러 Z축 고정을 한 후 드래그해서 세로 가운데 지점과 맞춰줍니다. Shift 키를 누른 채 사각 표지판과 고정 걸이를 선택한 후 마우스 오른쪽 버튼을 클릭하고 [Make Group]을 선택해 그룹 지정합니다.

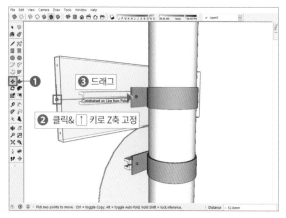
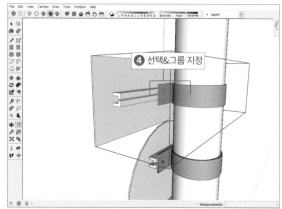

10 앞쪽에서 봤을 때 사각 표지판과 둥근 표지판이 그림과 같은 간격이 되도록 이동 툴(✚ : M)로 드래그해서 높이를 조절해 줍니다.

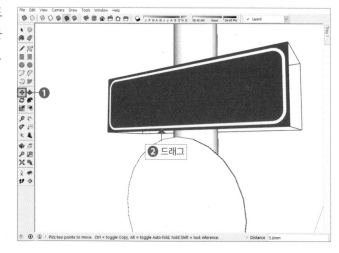

11 Right 뷰(▣)를 클릭하고 메뉴에서 [Camera]-[Parallel Projection]을 선택합니다. 이동 툴(✚ : M)로 처음 작업했던 작은 기둥과 표지판 그룹을 드래그해서 그림처럼 위치 조정합니다. Front 뷰(⌂)를 클릭하여 시점을 전환한 뒤 중심을 맞춰줍니다.

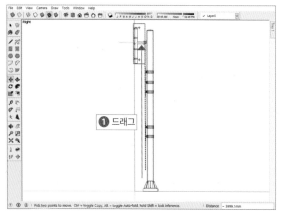
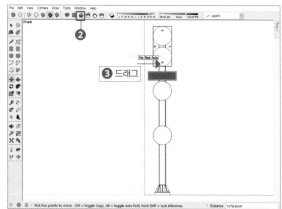

12 Iso 뷰(⊞)를 클릭한 뒤 이동 툴(✛ : M)로 그림과 같이 작은 가로 기둥이 큰 기둥과 서로 겹쳐지게 이동해 줍니다.

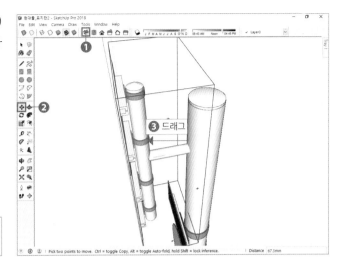

TIP ↑ 키를 눌러 Y축 고정을 해주면 편하게 이동할 수 있습니다.

13 사각 표지판의 고정 걸이를 선택합니다. 이동 툴(✛ : M)을 클릭한 후 Ctrl 키를 한 번 눌러 + 표시(✛)가 나타난 상태에서 위로 클릭&드래그합니다. 그림과 같이 기둥과 고정 걸이의 위치를 조정해 줍니다.

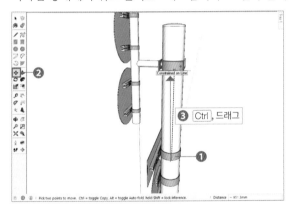

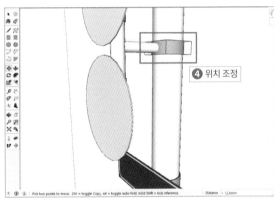

14 고정 걸이 중 하나를 선택한 후 마우스 오른쪽 버튼을 클릭해 [Intersect Faces]-[With Model]을 선택해 교차선을 그립니다. 지금까지 작업한 표지판 객체를 모두 선택(Ctrl + A 키)한 후 마우스 오른쪽 버튼을 클릭하고 [Make Group]을 선택해 그룹 지정합니다.

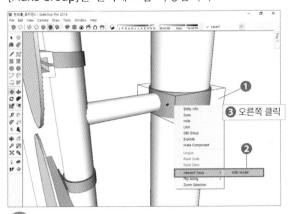

TIP 객체끼리 겹친 부분에 라인이 보이지 않는데 [intersect faces]-[with model]을 선택하면 겹친 부분에 자동으로 라인이 만들어집니다.

텍스처 입히기

페인트 통 툴을 이용해 색상과 텍스처를 입혀봅니다.

| 예제 불러오기 |　Part 2/Chapter 2/231100-001.skp

---

1 '231100-001.skp' 파일을 불러옵니다. 이제 표지판의 색을 입혀봅니다. 그룹 지정되어 있는 표지판의 둥근 표지판을 선택해 편집 모드로 들어가 둥근 표지판의 앞쪽 면만 선택합니다. [Materials] 패널에서 [Color M03]을 클릭한 후, [Create Material...](🎲)을 클릭합니다.

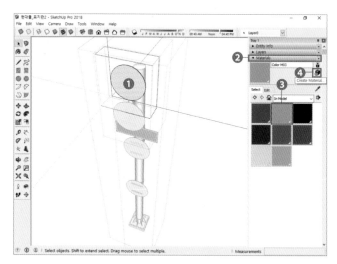

2 [Create Material...] 창에서 [Use texture images] 체크박스를 클릭하거나 폴더 아이콘을 클릭한 후 [Choose Image] 창에서 'car.jpg'를 선택합니다. 가로 크기에 '600'을 입력한 뒤 [OK]를 클릭합니다.

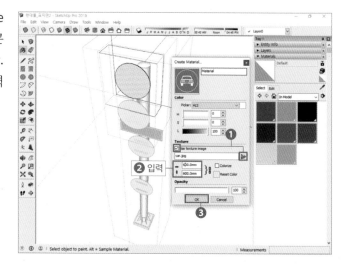

3 'Car.jpg' 텍스처가 선택된 상태에서 페인트 통 툴(: B)로 텍스처를 입힌 뒤 같은 방법으로 'gumji1.jpg'를 불러와서 입혀줍니다.

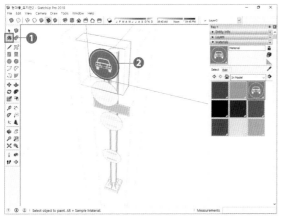 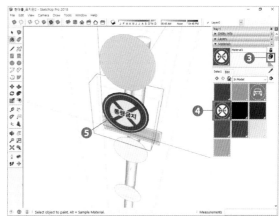

4 각각의 표지판에 'jajungu.jpg'와 'stop.jpg'를 불러와 모든 표지판에 텍스처를 입혔습니다. 작업 중 잘못된 부분이 있는지 마우스 휠 버튼을 클릭&드래그해서 화면을 돌려가며 확인해 봅니다.

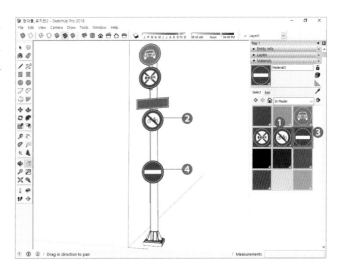

5 마우스 휠 버튼을 클릭&드래그해서 화면의 구도를 잡고 [Show/Hide Shadows]( )를 클릭해 그림자를 켜 보았습니다.

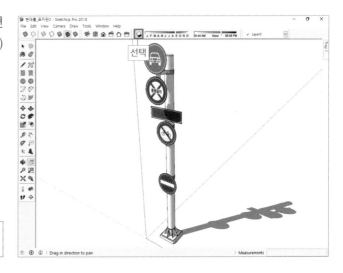

TIP
[Show/Hide Shadows]를 클릭하면 객체에 그림자가 생성되고 밝고 어둡기를 원하는대로 조절할 수 있습니다.

버스 정류장 만들기

세로 기둥과 가로 기둥을 만든 후 의자 받침대 날개와 천장 판넬을 만들고
정류소명을 넣어 완성합니다.

| 예제 완성파일 | Part 2/Chapter 3/240000-001.skp

SECTION

01

세로 기둥 만들기

사각형을 만들고 밀기/당기기 툴로 기둥을 세우고 이동 툴로 완성해봅니다.

1 사각형 툴(■ : R)로 원점 부근에서 클릭&드래그한 후 수치 창에 '184, 270'을 입력합니다.

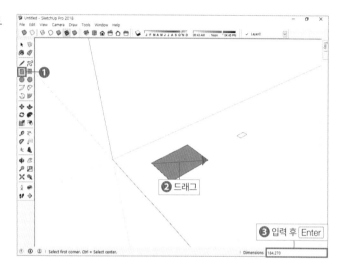

2 밀기/당기기 툴(◆ : P)로 면을 위로 클릭&드래그한 후 수치 창에 '3210'을 입력합니다.

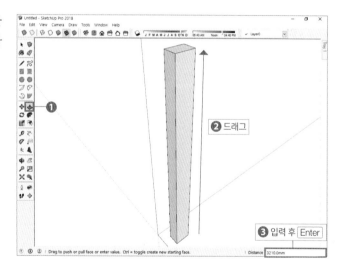

3 Ctrl 키를 눌러 + 표시(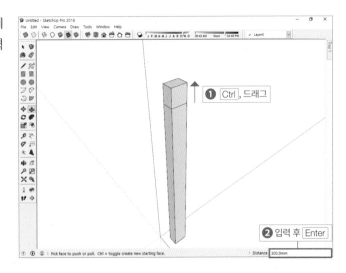)가 나타난 상태에서 위로 클릭&드래그한 후 수치 창에 '300'을 입력합니다.

4 선택 툴(▶ : Spacebar)로 아래쪽 사각형을 드래그하여 전부 선택합니다. [Materials] 패널에서 [Create Material](⬛)을 클릭한 후 [Create Material] 창에서 [Color]의 H, S, L에 각각 '240', '6', '39'를 입력한 후 [OK] 버튼을 클릭합니다.

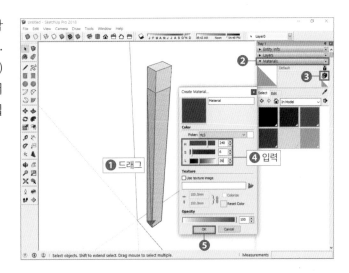

5 페인트 통 툴(⬛ : B)로 선택된 면을 클릭해서 색상을 입혀줍니다.

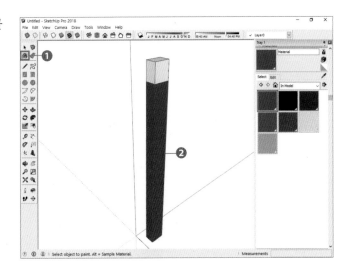

6 선택 툴(▶ : Spacebar)로 위쪽 사각형의 모든 면을 드래그하여 선택합니다. [Materials] 패널에서 [Create Material](●)을 클릭하고 [Color]의 H, S, L에 '26', '100', '50'을 입력한 후 [OK] 버튼을 클릭합니다. 페인트 통툴(● : B)로 위쪽 사각형을 클릭해 색상을 입혀줍니다.

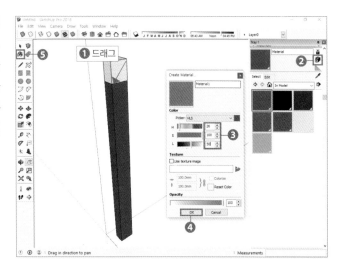

7 선택 툴(▶ : Spacebar)로 세로 기둥 전체를 트리플 클릭한 후 마우스 오른쪽 버튼을 클릭하고 [Make Group]을 선택해 그룹 지정합니다.

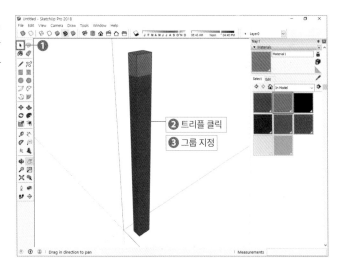

8 세로 기둥을 복사해서 버스 정류장의 기둥을 만들어 보겠습니다. 이동 툴(✛ : M)을 선택하고 Ctrl 키를 눌러 + 표시(✛)가 나타난상태에서 완성된 세로 기둥을 X축(오른쪽)으로드래그한 후 수치 창에 '1870'을 입력합니다.

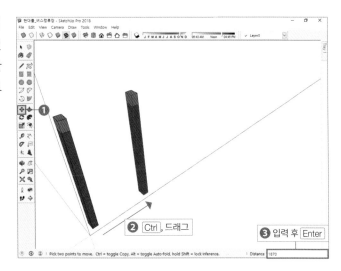

9 다시 [Ctrl] 키를 눌러 + 표시(✛)가 나타난 상태에서 그림과 같이 2번째 세로 기둥을 X축(오른쪽)으로 드래그한 후 수치 창에 '3875'를 입력합니다.

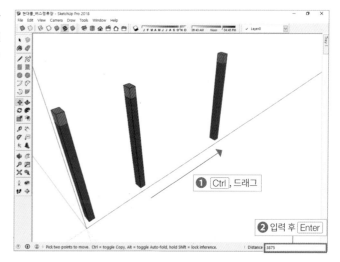

10 다시 [Ctrl] 키를 눌러 + 표시(✛)가 나타난 상태에서 3번째 세로 기둥을 X축(오른쪽)으로 드래그한 후 수치 창에 '1870'을 입력합니다. 4개의 세로 기둥이 만들어졌습니다.

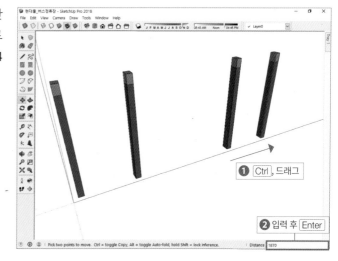

가로 기둥 만들기

만들어 놓은 세로 기둥 위에 줄자 툴로 위쪽 라인을 만들고 사각형을 만든 후 색을 채워 완성합니다.

|예제 불러오기| Part 2/Chapter 3/240200-001.skp

1 선택 툴(▸ : Spacebar)로 2번째 기둥을 더블클릭해서 편집 모드로 들어갑니다. 주황색 부분을 드래그하여 전체 선택한 후 Del 키를 눌러 삭제합니다.

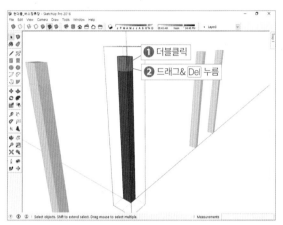
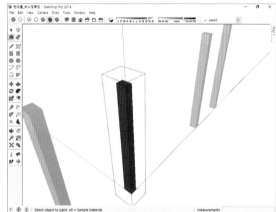

2 밀기/당기기 툴(◆ : P)로 세로 기둥의 윗면을 아래쪽으로 클릭&드래그한 후 수치창에 '125'를 입력합니다.

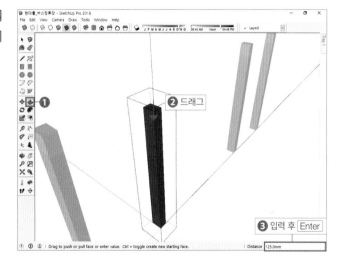

3 3번째 기둥의 주황색 부분을 선택해서 삭제하고 밀기/당기기 툴(◆ : P)로 아래쪽으로 드래그한 후 수치 창에 '125'를 입력합니다. 버스 정류장에 사용할 세로 기둥 4개를 다 만들었습니다.

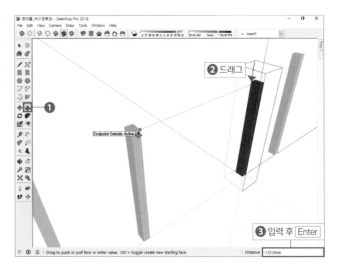

4 버스 정류장의 세로 기둥을 잇는 가로 기둥을 만들어보겠습니다. 줄자 툴(⟋ : T)로 3번째 기둥의 위쪽 라인을 아래쪽으로 클릭&드래그한 후 수치 창에 '25'를 입력합니다. Enter 키를 누르면 보조선이 만들어집니다.

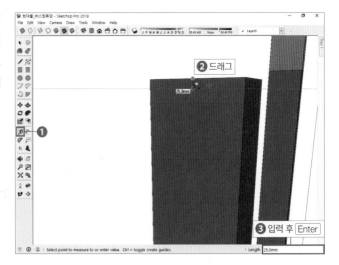

5 왼쪽 라인, 오른쪽 라인도 각각 클릭&드래그한 후 수치 창에 '25'를 입력해 안쪽으로 25mm 지점에 보조선을 만들어 줍니다.

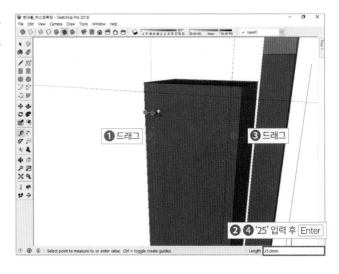

6 사각형 툴(■ : R)로 보조선의 교차점을 클릭&드래그한 후 수치 창에 '142,220'을 입력합니다. 가로 기둥이 들어갈 공간이 만들어졌습니다.

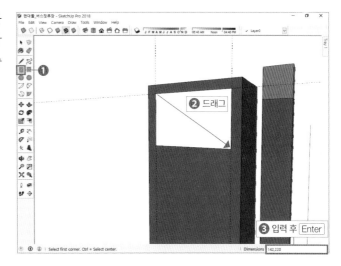

7 밀기/당기기 툴(◆ : P)로 3번째 기둥에서 가로 기둥이 들어갈 면을 오른쪽으로 드래그해 4번째 기둥의 끝까지 돌출시켜 줍니다.

TIP
On Edge In Group 메시지가 나올 때까지 드래그합니다.

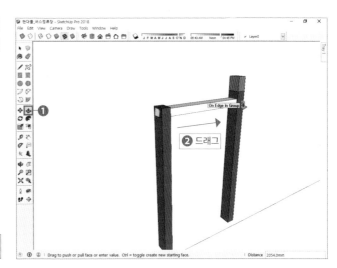

8 4번째 기둥의 반대편이 보이게 화면을 조정합니다. 밀기/당기기 툴(◆ : P)로 4번째 기둥의 가로 기둥을 오른쪽으로 클릭&드래그한 후 수치 창에 '115'를 입력합니다.

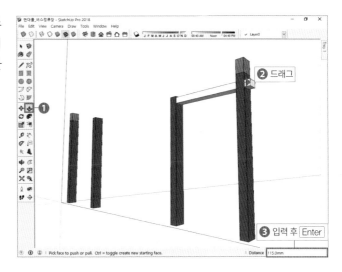

9 밀기/당기기 툴(🔨 : P)로 3번째 세로 기둥의 가로 기둥을 1번째 세로 기둥의 끝까지 클릭&드래그한 후 수치 창에 '5745'를 입력합니다.

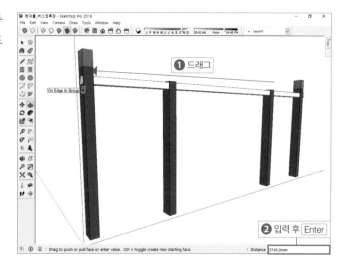

10 객체를 트리플 클릭한 후 마우스 오른쪽 버튼을 클릭하고 [Make Group]을 선택해 그룹 지정합니다.

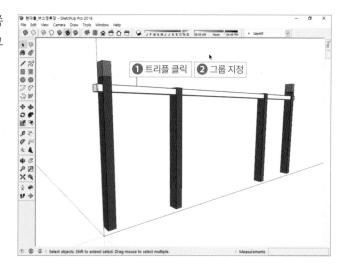

11 페인트 통 툴(🪣 : B)을 선택하고 Alt 키를 누른 채 세로 기둥을 클릭해 색을 샘플링한 후 가로 기둥 전체를 클릭해 색을 입혀줍니다.

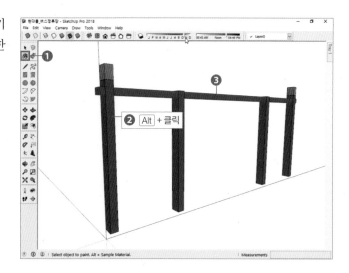

판넬 만들기

사각형 툴과 밀기/당기기 툴로 입체 모양을 만든 후 배율 툴과 줄자 툴을 이용해 형태를 완성하고 색을 입혀 마무리합니다.

| 예제 불러오기 | Part 2/Chapter 3/240300-001.skp

1 화면을 그림과 같이 조정합니다. 사각형 툴(■ : R)로 1번째 기둥과 2번째 기둥의 가로 기둥의 모서리를 클릭&드래그한 후 수치 창에 '1686,220'을 입력합니다.

2 밀기/당기기 툴(◆ : P)로 사각형 판넬의 면을 아래쪽으로 클릭&드래그한 후 수치 창에 '450'을 입력합니다.

3 만들어진 정류장 사각형 판넬에 색을 입혀보겠습니다. [Materials] 패널에서 [Create Material](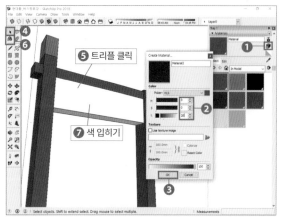)을 클릭한 후 [Create Material] 창에서 [Color] 항목의 H, S, L에 '0', '0', '20'을 입력한 후 [OK] 버튼을 클릭합니다. 선택 툴(: Spacebar)로 사각형 판넬을 트리플 클릭한 후 페인트 통 툴(: B)로 클릭해서 색상을 입혀줍니다.

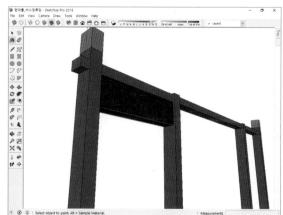

4 일부 만들어진 판넬의 가이드선을 만들어 보겠습니다. 배율 툴(: S)로 사각형 판넬을 선택합니다. 가운데 포인트의 Y축으로 Ctrl 키를 누른 채 클릭&드래그한 후 수치 창에 '0.32'를 입력합니다. 선택 툴(: Spacebar)로 사각형 판넬을 트리플 클릭한 후 그룹 지정합니다.

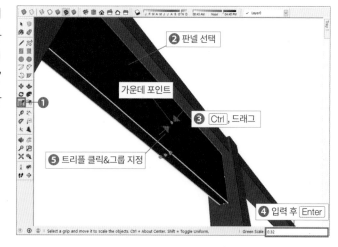

5 이동 툴(: M)을 선택하고 Ctrl 키를 한 번 눌러 + 표시( )가 나타난 상태에서 사각형 판넬을 아래로 클릭&드래그한 후 수치 창에 '450'을 입력합니다.

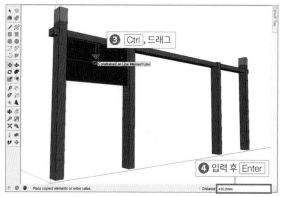

> **TIP** 아래로 드래그할 때 Z축 파란색이 나온 상태에서 드래그하거나 ↑ 키를 눌러주고 드래그해도 됩니다.

6 줄자 툴(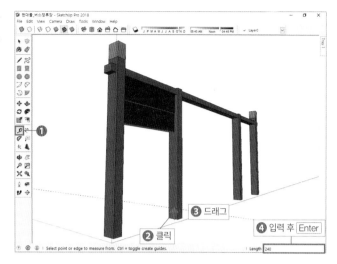 : T)로 2번째 기둥의 가장 아
래 라인을 클릭하고 위쪽으로 드래그한 후 수
치 창에 '240'을 입력합니다.

7 배율 툴(: S)로 판넬의 가운데 세로 조
절점을 아래로 클릭&드래그한 후 수치 창에
'4.95'를 입력합니다.

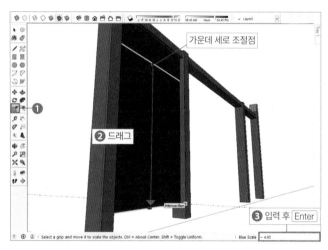

8 [Materials] 패널에서 [Create Material]
( )을 클릭합니다. [Create Material] 창에서
[Color] 항목의 H, S, L에 '200', '50', '70'을 입
력하고 [Opacity]에는 '40'을 입력한 후 [OK]
버튼을 클릭합니다.

TIP
[Opacity]를 조절해서 색상을 입혀주면 객체에 투명한 느낌이
적용되어 창문 효과를 낼 수 있습니다.

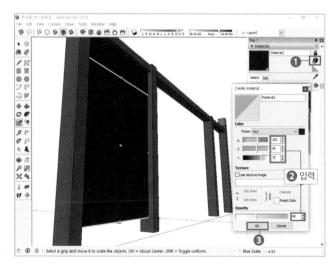

9 페인트 통 툴(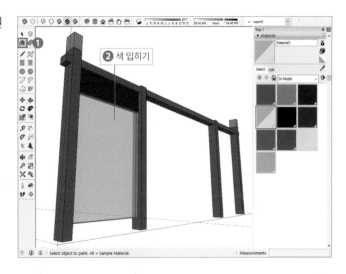 : B)을 클릭한 후 선택된 객체를 클릭해 색상을 입혀줍니다.

10 판넬 유리의 두께를 얇게 조절해 보겠습니다. 배율 툴(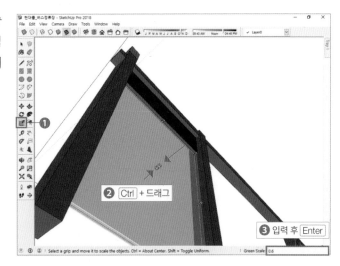 : S)로 판넬의 가운데 조절점을 Ctrl 키를 누른 채 Y축 방향으로 클릭&드래그한 후 수치 창에 '0.6'을 입력합니다.

11 위쪽의 회색 판넬을 아래로 복사해보겠습니다. 이동 툴(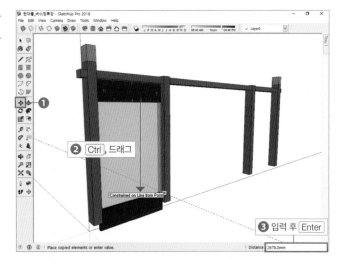 : M)을 선택한 후 Ctrl 키를 눌러 + 표시()가 나타난 상태에서 위쪽 회색 판넬을 아래쪽으로 클릭&드래그한 후 수치 창에 '2678'을 입력합니다.

12 줄자 툴(🖉 : T)을 선택하고 유리판 옆의 가이드선을 아래로 클릭&드래그한 후 수치 창에 '70'을 입력합니다.

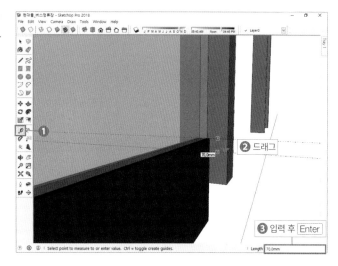

13 복사한 하단의 회색 판넬을 선택합니다. 배율 툴(🔲 : S)로 가운데 세로 조절점을 위로 클릭&드래한 후 수치 창에 '0.16'을 입력합니다.

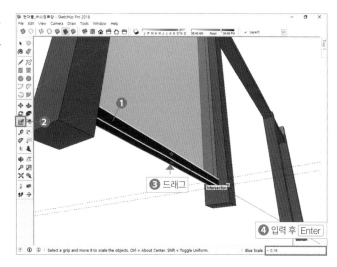

14 만든 판넬을 복사해 이동하겠습니다. Shift 키를 누른 채 회색 판넬 2개와 유리 판넬을 선택한 후 그룹 지정합니다. 이동 툴(✦ : M)을 클릭하고 Ctrl 키를 눌러 + 표시(✤)가 나타난 상태에서 오른쪽으로 클릭&드래그한 후 수치 창에 '5745'를 입력합니다.

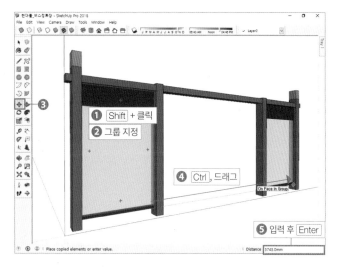

15 이동 툴(✥ : M)을 클릭하고 Ctrl 키를 눌러 + 표시(✥)가 나타난 상태에서 복사한 판넬 그룹을 왼쪽으로 클릭&드래그한 후 수치 창에 '1870'을 입력합니다.

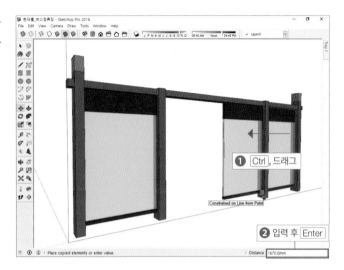

16 버스 정류장의 가운데 판넬을 늘리기 위해서 배율 툴(▦ : S)로 유리 패널의 가로 방향의 가운데 조절점을 그림과 같이 왼쪽으로 클릭&드래그한 후 수치 창에 '2.19'를 입력합니다.

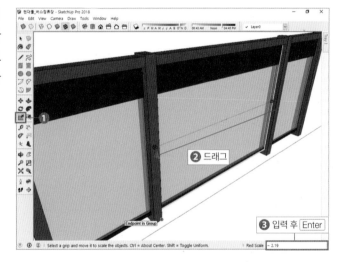

의자 받침대 날개 만들기

사각형을 만들고 선 툴로 모서리를 잇는 라인을 만들고 2점호 툴과 밀기/당기기 툴로 입체 모양을 만든 후 색상과 이동 툴로 전체 모양을 완성합니다.

| 예제 불러오기 |　Part 2/Chapter 3/240400-001.skp

1　화면을 조정하여 버스 정류장 앞 의자의 왼쪽 면이 잘 보이도록 합니다. 의자의 왼쪽 면에서 사각형 툴(■ : R)로 왼쪽 모서리를 클릭&드래그한 후 수치 창에 '65,220'을 입력합니다.

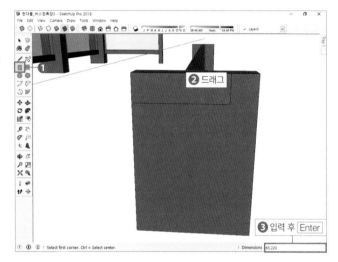

2　밀기/당기기 툴(◆ : P)로 면을 앞으로 클릭&드래그한 후 수치 창에 '8'을 입력합니다.

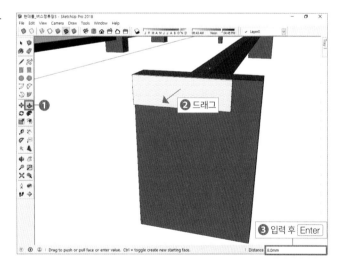

3 선 툴(: L)로 의자 받침대 날개의 오른쪽 위쪽 모서리를 아래로 클릭&드래그한 후 수치 창에 '25'를 입력합니다.

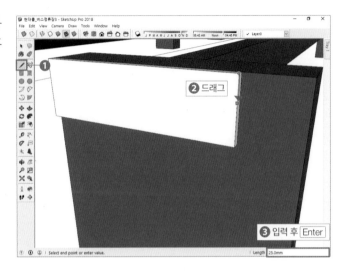

4 3번에서 선 툴(: L)로 찍은 지점에 커서를 가져가서 클릭&드래그하여 왼쪽 밑 모서리를 잇는 라인을 그려줍니다. 연두색 점이 나타나는 지점(Endpoint)끼리 드래그하여 연결해줍니다.

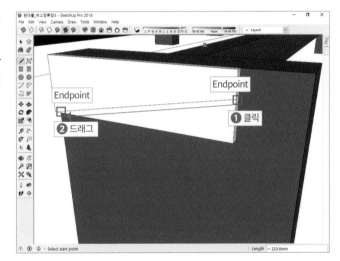

5 다시 선 툴(: L)로 3번에서 찍은 지점에서 왼쪽으로 라인을 따라 클릭&드래그한 후 수치 창에 '25'를 입력합니다.

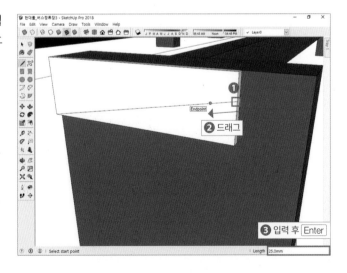

6 2점호 툴(: A)을 클릭한 후 수치 창에 '5'를 입력하여 sides 값을 설정합니다. 2개의 지점을 클릭하고 오른쪽으로 드래그한 후 수치 창에 '7'을 입력합니다. 지우개 툴(: E)로 곡선 밑의 라인을 클릭해서 삭제합니다.

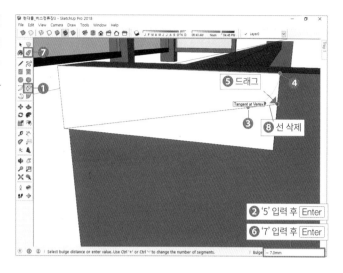

7 밀기/당기기 툴(: P)로 밑면을 오른쪽으로 드래그해서 밀어줍니다. 밑면은 삭제됩니다.

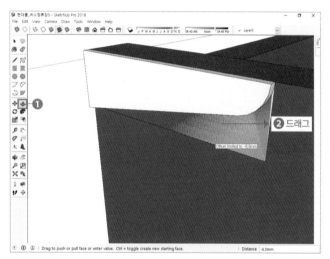

8 의자 왼쪽 면이 전체적으로 보이도록 화면을 조정한 후 의자 받침대 날개를 트리플 클릭하고 마우스 오른쪽 버튼을 클릭해 [Make Group]을 선택합니다. 이동 툴(: M)로 왼쪽 꼭지점을 클릭하고 의자와 의자의 가로 기둥의 교차점을 클릭합니다. 객체가 쉽게 이동됩니다.

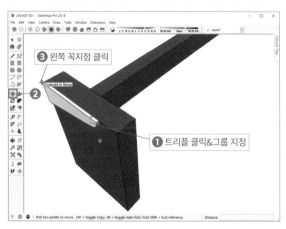

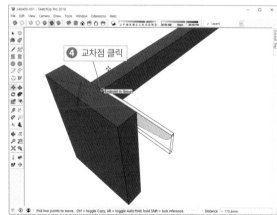

9 [Materials] 패널에서 [Create Material] (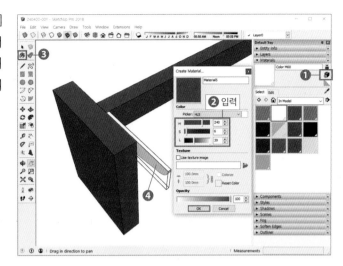)을 클릭한 후 [Create Material] 창에서 [Color]의 H, S, L에 '240', '6', '39'를 입력합니다. 페인트 통 툴(🖌 : B)을 선택하고 이동한 의자 받침대 날개를 클릭해서 색을 입혀줍니다.

10 이동 툴(✛ : M)을 선택한 후 Ctrl 키를 눌러 + 표시(✛)가 나타난 상태에서 의자 받침대를 의자의 오른쪽 끝까지 클릭&드래그한 후 수치 창에 '/8'을 입력합니다. 8개의 의자 받침대 날개가 복사됩니다.

11 이동 툴(✛ : M)로 가장 왼쪽에 있는 의자 받침대 날개와 가장 오른쪽에 있는 의자 받침대 날개를 안쪽으로 25mm 이동합니다.

> **TIP**
> 이동할 때에는 윗면의 가로 중앙의 [Midpoint in Group]을 클릭&드래그하거나 축에 맞는 화살표 키를 누르면 편리하게 이동됩니다.

12 의자 받침대 9개를 Shift 키를 누른 채 모두 선택합니다. 마우스 오른쪽 버튼을 클릭하고 [Make Group]을 선택해 그룹 지정합니다.

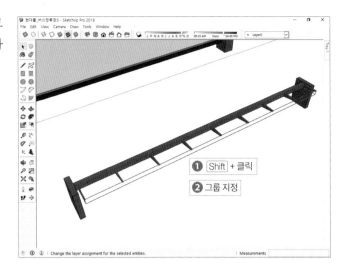

13 이동 툴(✛ : M)을 클릭하고 다시 Ctrl 키를 눌러 + 표시(✛)가 나타난 상태에서 Y축 (왼쪽)으로 클릭&드래그해서 그룹을 복사합니다. 선택 툴(▶ : Spacebar)로 복사한 그룹을 선택한 후 마우스 오른쪽 버튼을 클릭해 [Flip Along]- [Group's Green]을 선택합니다.

TIP
Flip Along 기능은 객체를 대칭되도록 움직일 때 사용합니다. 작업 시 축의 방향에 따라 Red, Green, Blue를 선택합니다.

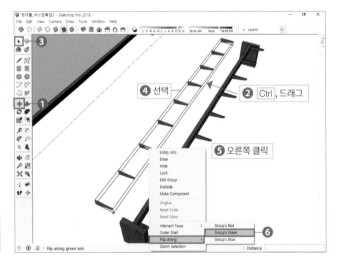

14 선택 툴(▶ : Spacebar)로 대칭된 그룹을 선택합니다. 이동 툴(✛ : M)로 대칭으로 된 그룹을 가로 기둥에 붙도록 드래그하여 이동합니다.

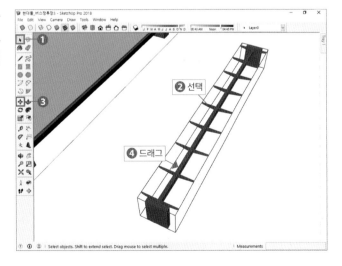

천장 판넬 만들기

페인트 통 툴로 [Materials] 패널에서 유리 텍스처를 선택해서 색상을 입힌 후 이동 툴, 줄자 툴로 천장 판넬을 만듭니다.

| 예제 불러오기 | Part 2/Chapter 3/240500-001.skp

1 Top 뷰( )를 클릭한 후 메뉴에서 [Camera]- [Parallel Projection]을 선택합니다. 사각형 툴(: R)로 천장의 모서리에서 클릭& 드래그한 후 수치 창에 '7431,2880'을 입력합니다. 사각형의 천장 판넬 바닥이 만들어졌습니다.

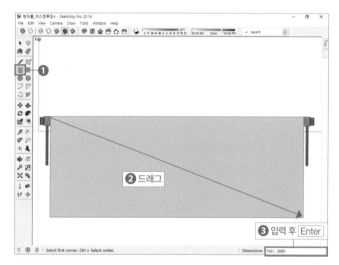

2 Iso 뷰( )를 클릭한 후 메뉴에서 [Camera]- [Parallel Projection]을 선택합니다. 밀기/당기기 툴(: P)로 천장 판넬을 클릭&드래그한 후 수치 창에 '30'을 입력합니다. 선택 툴(: Spacebar)로 천장 판넬을 트리플 클릭한 후 그룹 지정합니다.

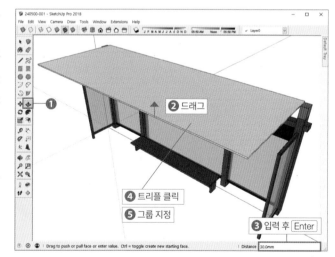

3 페인통 툴(📷 : B)을 클릭한 후 [Materials] 패널의 [In Model]에서 유리 텍스처(Material3)를 선택해서 객체를 클릭합니다. 색상이 입혀집니다.

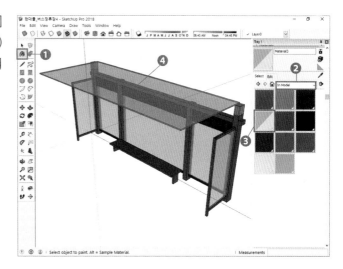

4 천장 판넬을 기둥의 오렌지색 부분 아래로 이동해보겠습니다. 이동 툴(✛ : M)로 천장 판넬의 왼쪽 상단 모서리를 Z축(아래쪽)으로 드래그한 후 수치 창에 '330'을 입력합니다.

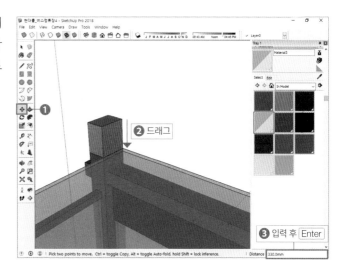

5 천장 판넬의 날개를 만들어 보겠습니다. Right 뷰(🔲)를 선택하고 메뉴에서 [Camera]-[Parallel Projection]을 클릭합니다. 사각형 툴(🔲 : R)로 천장 판넬의 왼쪽 하단 모서리를 클릭&드래그한 후 수치 창에 '2290,220'을 입력합니다.

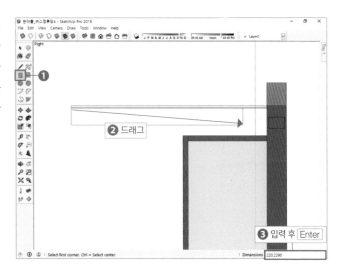

6 줄자 툴(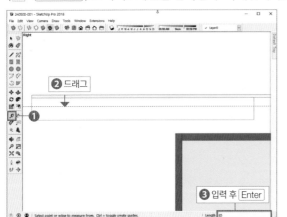 : T)로 천장 판넬의 윗라인을 아래로 클릭&드래그한 후 수치 창에 '85'를 입력합니다. 선 툴(
: L)로 가이드라인의 왼쪽 지점을 클릭하고 사각형의 오른쪽 하단 모서리를 잇는 라인을 그려줍니다. 선택 툴
(: Spacebar)로 가이드라인을 클릭한 후 삭제합니다.

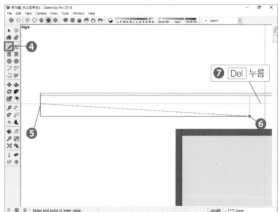

7 화면을 좀더 확대하여 작업합니다. 선 툴
(: L)로 방금 전의 시작점을 클릭하고 라인
을 따라 드래그한 후 수치 창에 '185'를 입력합
니다.

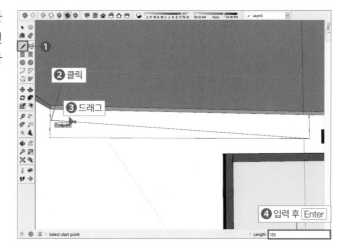

8 2점호 툴(: A)을 선택하고 수치 창에
sides를 '15'로 입력합니다. 원의 양끝을 클릭
하고 아래쪽으로 드래그한 후 수치 창에 '22.2'
를 입력합니다. 선택 툴(: Spacebar)로 호
의 밑라인을 선택하고 삭제합니다.

TIP
원의 양끝을 클릭하고 드래그하는 중에 호가 가장 자연스럽
게 만들어지는 지점에서 라인의 색이 분홍색과 하늘색으로
변합니다. 그때 클릭합니다.

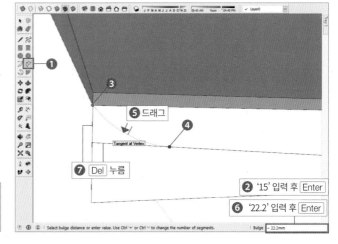

9 밀기/당기기 툴(◈: P)로 천창 판넬 날개의 아랫면을 앞으로 클릭&드래그한 후 수치 창에 '20'을 입력합니다. 천장 판넬을 받치는 천장 판넬 날개가 만들어졌습니다.

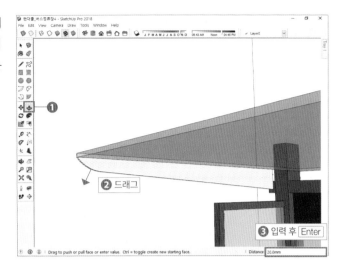

10 페인트 통 툴(◈ : B)을 클릭하고 [Materials] 패널에서 H, L, S의 값을 '240', '6', '38'로 선택한 후 천장 판넬의 날개를 클릭해 색상을 입혀줍니다. 객체를 트리플 클릭하고 그룹 지정합니다.

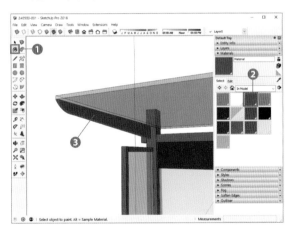
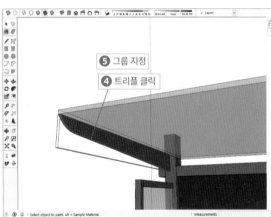

11 이동 툴(◈ : M)을 클릭하고 천장 판넬 날개를 Z축(아래쪽)으로 클릭&드래그한 후 수치 창에 '20'을 입력합니다.

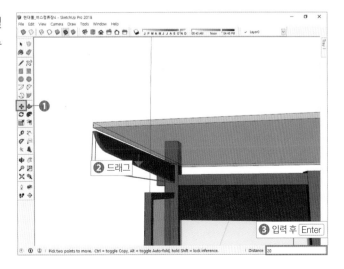

12 그림과 같이 천장 판넬의 밑면이 보이도
록 화면을 조정합니다. 사각형 툴(■: R)로 천장
판넬의 앞쪽에서 클릭&드래그한 후 수치 창에
'200,2330'을 입력합니다. 천장 판넬 지지대의
바닥면을 만들었습니다.

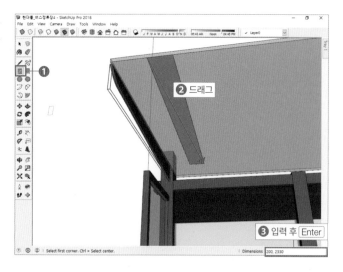

13 밀기/당기기 툴(◆: P)로 천장 판넬 지지
대를 아래로 20mm 만큼 드래그합니다. 객체를
트리플 클릭하고 그룹 지정한 후 페인트 통 툴
(◉: B)로 객체를 클릭해 색상을 입혀줍니다.

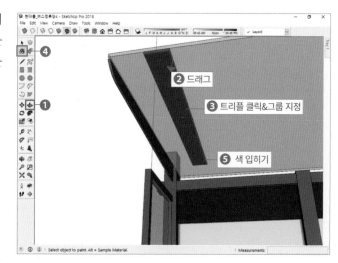

14 선택 툴(▶ : Spacebar)로 천장 판넬 날개를 클릭합니다. 이동 툴(◆ : M)로 날개 객체의 중간 지점
(Midpoint Group)을 클릭한 후 → 키를 눌러 X축을 고정시키고 천장 판넬 지지대의 중간 지점까지 드래그해서
이동합니다.

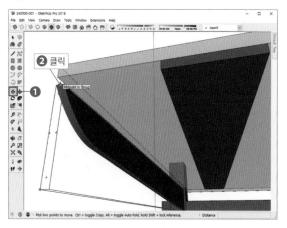

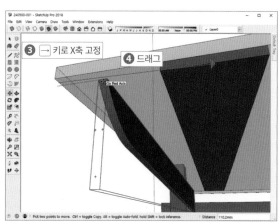

15 이동 툴(✥ : M)로 천장 판넬 지지대의 중심점을 선택한 후 Ctrl 키를 한 번 눌러 + 표시(✥)가 나타난 상태에서 Z축(위쪽)으로 클릭&드래그한 후 수치 창에 '50'을 입력합니다. 50mm 위로 천장 판넬 지지대가 복사되었습니다.

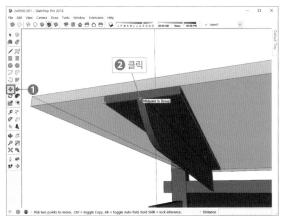
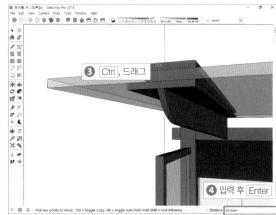

16 Shift 키를 누른 채 천장 판넬 지지대 2개와 천장 판넬 날개를 선택하고 그룹 지정합니다.

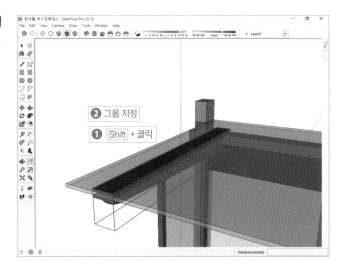

17 천장 판넬의 뒤쪽이 잘 보이도록 화면을 조정합니다. 이동 툴(✥ : M)로 천장 판넬 날개 그룹을 천장 판넬의 오른쪽 끝모서리까지 이동합니다.

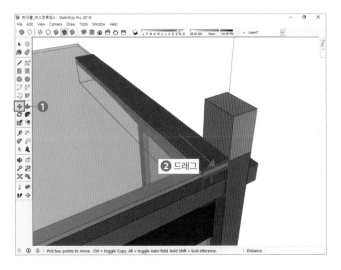

18 다시 이동 툴(✥ : M)로 천장 판넬 날개 그룹을 X축(왼쪽)으로 클릭&드래그한 후 수치 창에 '350'을 입력합니다.

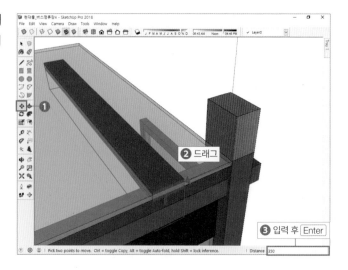

19 줄자 툴(🖉 : T)로 그림과 같이 천장 판넬의 왼쪽 라인을 클릭하고 안쪽으로 드래그한 후 수치 창에 '350'을 입력합니다.

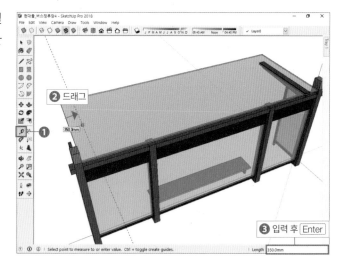

20 천장 판넬 날개 그룹을 복사해 5개로 만들어보겠습니다. 이동 툴(✥ : M)을 클릭하고 Ctrl 키를 눌러 + 표시(✥)가 나타난 상태에서 천장 판넬 날개 그룹의 왼쪽 모서리를 클릭합니다. → 키를 한번 눌러 X축을 고정시킨 후, 왼쪽으로 클릭&드래그해서 왼쪽 끝의 가이드라인까지 복사합니다. 수치 창에 '/4'를 입력하면 4개의 날개가 다중 배열됩니다.

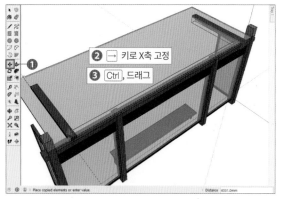

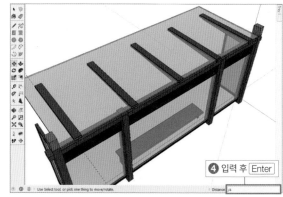

21 선택 툴(⬚ : Spacebar)을 선택하고 Shift 키를 누른 채 천장 판넬과 천장 판넬 날개 그룹을 모두 선택한 후 마우스 오른쪽 버튼을 클릭하고 [Make Group]을 선택해 그룹 지정합니다.

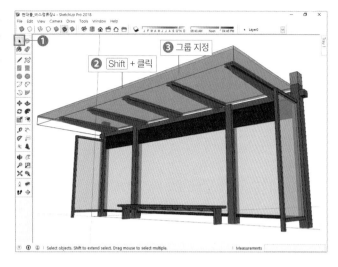

22 천장 판넬 그룹을 선택하고 마우스 오른쪽 버튼을 클릭한 후 [Intersect Faces]-[With Model]을 선택하면 그림과 같이 면과 면이 교차된 부분에 라인이 만들어집니다.

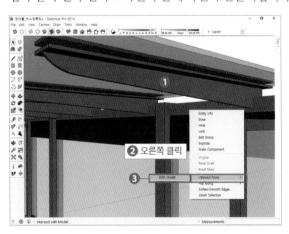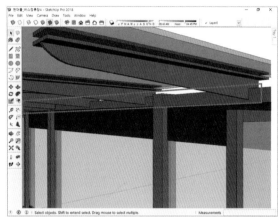

23 버스 정류장 전체가 잘 보이게 화면을 조정합니다. 모든 객체를 선택하고 마우스 오른쪽 버튼을 클릭한 후 [Make Group]을 선택해 그룹 지정합니다.

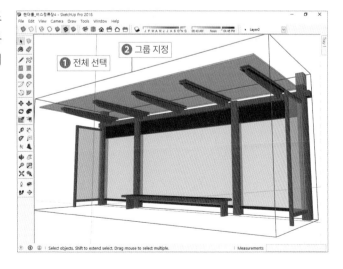

1　글자를 입력할 판넬이 앞으로 오도록 화면을 조정합니다. 3D 텍스트 툴(🔔)을 클릭한 후 [Place 3D Text] 창에서 '강북네거리'를 입력하고 Height는 '160'mm, [Filled]는 체크하고 [Extruded]는 체크 해제합니다. [Place] 버튼을 클릭합니다.

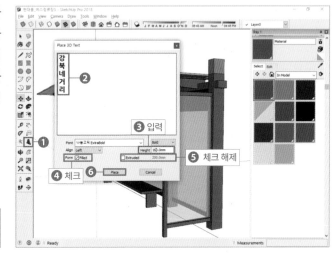

> TIP
> 세로로 글자를 배열하려면 '강'을 입력한 후 [Enter] 키를 누르고, '북'을 입력한 후 [Enter] 키를 누르면 됩니다.

2　세로 기둥에 글자의 위치를 보기 좋게 조정해줍니다. 페인트 통 툴(🪣 : B)을 선택하고 [Materials] 패널의 [Colors]에서 흰색(Color M00)을 선택한 후, 세로 기둥에 있는 글자를 클릭해서 색상을 입혀줍니다.

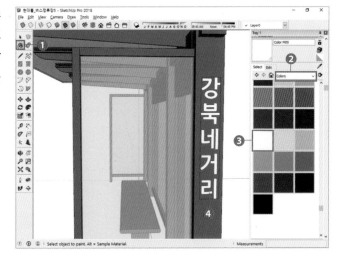

3 '강북네거리' 글자를 잘라낸 후(Ctrl + X 키) 버스 정류장 그룹을 더블클릭해 편집 모드로 들어가서 기둥을 선택합니다. 메뉴에서 [Edit]-[Paste In Place]를 선택하면 동일한 자리에 글자가 옮겨집니다.

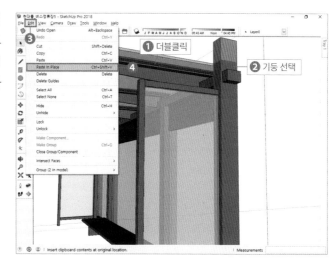

4 '강북네거리'를 더블클릭해서 편집 모드로 들어간 후, 글자를 전체 선택(Ctrl + A 키)합니다.

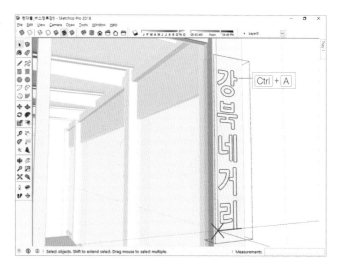

5 글자를 확대해서 보면 글자 안의 면이 보입니다. 글자 안의 면을 Shift 키를 누른 채 클릭해서 선택 해제한 후, 마우스 오른쪽 버튼을 클릭해 [Hide]를 선택합니다. 빈 곳을 클릭하여 편집 모드에서 나오면 글자 바깥의 검은색 라인이 숨겨져 더 보기 좋아졌습니다.

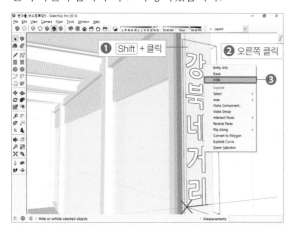

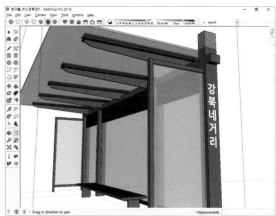

6 가운데 유리벽 객체를 더블클릭해 편집 모드로 들어갑니다. 3D 텍스트 툴(🔲)로 '강서구', '강북네거리', '서울역'을 입력해 배치합니다. 원형 툴(🔘 : C)을 선택해서 글자 사이에 원을 2개 그려준 후, 오렌지 색상(Material1)을 입혀줍니다.

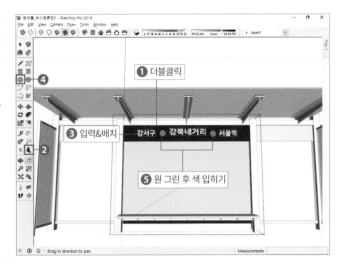

7 화면의 빈 곳을 클릭해서 편집 모드에서 나옵니다. 객체를 전체 선택(Ctrl + A 키)한 후 마우스 오른쪽 버튼을 클릭하고 [Make Component]를 선택합니다.

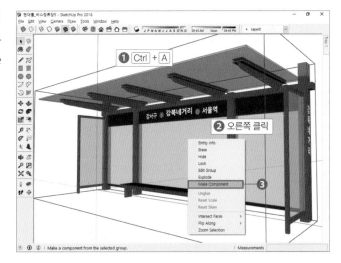

8 [Create Component] 창에서 [Definition]에 '버스정류장 01'을 입력하고 [Create] 버튼을 클릭합니다.

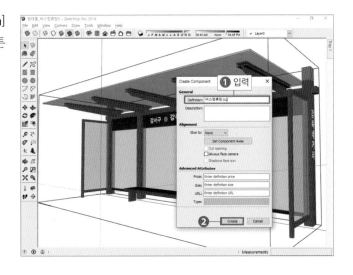

9 상단 툴 바의 Show/Hide Shadows( )
를 클릭하고 [Date]와 [Time] 슬라이더를 조정
해서 그림자 위치를 설정합니다.

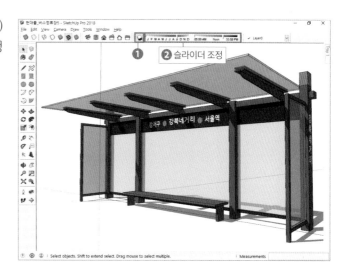

TIP

2D Export로 저장할 때의 파일 형식의 종류

메뉴에서 [FILE]-[EXPORT]-[2D GRAPHIC...]을 선택하면 다음과 같은 창이 뜹니다. 이 중에서 우리가 눈여겨 봐야 할 이미지 파일 확장자는 tif, png, jpg, bmp입니다.

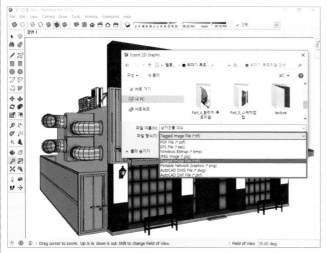

- tif: 압축, 비압축 둘 다 지원하는 포맷방식이며, 배경을 투명하게 저장할 수 있지만 용량이 비교적 큰 대신 높은 퀄리티의 이미지를 얻을 수 있습니다.
- png: 다른 포맷방식보다 가장 뒤늦게 나왔으며, 무손실 압축방식이며 배경을 투명하게 저장할 수 있습니다.
- jpg: 손실, 압축 포맷방식으로 용량을 굉장히 적게 압축할 수 있지만, 압축할수록 화질이 떨어집니다. 나온지 꽤 오래 되었지만, 아직까지도 최종 배포용으로 가장 흔히 쓰이고 있습니다.
- bmp: 무손실, 비압축 포맷방식으로 용량이 큽니다. 알파채널은 뽑을 수 없습니다.

이 중에서 웹툰 작업 시 많이 쓰이고 중요한 포맷은 tif, png입니다.

깔끔하고 고퀄리티의 선을 뽑는 방법

스케치업의 외곽선 기능이 우수하고 편리하다는 것은 앞에서 설명했습니다. 하지만 작가들은 어떻게 하면 가장 좋은 품질의 외곽선을 얻을 수 있을지 끊임없이 고민을 합니다. 작가마다 외곽선을 처리하는 방식이 다르지만, 2D 이미지 프로세싱의 과정을 잘 이해하고 적용한다면 고품질의 외곽선을 만들 수 있을 것입니다.

1. 보간법을 이용한 이미지 사이즈 조정

웹툰 원고 사이즈는 주로 가로 2500픽셀에서 3000픽셀을 많이 사용합니다. 이 사이즈보다 2배 정도 크기(가로 5000~6000픽셀)로 스케치업 화면을 2D Export로 저장한 후, 이미지 프로그램(포토샵, 클립 스튜디오)에서 사이즈를 반 정도로 줄이면 가장 좋은 퀄리티의 라인을 얻을 수 있습니다(예: 가로 2000픽셀로 작업할 경우에는 스케치업 배경은 4000픽셀로 저장).

2D 이미지 프로그램들은 이미지의 사이즈를 변형할 때 자체적인 이미지 프로세싱 단계를 거치는데, 이를 '보간법'이라 부릅니다. 보간법은 이미지 사이즈를 키우거나 줄일 때, 점과 점 사이의 색을 자동으로 계산해서 채워주는 이미지 프로세싱의 과정으로, 사이즈가 줄어들면서 거친 라인이 좀 더 자연스럽게 다듬어집니다.

▼ 포토샵의 Image Size 대화창

포토샵의 경우 Bicubic (smooth gradients), Nearest Neighbor (hard edges), Bilinear 이렇게 3개의 옵션을 제공하다가 CC 버전에 와서는 더욱 세밀한 옵션을 사용자가 선택할 수 있도록 4개의 옵션을 제공해서 Automatic을 제외한 총 7개의 옵션을 제공하고 있습니다.

▼ 클립 스튜디오의 '화상 해상도 변경' 대화창

> **TIP**
> 주로 절반 정도의 크기로 축소했을 때 선이 대체로 가장 부드럽게 처리되는 것을 볼 수 있습니다(예: 5000pixel로 저장해서 2500pixel로 저장). 2배까지는 아니더라도 최소한 1.5배로 작업을 하는 것을 권장합니다.

클립 스튜디오는 [매끄러움], [하드]의 2가지의 옵션을 제공하다가 최근에 [소프트 윤곽(쌍선형), 하드 윤곽(최단입점), 윤곽 강조(쌍입방), 고정밀도(색 평균)]의 4가지 옵션을 제공하고 있습니다.

2. 권장하는 보간법의 선택

이미지 사이즈를 변경할 때 2D 프로그램을 포토샵으로 하느냐, 클립 스튜디오로 하느냐에 따라서 결과가 달라지고 어떤 보간법을 쓰느냐에 따라 결과물이 달라집니다. 그러므로 위의 프로그램과 각 보간법의 종류별로 충분히 테스트를 해보고 자신이 원하는 선이 나오는 프로그램과 보간법을 선택하면 됩니다.

1) 포토샵

선택하기 힘들 때는 'Automatic'을 선택합니다.

총 8개 중 상단의 6가지 중의 보간법 중 어느 것을 사용해도 괜찮습니다. 디테일 있는 묘사를 원한다면 'Preserve Details (enlargement)', 'Preserve Details 2.0'을 추천하며, 좀 더 부드러운 이미지를 원한다면 'Bicubic Smoother (enlargement)'와 'Bicubic (smooth gradients)'를 추천합니다. 아래의 'Nearest Neighbou (hard edges), Bilinear'는 피하기 바랍니다.

2) 클립 스튜디오

2D Export로 저장할 때 [Anti-Alias] 옵션을 체크하고 저장해도 스케치업에서는 라인이 그렇게 깨끗하게 저장되지 않고 거친 느낌이 남는 경향이 있습니다. 그러므로 스케치업에서 2D Export를 할 때에는 항상 [Anti-Alias]를 체크해서 조금이라도 더 부드럽게 저장해야 합니다.

'소프트 윤곽(쌍선형)', '고정밀도(색 평균)' 2가지 중에서 선택합니다. '하드 윤곽(최단입점)', '윤곽 강조(쌍입방)'는 피하기 바랍니다.

선을 처리하는 여러 가지 방법

위에서 선 자체의 퀄리티를 결정하는 이론적인 요인들을 살펴봤다면, 이번에는 약간의 팁이자 꼼수를 살펴보겠습니다. 선이 튀어 보이는 이유는 '거친 느낌'과 더불어 '검은색'이기 때문입니다. 이 '거친 느낌'과 '검은색'을 부드럽고 연하게 만들어 주는 것이 핵심입니다.

1. 선 자체의 색상을 교체하기

검은색의 라인을 회색 계열로 바꾸거나 다른 진한 색상으로 교체해 주는 것만으로도 이미지가 매우 자연스러워집니다.

1) 선 색상 변경하기

검은색은 그 자체로 눈에 띄는 색입니다. 특히 배경으로 사용될 때의 선은 등장인물보다 돋보이면 안됩니다. 이럴 때 검은색을 다른 색으로 바꾸거나(색상 조절), 100% 검은색에서 회색으로 바꿔주는 식(명암 조절)으로 조절할 수 있습니다.

▼ 선을 회색으로 변경한 이미지

▼ 크롭 이미지

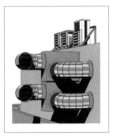

▼ 선을 남색으로 변경한 이미지

▼ 크롭 이미지

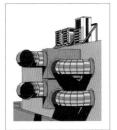

2) 레이어 모드 이용하기

새로운 레이어에서 에어브러시 같은 외곽이 부드러운 툴이나 그라데이션으로 색을 칠한 후, 레이어 모드를 오버레이 모드나 스크린 모드로 색상을 겹쳐서 공기원근법 효과를 주면 배경과 함께 검은색 선이 자연스럽게 부드러워지면서 색상도 변경됩니다. 포토샵과 클립 스튜디오에서 동일하게 적용 가능합니다.

2. 선을 부드럽게 하는 방법

1) 가우시안 블러 필터 이용하기

거친 느낌은 위의 예제처럼 [보간법]을 적용한 이미지 프로세싱으로 조절할 수 있는데, 또 다른 방법으로는 [가우시안 블러] 필터를 적용해서 선을 부드럽게 만들 수도 있습니다.

▼ 원본 이미지

▼ 크롭 이미지

▼ Edges+profiles에 가우시안 블러 필터 '0.5' 적용한 이미지

▼ 크롭 이미지

2) 클립 스튜디오의 경계 효과 이용하기

클립 스튜디오의 '경계 효과'로 쉽게 부드럽고 독특한 분위기를 낼 수 있습니다. [레이어 속성] 패널에서 [경계 효과]-[수채 경계]를 클릭합니다. 수치를 변경하면서 원하는 분위기를 연출해 봅니다.

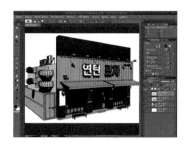

▼ 클립 스튜디오의 경계 효과를 적용한 이미지

▼ 크롭 이미지

5층 상가건물 만들기

이제 복층 상가건물에 도전해 봅시다. 언뜻 보면 간단해 보일 수 있지만, 세부적으로 신경써야 할 부분이 많은 작업물입니다. 기본 틀을 만들고 옥상 입구, 1층 테두리와 창문틀, 건물 옆면과 창문틀을 만들고 1층 앞면과 건물 앞 블록을 만든 후 텍스처를 넣어 완성해봅니다.

| 예제 완성파일 | Part 2/Chapter 4/250000-001.skp

기본 틀 만들기

사각형 툴로 사각형 도형을 만들고 텍스처를 입히고 수치 값을 설정해 기본 틀을 만들어봅니다.

|예제 불러오기| Texture/tile_black_001.jpg, tile_001.jpg

1 Top 뷰( )를 클릭한 후, 메뉴에서 [Camera]-[Parallel Projection]을 클릭합니다. 사각형 툴(: R)로 작업 화면에서 클릭&드래그한 후 수치 창에 '10500,19300'을 입력합니다.

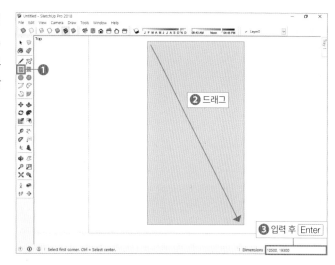

2 Iso 뷰( )를 클릭하고 메뉴에서 [Camera]-[Parallel Projection]을 선택합니다. 밀기/당기기 툴(: P)로 면을 위로 클릭&드래그한 후 수치 창에 '4825'를 입력합니다. 객체를 트리플 클릭하고 마우스 오른쪽 버튼을 클릭해 [Make Group]을 선택합니다.

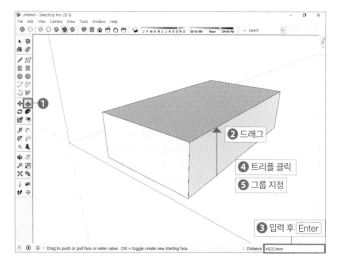

3 [Materials] 패널에서 [Create Material...]
(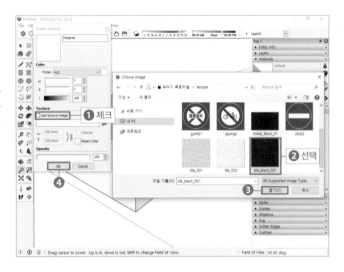)을 클릭합니다. [Create Material...] 창에
서 [Use Texture image] 체크박스를 클릭합니
다. [Choose image] 대화상자에서 [tile_
black_001.jpg] 파일을 선택하고 [열기]를 클
릭합니다. 다시 [Create Material...] 창에서
[OK] 버튼을 클릭합니다.

4 [Materials] 패널의 [Edit]탭에서 가로, 세
로 입력란에 '2670', '2670'을 입력합니다. 페
인트 통 툴(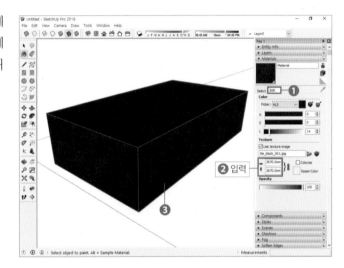 : B)로 객체를 클릭해서 텍스처
를 입혀줍니다.

5 사각형 툴(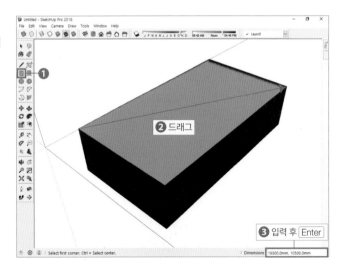 : R)로 건물 기본 틀의 모서
리 에서 클릭&드래그한 후 수치 창에
'19300,10500'을 입력합니다.

6 밀기/당기기 툴(◆ : P)로 윗면을 클릭&
드래그한 후 수치 창에 '14100'를 입력합니다.
객체를 트리플 클릭하고 마우스 오른쪽 버튼을
클릭해 [Make Group]을 선택합니다.

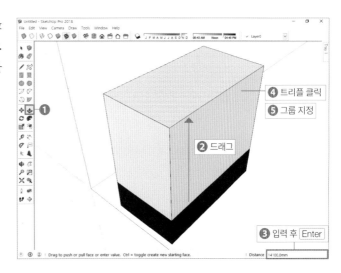

7 [Materials] 패널에서 [Create Material...]
(⊘)을 선택한 후 [Create Material...] 창에서
[Use Texture image] 체크박스를 클릭합니다.
[Choose Image] 대화상자에서 [tile_001.jpg]
파일을 선택하고 [열기]를 클릭합니다. 다시
[Create Material...] 창에서 [OK] 버튼을 클릭
합니다.

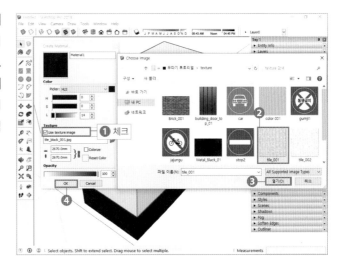

8 [Materials] 패널의 [Edit]-[Texture]에는
'3100', '3100'을 입력합니다. 건물의 본체를 클
릭해서 텍스처를 입혀줍니다.

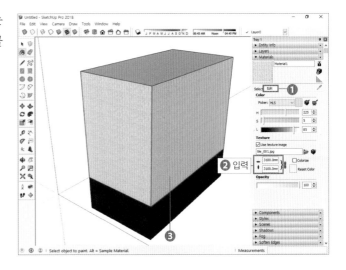

옥상 입구 만들기

줄자 툴과 사각형 툴을 사용해 옥상 입구를 만들어봅니다.

| 예제 불러오기 | Part 2/Chapter 4/250200-001.skp

1 '250200-001.skp' 파일을 불러옵니다. 가이드선을 만들기 위해 줄자 툴(⌀ : T)로 건물 옥상의 뒤쪽 아래 라인을 클릭하고 Y축(앞쪽)으로 드래그한 후 수치 창에 '5660'을 입력합니다.

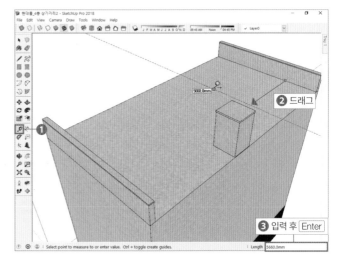

2 옥상 오른쪽 라인을 클릭하고 X축(왼쪽)으로 드래그한 후 수치 창에 '4180'을 입력합니다.

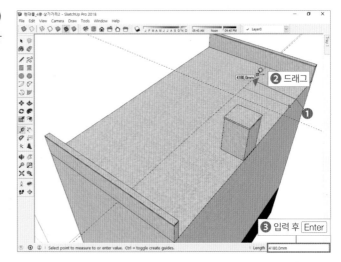

3   사각형 툴(■ : R)로 가이드선의 교차점을 클릭&드래그한 후 수치 창에 '4180,4385'를 입력합니다. 밀기/당기기 툴(◆ : P)로 옥상의 윗면을 위로 클릭&드래그한 후 수치 창에 '4580'을 입력합니다.

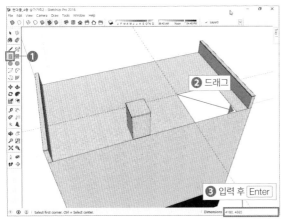
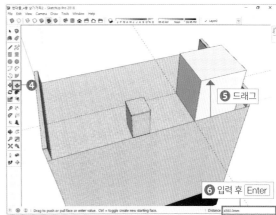

4   다시 Ctrl 키를 한 번 눌러 + 표시(◆)가 나타난 상태에서 옥상 윗면을 클릭&드래그한 후 수치 창에 '50'을 입력합니다. 밀기/당기기 툴(◆ : P)로 옥상 위쪽 사각형의 옆면을 밖으로 클릭&드래그한 후 수치 창에 '30'을 입력합니다.

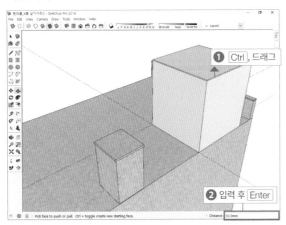
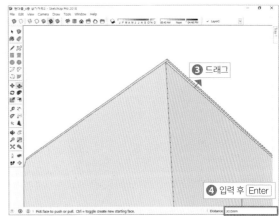

5   그림과 같이 옥상 윗쪽 사각형의 아래쪽 모서리 부분의 작은 라인 4개를 선택한 후 삭제합니다.

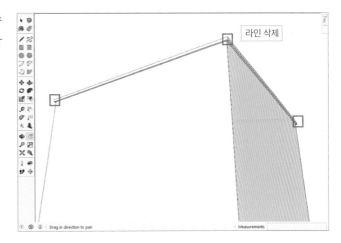

6 줄자 툴(: T)로 옥상 왼쪽 면의 세로 라인을 클릭하고 오른쪽으로 드래그한 후 수치 창에 '720'을 입력합니다. 줄자 툴(: T)로 옥상 아래쪽 라인을 클릭하고 위쪽으로 드래그한 후 수치 창에 '2320'을 입력합니다.

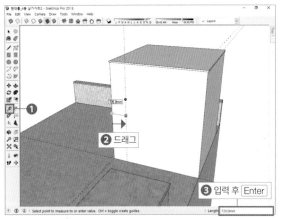 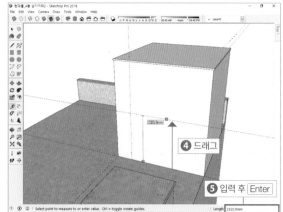

7 사각형 툴(: R)로 가이드라인의 교차점에서 아래로 클릭&드래그한 후 수치 창에 '2320,1075'를 입력합니다. 밀기/당기기 툴(: P)로 면을 안쪽으로 클릭&드래그한 후 수치 창에 '500'을 입력합니다.

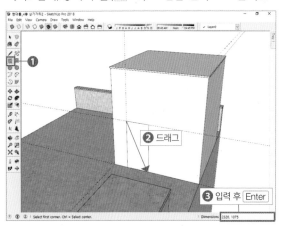 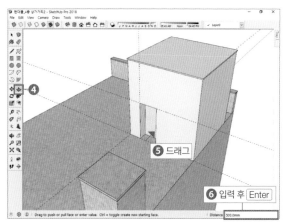

8 옥상 전체를 트리플 클릭하고 마우스 오른쪽 버튼을 클릭해 [Make Group]을 선택합니다. 페인트통 툴(: B)을 선택한 후 Alt 키로 누른 채 옥상 바닥을 클릭해서 텍스처를 샘플링합니다. 옥상 전체를 클릭해서 텍스처를 입혀줍니다.

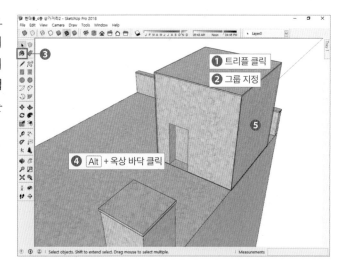

1층 테두리 만들기

줄자 툴, 선 툴, 팔로미 툴을 사용해 1층의 테두리를 만들어봅니다.

| 예제 불러오기 | Part 2/Chapter 4/250300-001.skp

---

1 '250300-001.skp' 파일을 불러옵니다. Front 뷰(⌂)를 선택한 후 메뉴에서 [Camera]-[Parallel Projection]을 클릭합니다.

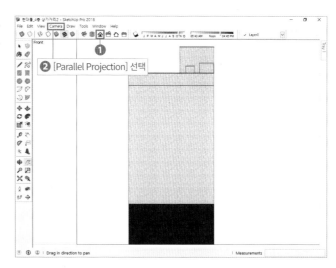

2 화면을 확대하여 작업하는 것이 편리합니다. 사각형 툴(▨ : R)로 건물 하단의 검은색 타일 부분의 오른쪽 상단 모서리를 클릭&드래그한 후 수치 창에 '150,370'을 입력합니다.

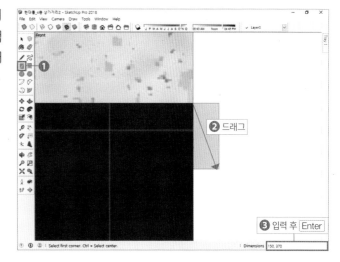

3 줄자 툴(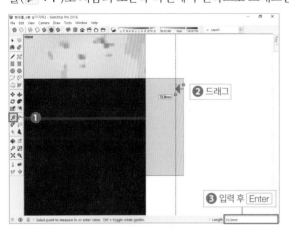 : T)로 사각형의 오른쪽 라인에서 왼쪽으로 드래그한 후 수치 창에 '33'을 입력합니다. 다시 줄자 툴(: T)로 처음의 오른쪽 라인에서 왼쪽으로 드래그한 후 수치 창에 '60'을 입력합니다.

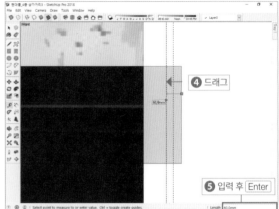

4 다시 처음의 오른쪽 라인에서 왼쪽으로 드래그한 후 수치 창에 '110'을 입력합니다. 이번에는 윗쪽 라인을 클릭하고 아래쪽으로 드래그한 후 수치 창에 '40'을 입력합니다.

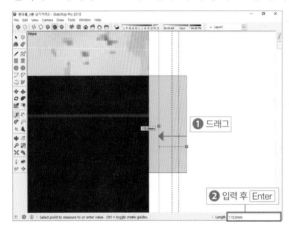
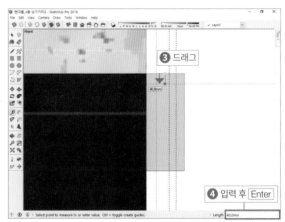

5 다시 윗쪽 라인을 클릭하고 아래쪽으로 드래그한 후 수치 창에 '80'을 입력합니다. 다시 윗쪽 라인을 클릭하고 아래쪽으로 드래그한 후 수치 창에 '260'을 입력합니다.

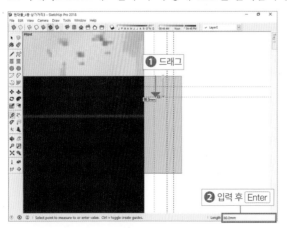
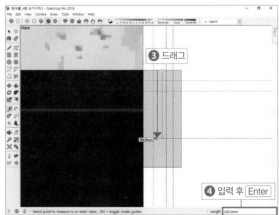

6 선 툴(✏ : L)로 그림과 같이 각 교차점들을 연결하는 라인을 그려줍니다. 가이드라인을 모두 선택한 후 삭제합니다.

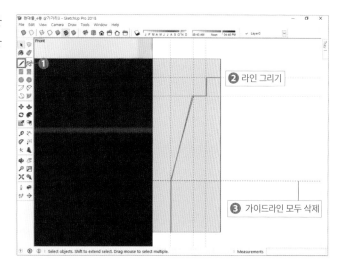

❷ 라인 그리기

❸ 가이드라인 모두 삭제

7 선택 툴(▶ : Spacebar)로 아랫 부분의 라인과 면을 드래그하여 선택한 후 Del 키를 눌러 그림과 같이 삭제합니다.

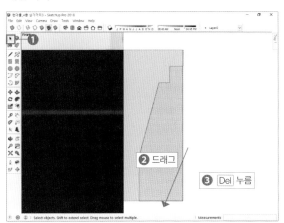

❷ 드래그

❸ Del 누름

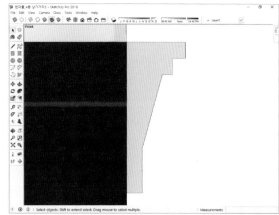

8 Iso 뷰(◈)를 클릭한 후 메뉴에서 [Camera]-[Parallel Projection]을 선택합니다. Shift 키를 누른 채 건물의 위쪽 부분을 모두 선택한 후 마우스 오른쪽 버튼을 클릭해 [Hide]를 선택합니다.

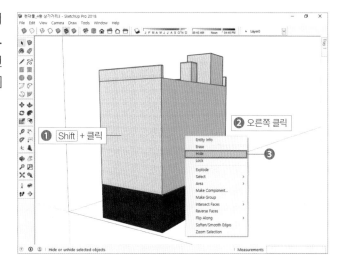

❷ 오른쪽 클릭

❶ Shift + 클릭

9 사각형 툴(■ : R)로 건물 하단 타일 부분의 모서리를 클릭&드래그한 후 수치 창에 '19300,10500'을 입력합니다.

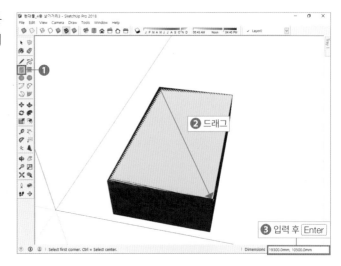

10 중간의 면만 클릭하고 Del 키를 눌러 삭제합니다. 그림처럼 앞쪽 라인은 빼고 Shift 키를 누른 채 나머지 3개의 라인을 선택합니다.

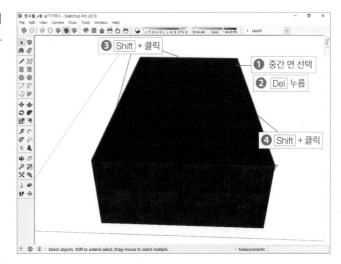

11 팔로미 툴(🖐)로 앞에서 만든 오른쪽 면의 장식 테두리를 클릭하면 그림처럼 건물을 둘러싸는 장식이 만들어집니다.

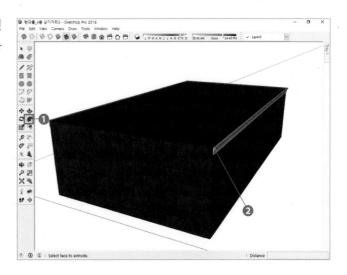

12 1층 테두리를 트리플 클릭하고 마우스 오른쪽 버튼을 클릭해 [Reverse Faces]를 선택합니다.

TIP 3D 프로그램에서는 면의 앞뒷면이 존재하는데 앞면으로 작업해야 오류가 생기지 않습니다. 뒷면이 나타났을 때는 앞면으로 바꿔서 작업할 때 [Reverse Faces] 기능을 사용합니다.

13 1층 테두리를 그룹 지정하고 페인트 통 툴(🎨 : B)을 클릭하고 Alt 키를 누른 채 건물을 클릭해서 텍스처를 샘플링한 후 1층 테두리 그룹을 클릭해서 텍스처를 입혀줍니다.

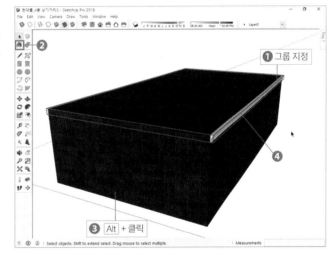

1층 창문틀 만들기

줄자 툴, 이동 툴, 밀기/당기기 툴을 이용해 1층 창문틀을 만들어봅니다.

| 예제 불러오기 | Part 2/Chapter 4/250400-001.skp

1 '250400-001.skp' 파일을 불러옵니다. 메뉴에서 [Edit]-[Unhide]-[All]을 선택해 숨겨놓았던 건물의 윗부분을 보이게 해 줍니다.

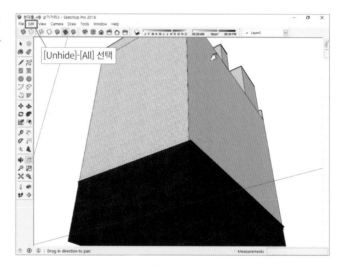

2 Right 뷰( )를 선택하고 메뉴에서 [Camera]-[Parallel Projection]을 클릭합니다. 줄자 툴(: T)로 건물 하단 라인을 클릭하고 위쪽으로 드래그한 후 수치 창에 '1625'를 입력합니다.

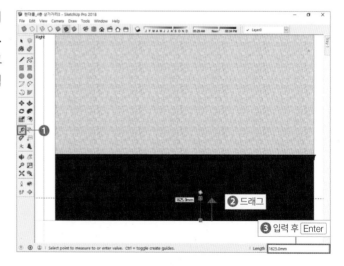

3 다시 줄자 툴(: T)로 건물 하단 라인을 클릭하고 위쪽으로 드래그한 후 수치 창에 '1808'을 입력합니다.

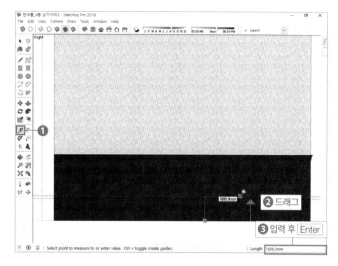

4 이번에는 선택 툴(: Spacebar)로 2번째 가이드라인을 클릭한 후 줄자 툴(: T)로 위쪽으로 드래그하고 수치 창에 '1580'을 입력합니다. 다시 줄자 툴(: T)로 건물 왼쪽 라인을 클릭하고 오른쪽으로 드래그한 후 수치 창에 '10880'을 입력합니다.

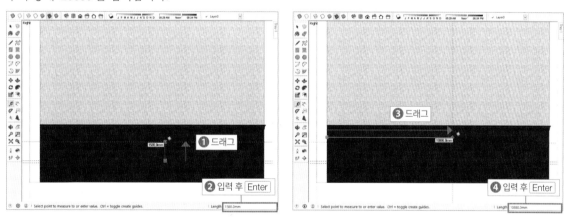

5 다시 줄자 툴(: T)로 건물 왼쪽 라인을 클릭하고 오른쪽으로 드래그한 후 수치 창에 '11020'을 입력합니다. 선택 툴(: Spacebar)로 세로 2번째 가이드를 클릭하고 줄자 툴(: T)로 오른쪽으로 드래그한 후 수치 창에 '1600'을 입력합니다.

6 창문을 넣을 공간을 만들어보겠습니다. 건물 하단을 더블클릭해서 편집 모드로 들어갑니다. 사각형 툴(▣ : R)을 선택하고 가이드라인으로 만들어진 사각형의 왼쪽 상단을 클릭&드래그한 후 수치 창에 '1600,1580'을 입력합니다.

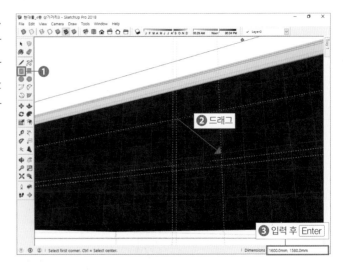

7 밀기/당기기 툴(◈ : P)로 면을 클릭하고 안쪽으로 드래그한 후 수치 창에 '500'을 입력합니다.

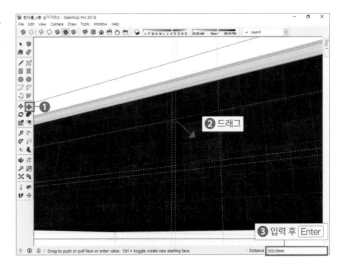

8 이동 툴(✥ : M)로 Ctrl 키를 한 번 눌러 + 표시(✥)가 나타난 상태에서 → 키를 누르고 그림과 같이 창문이 들어갈 공간을 X축으로 클릭&드래그한 후 수치 창에 '10000'을 입력합니다. 화면을 반대편으로 돌려보면 그림과 같이 복사한 면이 보입니다. 창문을 넣을 건물의 반대편 위치를 잡아주었습니다.

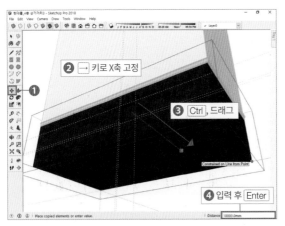

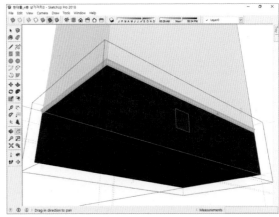

9 밀기/당기기 툴(◆ : P)로, 복사한 면을 안쪽으로 클릭&드래그한 후 수치 창에 '500'을 입력합니다. 빈 공간을 클릭해서 편집 모드에서 나옵니다.

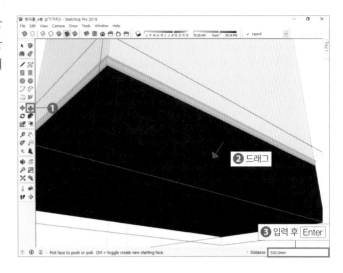

10 창틀의 위아래 돌출 부분을 만들어보겠습니다. 처음에 만들었던 반대편 벽쪽으로 돌아와서 사각형 툴(▧ : R)을 그림과 같이 가이드 선을 기준으로 클릭&드래그한 후 수치 창에 '183,1880'을 입력합니다.

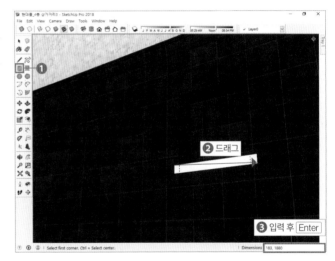

11 밀기/당기기 툴(◆ : P)로 면을 앞쪽으로 클릭&드래그한 후 수치 창에 '70'을 입력합니다. 선택 툴(▸ : Spacebar)로 객체를 트리플 클릭하고 마우스 오른쪽 버튼을 클릭해 [Make Group]을 선택합니다. 페인트 통 툴(🖌 : B)로 객체를 클릭해서 검은색 건물과 같은 텍스처를 입혀줍니다.

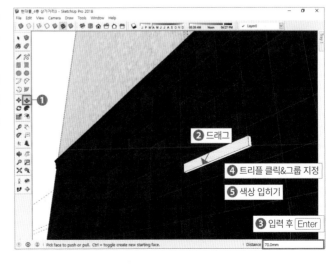

12 이동 툴(✛ : M)을 클릭하고 다시 Ctrl 키를 한 번 눌러 + 표시(✣)가 나타난 상태에서 창틀 아래의 돌출 부분을 그림과 같이 창문 위쪽 가이드 선까지 클릭&드래그한 후 수치 창에 '1763'을 입력합니다.

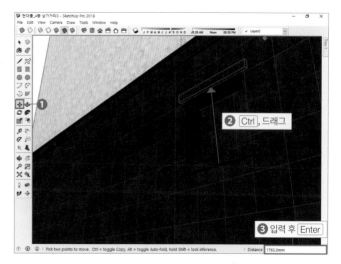

13 앞에서 만든 창틀 돌출 부분의 2개의 객체를 선택하고 이동 툴(✛ : M)을 클릭하고 다시 Ctrl 키를 한 번 눌러 + 표시(✣)가 나타난 상태에서 → 키를 누르고 X축 방향으로 클릭&드래그한 후 수치 창에 '10570'을 입력합니다. 건물의 반대편으로 돌리면 동일한 위치에 복사되어 있습니다.

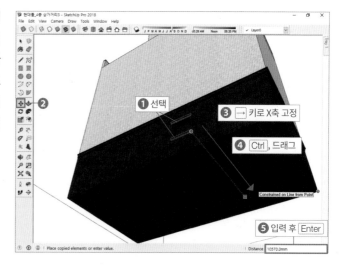

건물 옆면 라인 만들기

이동 툴, 줄자 툴, 선 툴을 이용해 건물 옆면의 라인을 만들어봅니다.

|예제 불러오기| Part 2/Chapter 4/250500-001.skp, Texture/tile_002.jpg

1 '250500-001.skp' 파일을 불러옵니다. Right 뷰(🔲)를 선택하고 메뉴에서 [Camera]-[Parallel Projection]을 클릭합니다. 건물의 상단 부분을 더블클릭해서 편집 모드로 들어갑니다.

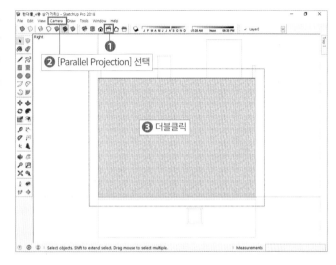

2 위쪽 라인을 선택한 후 이동 툴(✥ : M)을 클릭하고 Ctrl 키를 한 번 눌러 + 표시(✥)가 나타난 상태에서 아래로 클릭&드래그한 후 수치 창에 '225'를 입력합니다.

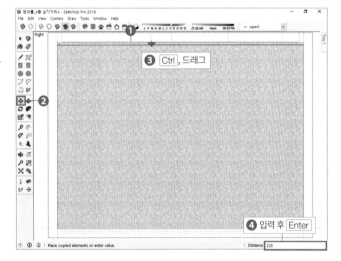

3 복사한 라인을 선택하고 Ctrl 키를 다시 한 번 눌러 + 표시( )가 나타난 상태에서 아래로 클릭&드래그한 후 수치 창에 '928'을 입력합니다. 2개의 라인이 복사되었습니다.

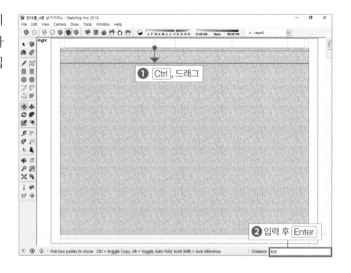

4 2번째 라인을 선택해서 790지점으로 두 번 복사하고, 939지점으로 두 번 복사합니다.

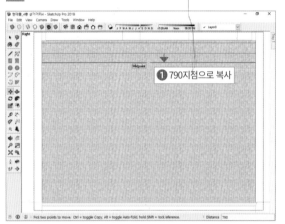
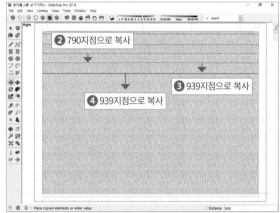

5 계속해서 라인을 아래 지점으로 하나씩 복사합니다. (790, 835, 225, 817, 790, 790, 939, 939, 790, 790)

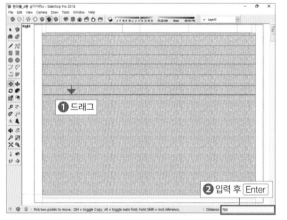
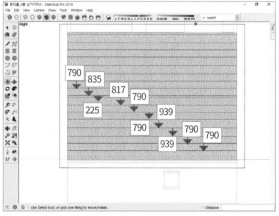

6 줄자 툴(🖊 : T)로 왼쪽 라인을 클릭하고 오른쪽으로 드래그한 후 수치 창에 '11020'을 입력합니다.

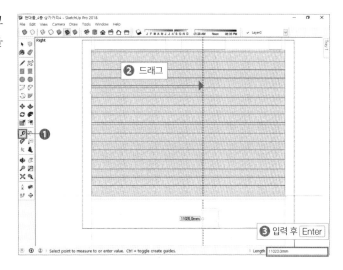

7 다시 건물의 왼쪽 라인을 클릭하고 오른쪽으로 드래그한 후 수치 창에 '12620'을 입력합니다. 다시 건물의 왼쪽 라인을 클릭하고 오른쪽으로 드래그한 후 수치 창에 '10556'을 입력합니다.

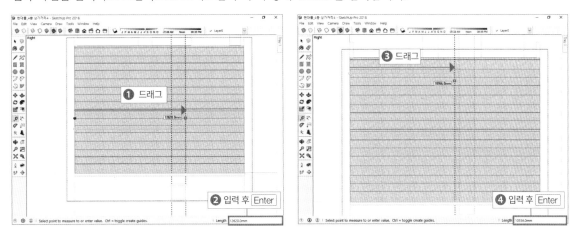

8 이번에는 건물의 왼쪽 라인을 클릭하고 오른쪽으로 드래그한 후 수치 창에 '9760'을 입력합니다.

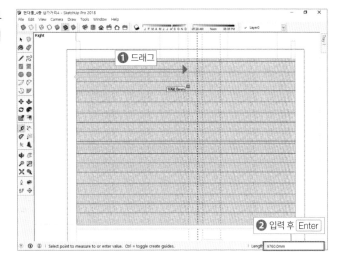

9 메뉴에서 [View]-[Component Edit]-[Hide Rest Of Model]을 선택해서 다른 부분은 안보이게 합니다. 선 툴 (✏ : L)로 세로 가이드선을 따라 **14100mm**의 라인을 그려줍니다. 세로 가이드라인을 따라 총 4개의 라인을 그려줍니다.

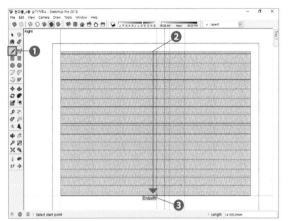
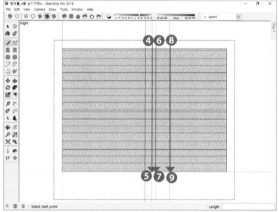

10 첫 번째 세로 라인을 왼쪽에서 오른쪽으로 드래그해서 모두 선택합니다.

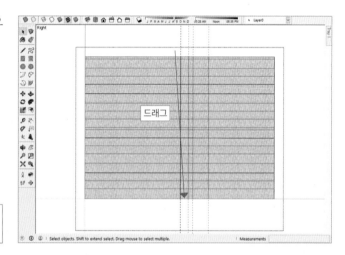

> **TIP**
> Shift 키를 누른 채 선을 각각 클릭하여 전체 선택하여도 됩니다.

11 이동 툴(✥ : M)을 클릭하고 다시 Ctrl 키를 한 번 눌러 + 표시(✥)가 나타난 상태에서 왼쪽으로 클릭&드래그한 후 수치 창에 '9760'을 입력합니다. 수치 창에 '/5'를 입력하면 그림과 같이 5개의 세로 라인이 복사되었습니다.

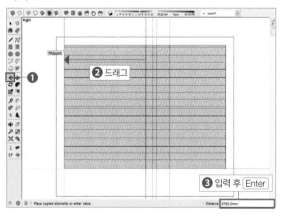
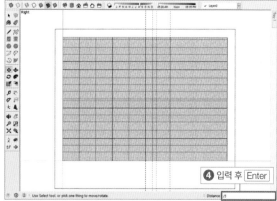

12 왼쪽에서 오른쪽으로 드래그해서 가장 오른쪽 세로 라인을 선택합니다.

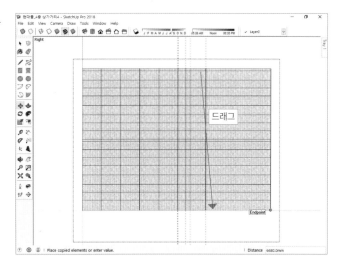

13 이동 툴(✛ : M)을 클릭하고 다시 Ctrl 키를 한 번 눌러 + 표시(✛)가 나타난 상태에서 오른쪽으로 클릭&드래그한 후 수치 창에 '1952'를 입력합니다. 수치 창에 '*3'을 입력하면 3개의 선이 복사됩니다.

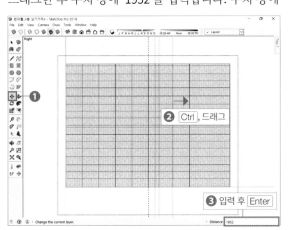 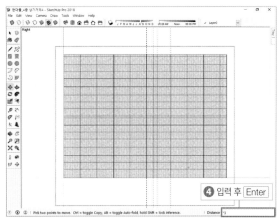

14 그림과 같이 전체 건물이 나오도록 화면을 조정해보면 지금까지 그린 라인의 결과물을 볼 수 있습니다.

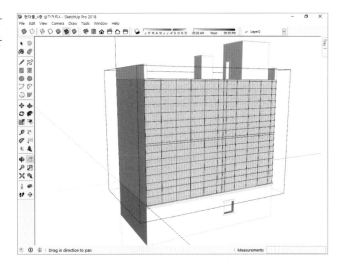

15 [Materials] 패널에서 [Create Material...] (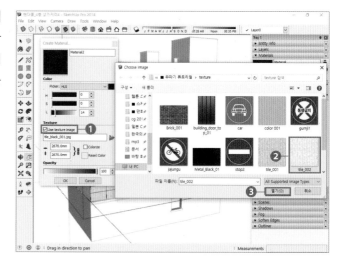)을 클릭한 후 [Use Texture image] 체크박스를 선택합니다. [Choose Image] 대화상자에서 [tile_002.jpg] 파일을 선택하고 [열기]를 클릭합니다.

16 페인트 통 툴(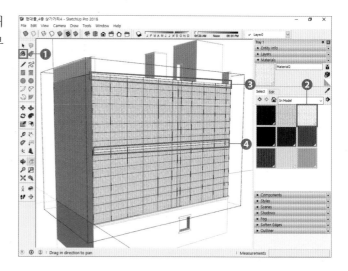 : B)을 선택한 후 그림처럼 가장 위쪽 가로 부분과 중간의 좁은 가로 부분을 클릭해 텍스처를 입혀줍니다.

SECTION 06

건물 옆면 창문틀 만들기

밀기/당기기 툴, 페인트 통 툴, 이동 툴을 사용해 건물 옆면 창문틀을 만들어보겠습니다.

| 예제 불러오기 | Part 2/Chapter 4/250600-001.skp

1 '250600-001.skp' 파일을 불러옵니다. Right 뷰(🖱)를 선택한 후 건물을 더블클릭하고 편집 모드로 들어갑니다. 그림과 같이 [Shift] 키를 누른 채 2개의 라인을 선택하고 [Del] 키를 눌러 삭제합니다.

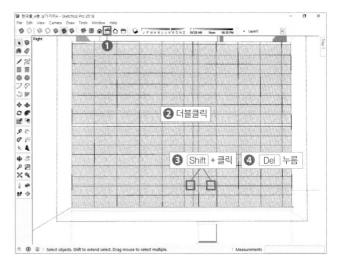

2 건물 옆면에 창문이 들어갈 공간을 만들기 위해서 그림과 같이 라인을 삭제합니다.

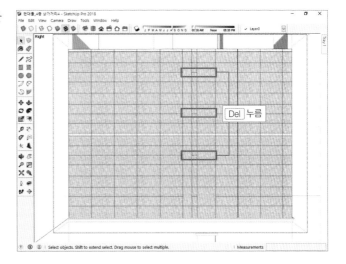

3 Iso 뷰(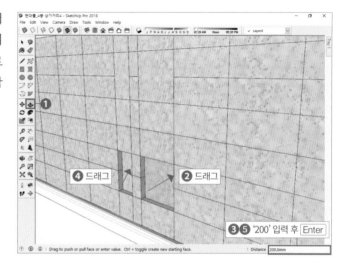)를 클릭하고 메뉴에서 [Camera]-[Parallel Projection]을 클릭합니다. 밀기/당기기 툴(: P)로 면을 안쪽으로 클릭&드래그한 후 수치 창에 '200'을 입력합니다.

4 밀기/당기기 툴(: P)로 위쪽의 라인을 삭제한 면들도 안쪽으로 200mm를 클릭&드래그합니다.

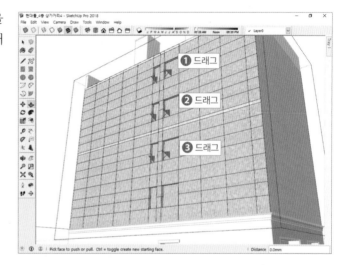

5 Back 뷰(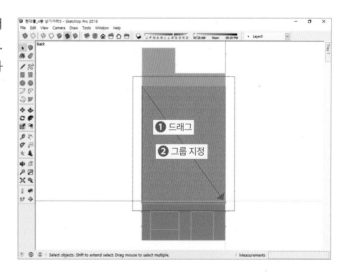)를 선택하고 메뉴에서 [Camera]-[Parallel Projection]을 선택합니다. 왼쪽 면 전체를 왼쪽에서 오른쪽으로 드래그하여 전체 선택한 후 그룹 지정합니다.

6 화면의 빈 곳을 클릭해 편집모드에서 나온 후 그림과 같이 화면을 조정합니다. 이동 툴(✥ : M)을 클릭하고 Ctrl 키를 한번 눌러 + 표시(✥)가 나타난 상태에서 그림과 같이 건물 하단의 창턱을 Z축(위쪽)으로 클릭&드래그한 후 수치 창에 '2248'을 입력합니다.

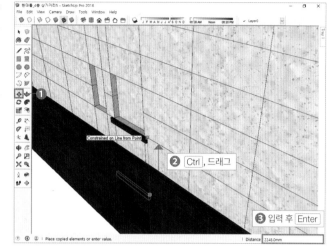

TIP 이동 시에 건물 하단의 창턱 면에서 Midpoint in Group을 드래그하면 편리합니다.

7 페인트 통 툴(◉ : B)을 선택하고 Alt 키를 누른 채 회색 벽을 클릭해 샘플링한 후, 창문틀을 클릭해서 텍스처를 입혀줍니다.

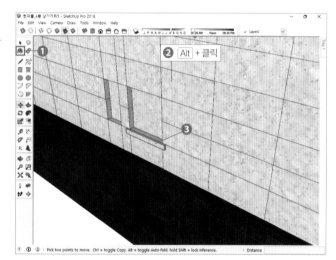

8 이동 툴(✥ : M)을 클릭하고 다시 Ctrl 키를 한 번 눌러 + 표시(✥)가 나타난 상태에서 Z축(위쪽)으로 클릭&드래그한 후 수치 창에 '1763'을 입력합니다.

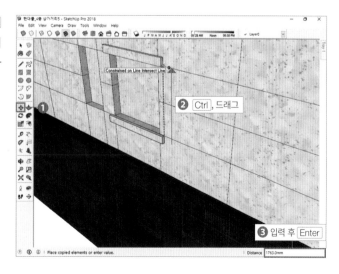

9 [Shift] 키를 누른 채 창턱 2개를 선택한
후 마우스 오른쪽 버튼을 클릭하고 [Make
Group]을 선택해 그룹 지정합니다.

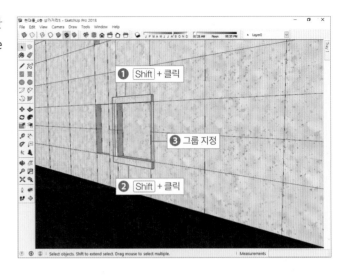

10 이동 툴([✛] : M)을 클릭하고 [Ctrl] 키를 한
번 눌러 + 표시([✛])가 나타난 상태에서 맨 아래
의 창문틀을 위로 클릭&드래그해서 하나씩 복
사해서 그림과 같이 3개를 복사합니다.

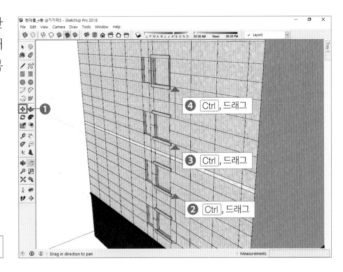

TIP 창문틀 사이에 간격이 달라서 하나씩 복사합니다.

창문 배열하기

선택 툴과 이동 툴을 이용해 창문을 배열합니다.

| 예제 불러오기 | Part 2/Chapter 4/250700-001.skp

1 '250700-001.skp' 파일을 불러옵니다. 그림과 같이 하단의 창문이 배치되어 있는 것을 볼 수 있습니다.

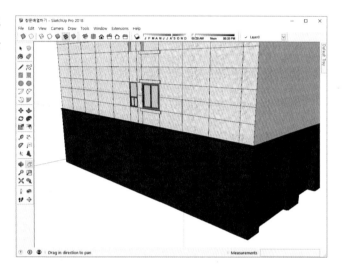

2 창문홈을 만들어보겠습니다. 창문 2개를 Shift 키를 누른 채 선택합니다. 이동 툴(✥ : M)을 클릭하고 창문홈 안쪽으로 드래그한 후 수치 창에 '80'을 입력합니다.

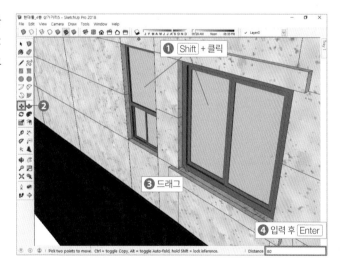

3 Ctrl 키를 한 번 눌러 + 표시(✛)가 나타난 상태에서 만들어진 창문홈을 위로 클릭&드래그해서 3개 복사합니다.

> **TIP**
> 창문틀의 간격이 다르기 때문에 한 번에 하나씩 복사합니다. ↑ 키를 눌러 Z축 고정을 해주면 쉽게 위치를 잡을 수 있습니다.

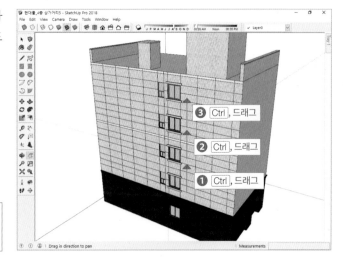

4 복사한 창문들을 Shift 키를 눌러 모두 선택하고 잘라낸(Ctrl + X 키) 후, 건물 상단을 더블클릭해서 편집 모드로 들어갑니다. 메뉴에서 [Edit]-[Paste In Place]를 클릭해서 원래 있던 자리에 창문을 붙여넣기 합니다.

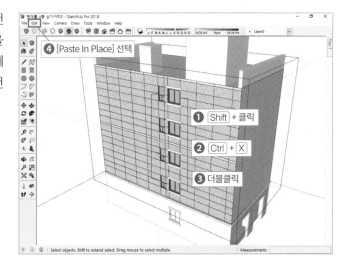

5 건물의 반대편이 보이게 조정한 후, 반대편 벽면을 클릭하고 Del 키를 눌러 삭제합니다.

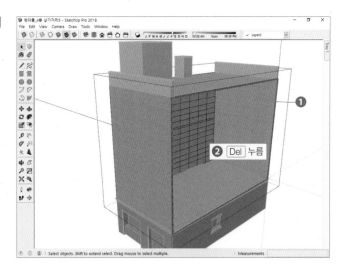

6 Back 뷰(⌂)를 선택하고, 메뉴에서 [Camera]-[Parallel Projection]을 클릭합니다. 왼쪽에서 오른쪽으로 드래그해 왼쪽 벽면을 전체 선택한 후 마우스 오른쪽 버튼을 클릭해 [Make Group]을 선택합니다.

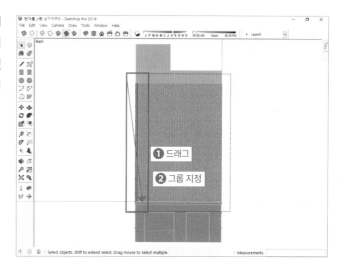

7 그림과 같이 건물을 조정합니다. 이동 툴(✥ : M)을 선택하고 Ctrl 키를 한 번 눌러 + 표시(✥)가 나타난 상태에서 왼쪽 벽면 그룹을 X축(오른쪽)으로 클릭&드래그해서 임의의 지점에 복사합니다. 복사한 벽면 그룹에서 마우스 오른쪽 버튼을 클릭하고 [Flip Along]-[Group's Red]를 선택하면 벽면이 대칭됩니다.

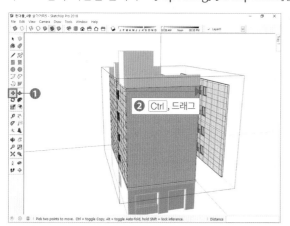
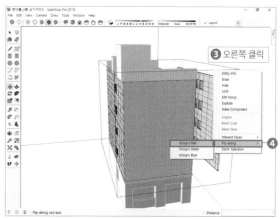

8 이동 툴(✥ : M)로 건물 벽면 그룹을 건물 가장자리에 이동해서 붙여줍니다.

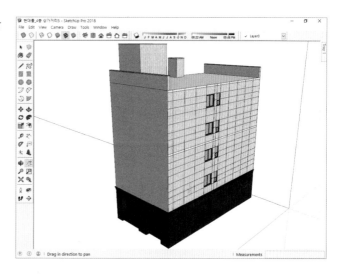

1층 앞면 만들기

사각형 툴, 밀기/당기기 툴, 페인트 통 툴을 사용해 1층 앞면을 만들어봅니다.

| 예제 불러오기 | Part 2/Chapter 4/250900-001.skp, Texture/tile_003.jpg, Brick_001.jpg, building_door_top_001.jpg

1 '250900-001.skp' 파일을 불러온 후 건물의 앞면이 보이게 화면을 조정합니다. 사각형 툴(■ : R)로 건물 앞의 임의의 지점에서 클릭&드래그한 후 수치 창에 '11100,1360'을 입력합니다.

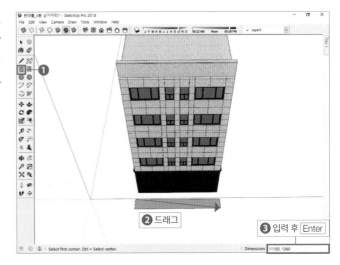

2 밀기/당기기 툴(◆ : P)로 면을 위로 클릭&드래그한 후 수치 창에 '370'을 입력합니다. Ctrl 키를 한 번 눌러 + 표시(◆)가 나타난 상태에서 위로 클릭&드래그한 후 수치 창에 '64'를 입력합니다.

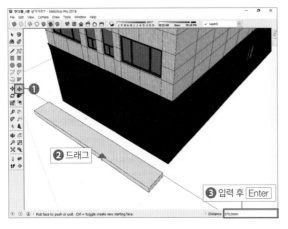

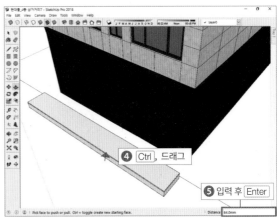

3 복사한 사각형의 옆면을 조금 넓혀보겠습니다. 밀기/당기기 툴(◈ : P)로 4개의 옆면을 각각 클릭&드래그한 후 수치 창에 '30'을 입력합니다.

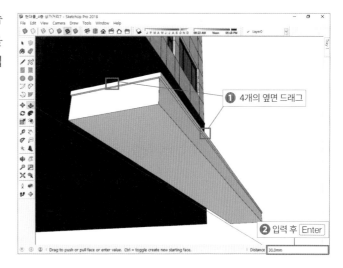

4 아래쪽이 보이게 화면을 조정한 후, 그림과 같이 4면 모서리의 짧은 선을 각각 삭제합니다. 사각형 객체를 트리플 클릭하고 마우스 오른쪽 버튼을 클릭해 [Make Group]을 선택합니다.

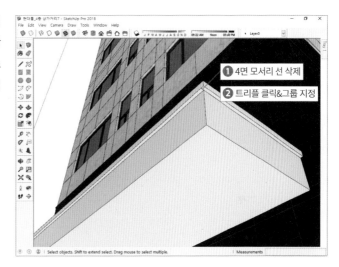

5 [Materials] 패널에서 [Create Material...] (◈)을 클릭하고 [Use Texture image] 체크박스를 선택합니다. [tile_003.jpg] 파일을 선택하고 크기 설정 란에 '800', '800'을 입력한 후 [OK]를 클릭합니다. 페인트 통 툴(◈ : B)로 객체를 클릭해서 텍스처를 입혀줍니다.

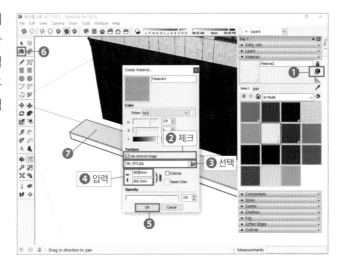

6 Top 뷰(▣)을 선택하고 메뉴에서 [Camera]-[Parallel Projection]을 클릭합니다. 이동 툴(✛ : M)로 앞에서 만든 1층 앞면을 건물 앞부분으로 드래그하여 그림과 같이 정렬합니다.

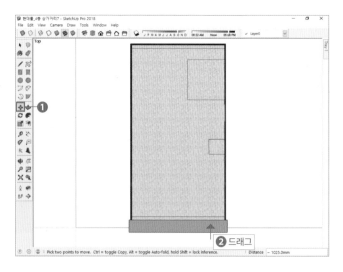

7 그림과 같이 건물 정면이 나오도록 화면을 조정합니다. 사각형 툴(▣ : R)로 앞쪽의 임의의 지점에서 클릭&드래그한 후 수치 창에 '2800,600'을 입력합니다.

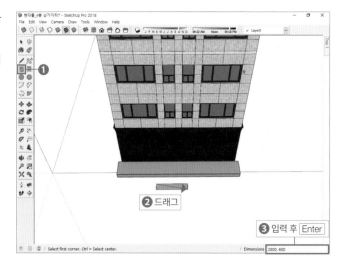

8 밀기/당기기 툴(✦ : P)로 면을 클릭&드래그한 후 수치 창에 '210'을 입력합니다. 객체를 트리플 클릭하고 마우스 오른쪽 버튼을 클릭해 [Make Group]을 선택합니다.

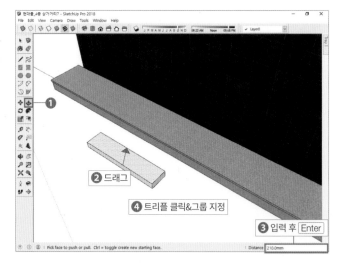

9 [Materials] 패널의 [Metal]에서 [Metal Steel Textured White]를 선택한 후, [Create Material...]( )을 클릭합니다. [Create Matrerial...] 창에서 크기 설정 란에 '300', '300'을 입력한 후 [OK]를 클릭합니다.

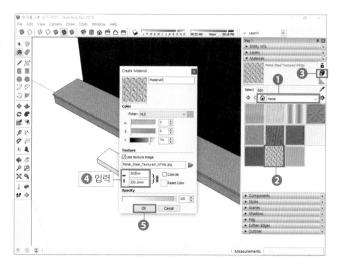

10 페인트 통 툴(: B)로 객체에 텍스처를 입혀줍니다. Top 뷰( )를 클릭하고 메뉴에서 [Camera]-[Parallel Projection]을 선택한 후 이동 툴(: M)로 그림과 같이 사각형 객체를 드래그하여 가운데로 정렬합니다.

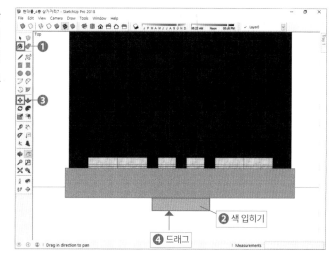

11 받침대의 기둥 벽돌을 만들어보겠습니다. Iso 뷰( )를 클릭한 후 메뉴에서 [Camera]-[Parallel Projection]을 선택합니다. 사각형 툴(: R)로 건물과 받침대의 교차지점부터 안쪽으로 클릭&드래그한 후 수치 창에 '1000,700'을 입력합니다.

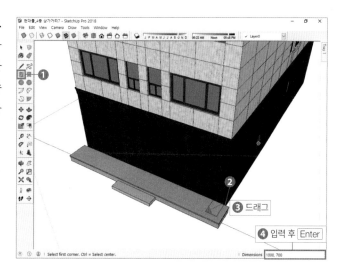

12 밀기/당기기 툴(: P)로 면을 위로 클릭&드래그한 후 수치 창에 '2800'를 입력합니다. 객체를 트리플 클릭하고 마우스 오른쪽 버튼을 클릭해 [Make Group]을 선택합니다.

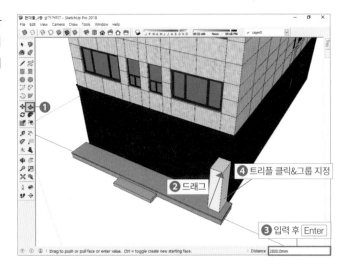

13 [Materials] 패널에서 [Create Material...]( )를 클릭하고 [Use Texture image] 체크박스를 선택합니다. [Brick_001.jpg] 파일을 선택하고 크기 설정란에 각각 '1500', '1000'을 입력하고 [OK]를 클릭합니다.

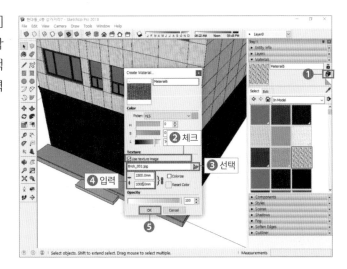

14 페인트 통 툴(: B)로 객체를 클릭해 텍스처를 입혀줍니다.

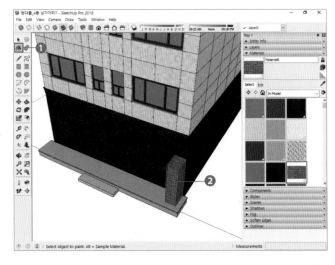

15 이동 툴(✛ : M)을 클릭하고 Ctrl 키를 한 번 눌러 + 표시(✛)가 나타난 상태에서 받침대 기둥 벽돌을 X축(왼쪽)으로 클릭&드래그한 후 수치 창에 '9800'을 입력합니다.

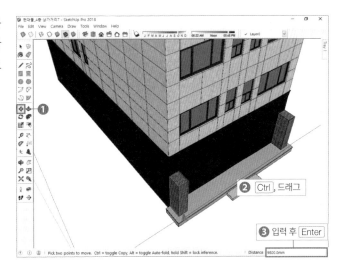

16 사각형 툴(▣ : R)로 벽돌의 모서리부터 클릭&드래그한 후 수치 창에 '10500,1000'을 입력합니다.

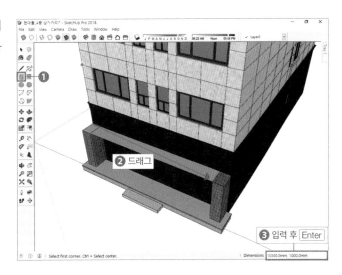

17 밀기/당기기 툴(✛ : P)로 면을 위로 클릭&드래그한 후 수치 창에 '1350'를 입력합니다. 앞면을 앞으로 클릭&드래그한 후 수치 창에 '300'을 입력합니다.

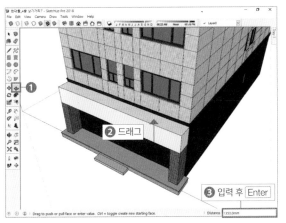
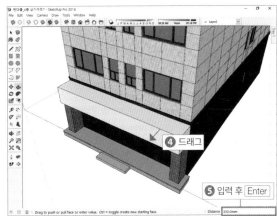

18 밀기/당기기 툴(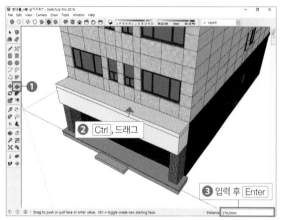 : P)을 클릭한 후, Ctrl 키를 한 번 눌러 + 표시(🔔)가 나타난 상태에서 윗면을 위로 클릭&드래그한 후 수치 창에 '276'을 입력합니다. 다시 Ctrl 키를 한 번 눌러 + 표시(🔔)가 나타난 상태에서 앞면을 앞으로 클릭&드래그한 후 수치 창에 '650'을 입력합니다.

19 객체를 트리플 클릭하고 마우스 오른쪽 버튼을 클릭해 [Make Group]을 선택합니다. 페인트 통 툴(🪣 : B)을 선택하고 Alt 키를 누른 채 검은 타일 텍스처를 클릭하여 샘플링합니다. 앞면 상단 그룹을 클릭해 텍스처를 입혀줍니다.

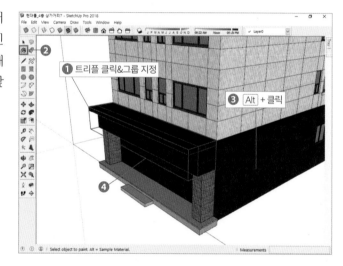

20 앞면 상단 그룹을 더블클릭해서 편집 모드로 들어간 후, 그림과 같이 밑으로 보이는 2개의 면을 Shift 키를 누른 채 선택합니다.

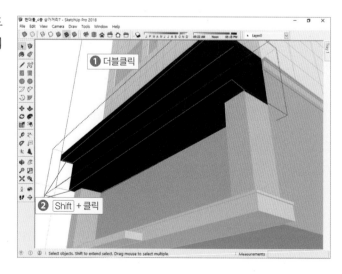

21 [Materials] 패널의 [Choose Image] 대화상자에서 [building_door_top_001.jpg] 파일을 선택하고 크기 설정 란에 '480', '784'를 입력합니다. 페인트 통 툴(: B)로 1층 앞면 그룹의 밑면에 텍스처를 입혀준 후 그림과 같이 가장 밑면을 각각 선택한 후, 마우스 오른쪽 버튼을 클릭해 [Texture]-[Position]을 클릭합니다.

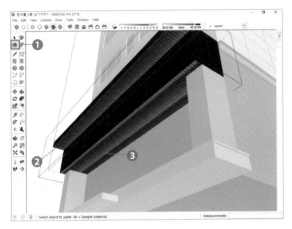
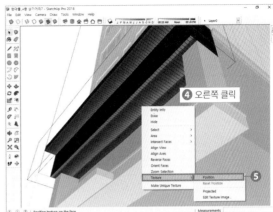

22 녹색핀을 클릭해서 드래그하면 텍스처의 크기가 변경됩니다. 1층 앞면 그룹의 밑면 텍스처를 적절한 크기로 맞춰줍니다. 2개의 밑면을 각각 변경해 그림과 비슷한 크기로 조정합니다.

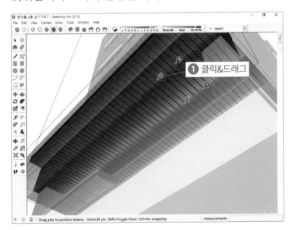
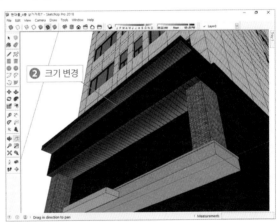

TIP [Texture]-[Position]은 객체에 텍스처를 입힌 후에 텍스처의 크기를 바꾸거나 방향, 위치, 회전을 할 때 사용합니다.

건물 앞 블록 만들기

이동 툴, 밀기/당기기 툴을 이용해 건물 앞 블록을 만들어봅니다.

| 예제 불러오기 |　　Part 2/Chapter 4/251000-001.skp

1 '251000-001.skp' 파일을 불러옵니다. 사각형 툴(▦ : R)로 건물 모서리에서 클릭&드래그한 후 수치 창에 '750,1300'을 입력합니다.

2 밀기/당기기 툴(◆ : P)로 면을 클릭&드래그한 후 수치 창에 '14065'를 입력합니다. Ctrl 키를 한 번 눌러 + 표시(◆)가 나타난 상태에서 윗면을 위로 클릭&드래그한 후 수치 창에 '1526'을 입력합니다.

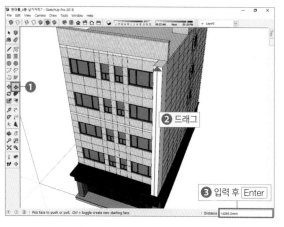

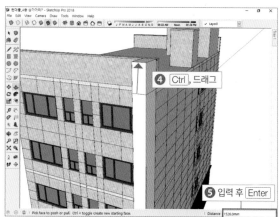

3 왼쪽 면을 오른쪽으로 클릭&드래그한 후 수치 창에 '9000'을 입력합니다.

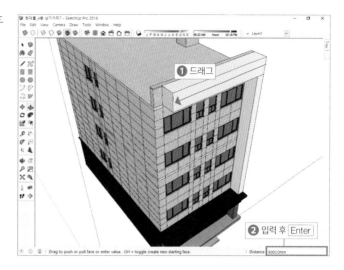

4 Ctrl 키를 한 번 눌러 + 표시(🖐)가 나타난 상태에서 왼쪽 면을 오른쪽으로 클릭&드래그한 후 수치 창에 '750'을 입력합니다.

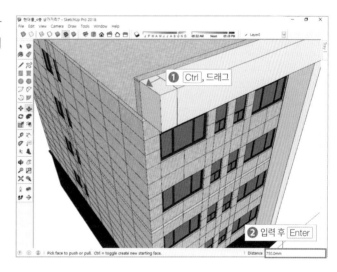

5 화면을 그림처럼 조정합니다. 복사해서 만든 건물 앞 블록의 밑면을 선택하고 Z축(아래쪽)으로 클릭&드래한 후 수치 창에 '14065'를 입력합니다.

6 만들어진 건물 앞 블록을 트리플 클릭하고 그룹 지정합니다. 페인트 통 툴(🖌 : B)을 선택하고 Alt 키를 누른 채 건물 상단의 회색 텍스처를 클릭해서 샘플링한 후, 건물 앞 블록 그룹을 클릭해 텍스처를 입혀줍니다.

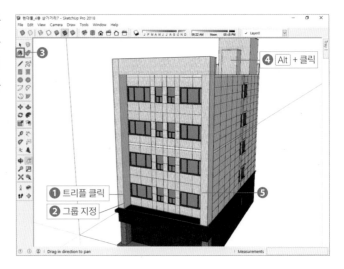

7 그룹화된 건물 앞 볼록을 더블클릭해서 편집 모드로 들어갑니다. 선 툴(✏ : L)로 그림과 같이 서로 대칭이 되도록 라인 4개를 그려줍니다.

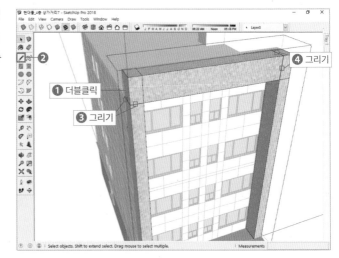

8 이동 툴(✤ : M)을 클릭하고 그림과 같이 위쪽 세로 라인을 1000mm 간격으로 8개의 라인을 만들어줍니다.

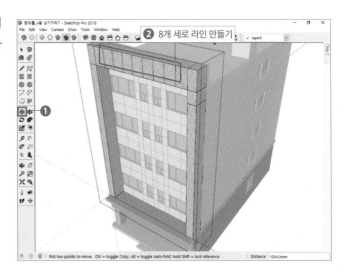

9 그림과 같이 가로 라인 2개를 선택하고 Z축(아래쪽)으로 1004mm 간격으로 13개의 라인을 만들어줍니다.

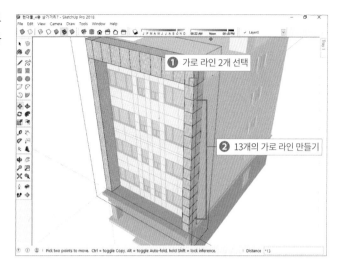

10 왼쪽 기둥도 동일하게 선택해서 작업합니다. 이동 툴(✛ : M)을 클릭하고 Ctrl 키를 한 번 눌러 + 표시(✛)가 나타난 상태에서 가로 라인 2개를 Z축(아래쪽)으로 클릭&드래그한 후 수치 창에 '1004'를 입력합니다.

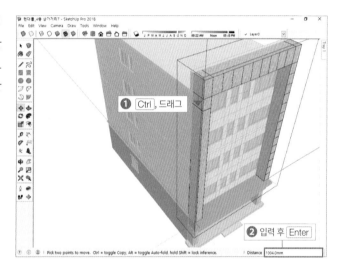

11 다시 수치 창에 '*13'을 입력한 후 Enter 키를 누르면 가로 라인이 13번 복사됩니다. 화면의 빈 공간을 클릭해서 편집 모드에서 나옵니다.

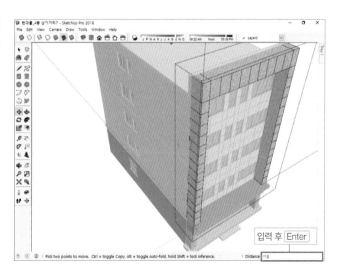

12 옥상 부분을 잘 보이게 화면을 조정한 후 Iso 뷰(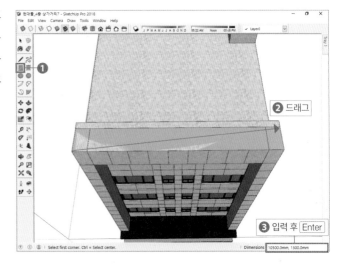)를 클릭하고 메뉴에서 [Camera]-[Parallel Projection]을 클릭합니다. 사각형 툴 (▣ : R)로 앞쪽 모서리에서 클릭&드래그한 후 수치 창에 '10500,1300'을 입력합니다.

13 밀기/당기기 툴(◆ : P)을 선택하고 건물 앞 블록의 윗면을 위로 클릭&드래그한 후 수치 창에 '940'을 입력합니다.

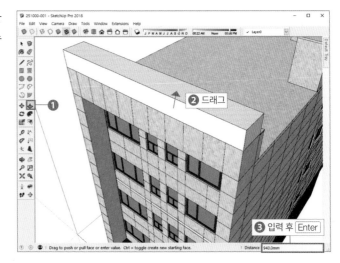

14 건물 앞 블록의 오른쪽 면을 오른쪽으로 클릭&드래그한 후 수치 창에 '120'을 입력합니다.

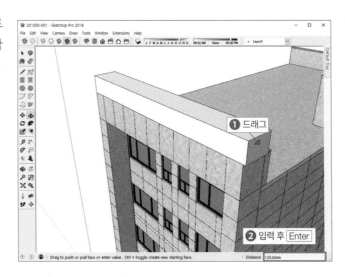

15 화면을 반대쪽으로 돌려 건물 앞 불록의 왼쪽 면이 나오도록 조정합니다. 건물 앞 불록의 왼쪽 면을 왼쪽으로 클릭&드래그한 후 수치 창에 '120'을 입력합니다.

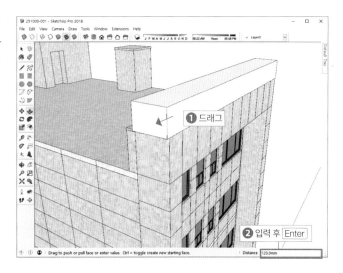

16 밀기/당기기 툴(◈ : P)로 앞면을 앞으로 클릭&드래그한 후 수치 창에 '180'을 입력합니다.

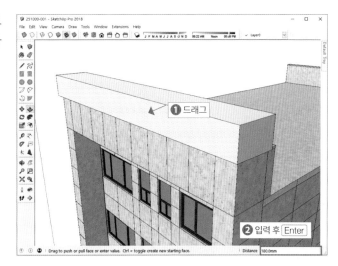

17 객체를 트리플 클릭하고 그룹 지정합니다. 페인트 통 툴(⊗ : B)을 클릭하고 Alt 키를 누른 채 건물 하단의 검은색 텍스처를 클릭해서 샘플링한 후, 건물 앞 블록 그룹을 클릭해 텍스처를 입혀줍니다.

18 그림과 같이 건물 앞 블록의 오른쪽 기둥 옆면이 보이도록 화면을 조정합니다. 사각형 툴(■ : R)로 그림처럼 회색벽 모서리에서 클릭&드래그한 후 수치 창에 '60,1300'을 입력합니다.

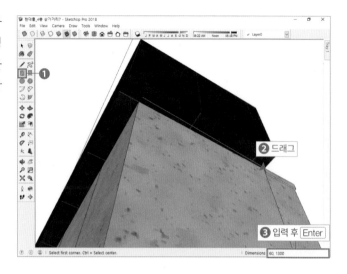

19 밀기/당기기 툴(◆ : P)로 면을 아래로 클릭&드래그한 후 수치 창에 '17217'을 입력합니다.

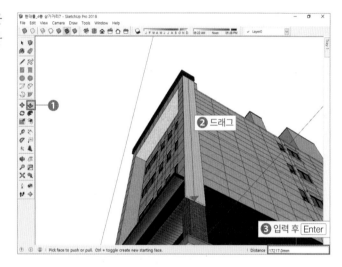

20 건물 앞 불록의 테두리를 트리플 클릭하고 그룹 지정합니다. 페인트 통 툴(◈ : B)을 클릭하고 Alt 키를 누른 채 건물 하단의 검은색 텍스처를 클릭해서 샘플링한 후, 테두리 그룹을 클릭해 텍스처를 입혀줍니다.

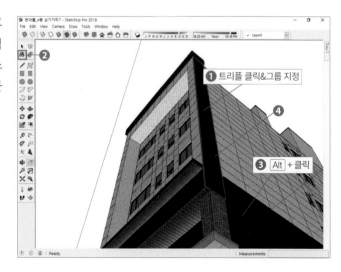

21 이동 툴(✥ : M)을 클릭하고 Ctrl 키를 한
번 눌러 + 표시(✣)가 나타난 상태에서 오른쪽
건물 앞 불록 테두리를 왼쪽으로 드래그한 후
수치 창에 '10560'을 입력합니다.

TIP

현대물 건물 자료 수집하는 법

현대물의 건물은 우리가 생활하는 주변에서 가장 흔하게 볼 수 있는 건물들이어서 가장 찾기 쉬우면서도 놓치기 쉬운 면도 있습니다. 실제로 밖에
나가서 직접 사진을 찍어도 되며, 온라인에 올라와 있는 자료를 검색해도 되고, 여러 가지 문명의 이기를 이용해도 좋습니다.

1. 직접 사진을 촬영한다.
본인이 사는 곳에서 직접 바깥으로 나가서 사진 촬영이나 동영상 촬영을 해 자료로 사용합니다.

2. 온라인(인터넷)에 올라온 자료를 참고한다.
온라인에 올라온 수많은 사진과 동영상 등을 참고합니다. 온라인의 사진을 이용할 때에는 저작권에 위배되지 않도록 주의해야 합니다.

3. 지도앱을 이용해서 거리 전경을 참고한다.
여러 유명 포털의 지도앱은 지도뿐 아니라 거리의 사진도 360도로 살펴볼 수 있습니다. 직접 가기에 먼 곳은 지도앱으로 살펴보면 편하게 자료를
찾을 수 있습니다.

메탈 재질 구조물 만들기

밀기/당기기 툴, 페인트 통 툴, 이동 툴을 이용해 메탈 재질 구조물을 만들어봅니다.

|예제 불러오기| Part 2/Chapter 4/251100-001.skp, Texture/Metal_Black_01.jpg

1 '251100-001.skp' 파일을 불러옵니다. 사각형 툴(■ : R)로 1층 위에 건물 앞면의 안쪽 지점부터 클릭&드래그한 후 수치 창에 '9000,680'을 입력합니다.

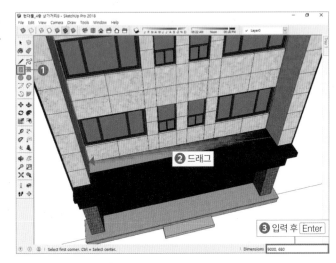

2 밀기/당기기 툴(◆ : P)로 면을 위로 클릭&드래그한 후 수치 창에 '959'를 입력합니다.

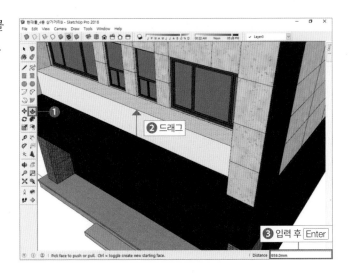

3 다시 `Ctrl` 키를 한 번 눌러 + 표시(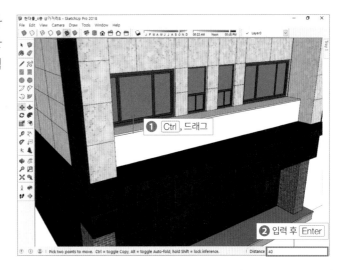)가 나타난 상태에서 메탈 재질 구조물의 윗면을 위로 클릭&드래그한 후 수치 창에 '40'을 입력합니다.

4 메탈 재질 구조물의 앞면을 앞으로 클릭&드래그한 후 수치 창에 '60'을 입력합니다. 메탈 재질 구조물을 트리플 클릭한 후 그룹 지정합니다.

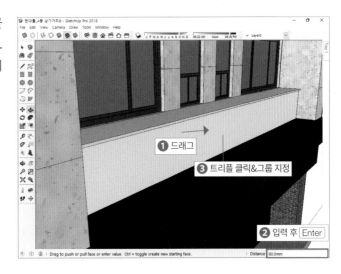

5 [Materials] 패널에서 [Create Material...] (🎨)을 클릭하고 [Use Texture image] 체크박스를 클릭합니다. [Metal_Black_01.jpg] 파일을 선택하고 [Color] 항목의 H, S, L에는 '220', '8', '19'를 입력하고, 크기 설정란의 가로 사이즈는 '7000'을 입력한 후 [OK]를 클릭합니다.

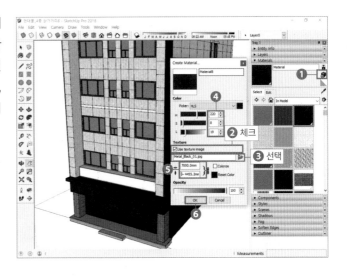

6 페인트 통 툴(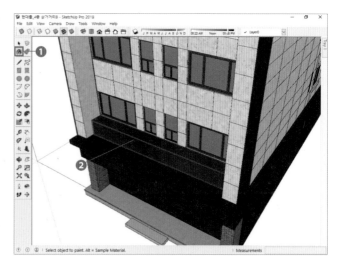: B)로 메탈 재질 구조물을 클릭해서 텍스처를 입혀줍니다.

7 그림과 같이 왼쪽 기둥 아래를 확대한 후, 사각형 툴(: R)을 선택하고 객체들이 만나는 지점에 클릭&드래그한 후 수치 창에 '40,60'을 입력합니다.

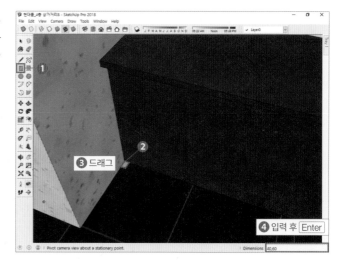

8 메탈 재질 구조물의 금속 기둥을 만들어 보겠습니다. 밀기/당기기 툴(: P)로 면을 위로 클릭&드래그한 후 수치 창에 '919'를 입력합니다.

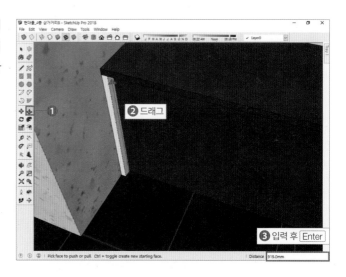

9 금속 기둥을 트리플 클릭하고 그룹 지정합니다. 페인트 통 툴(: B)로 금속 기둥을 클릭해 색상(H, S, L: 20, 8, 19)을 입혀줍니다.

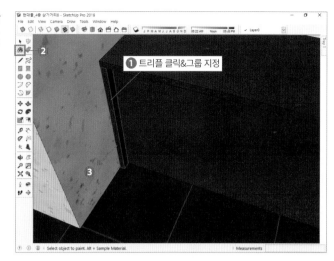

10 이동 툴(✤ : M)을 클릭하고 Ctrl 키를 한 번 눌러 + 표시(✥)가 나타난 상태에서 금속 기둥을 오른쪽으로 클릭&드래그한 후 수치 창에 '8960'을 입력합니다.

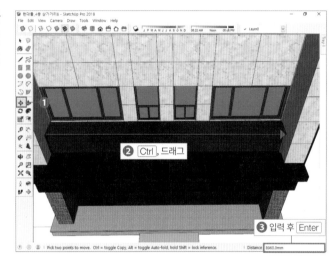

11 수치 창에 '/12'를 입력하면 12개의 객체가 배열됩니다.

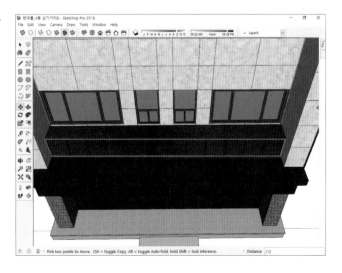

12 양쪽 끝에 있는 금속 기둥 2개를 선택하고 Del 키를 눌러 삭제합니다.

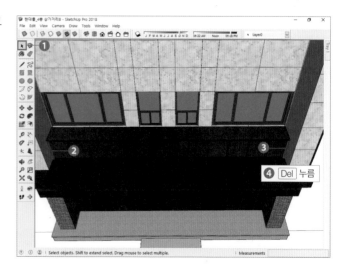

13 그림과 같이 Shift 키를 누른 채 금속 기둥 전체를 선택하고 마우스 오른쪽 버튼을 클릭해 [Make Group]을 선택합니다.

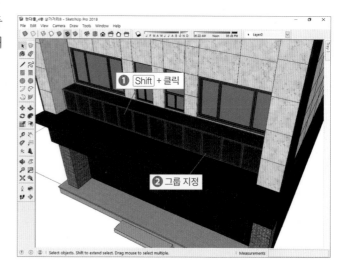

옥상 난간 만들기

밀기/당기기 툴, 이동 툴, 페인트 통 툴, 원형 툴을 이용해 옥상 난간을 만들어봅니다.

|예제 불러오기|　Part 2/Chapter 4/251200-001.skp

1 Top 뷰( )를 클릭한 후, 메뉴에서 [Camera]-[Parallel Projection]을 선택합니다. 사각형 툴(: R)로 임의의 지점에 클릭&드래그한 후 수치 창에 '2750,140'을 입력합니다.

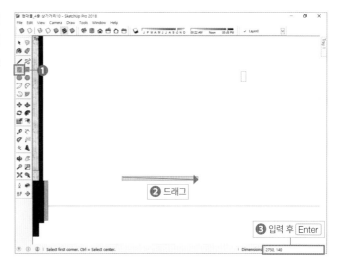

2 옥상의 가로 난간이 될 객체를 만들어 보겠습니다. 밀기/당기기 툴(: P)로 면을 위로 클릭&드래그한 후 수치 창에 '30'을 입력합니다. 객체를 트리플 클릭하고 마우스 오른쪽 버튼을 클릭해 [Make Group]을 선택합니다.

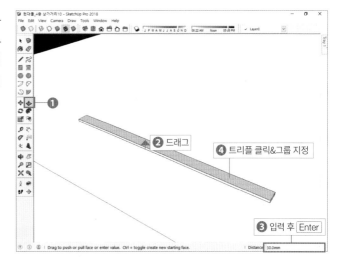

3 이동 툴(✣ : M)을 클릭하고 다시 Ctrl 키를 한 번 눌러 + 표시(✣)가 나타난 상태에서 객체를 Z축(위쪽)으로 클릭&드래그한 후 수치 창에 '140'을 입력해 복사합니다.

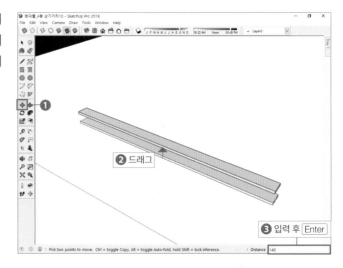

4 객체를 더블클릭해서 편집 모드로 들어갑니다. 밀기/당기기 툴(◆ : P)로 복사한 객체의 윗면을 위로 클릭&드래그한 후 수치 창에 '50'을 입력합니다.

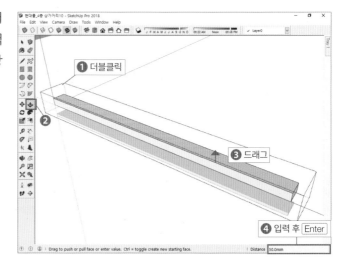

5 Shift 키를 누른 채 2개의 그룹을 선택합니다. 페인트 통 툴(🖌 : B)로 [Metal_Black_01.jpg]를 선택한 후 2개의 그룹을 클릭합니다.

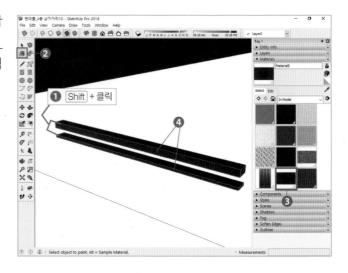

6 Top 뷰(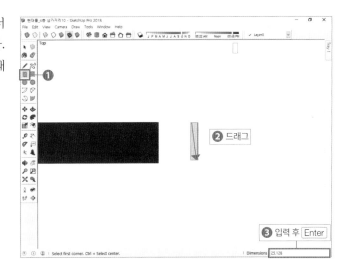)를 클릭한 후, 메뉴에서 [Camera]-[Parallel Projection]을 클릭합니다. 사각형 툴(■ : R)로 임의의 지점에 클릭&드래그한 후 수치 창에 '25,128'을 입력합니다.

7 Iso 뷰()를 클릭한 후 메뉴에서 [Camera]- [Parallel Projection]을 선택합니다. 밀기/당기기 툴(♦ : P)로 면을 위로 클릭&드래그한 후 수치 창에 '1245'를 입력합니다.

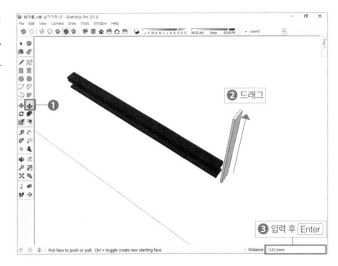

8 객체를 트리플 클릭하고 마우스 오른쪽 버튼을 클릭해 [Make Group]을 선택합니다. 페인트 통 툴(: B)로 객체를 클릭해 텍스처(Metlal_Black_01.jpg)를 입혀줍니다.

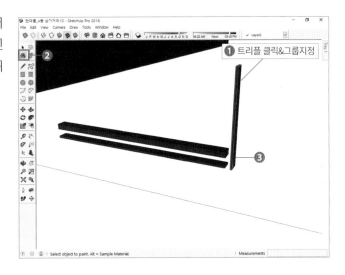

9 세로 기둥 객체를 복사해 이동해 보겠습니다. 이동 툴(✦ : M)을 클릭하고 Ctrl 키를 한 번 눌러 + 표시(✦)가 나타난 상태에서 세로 기둥을 X축(오른쪽)으로 클릭&드래그한 후 수치 창에 '115'를 입력합니다.

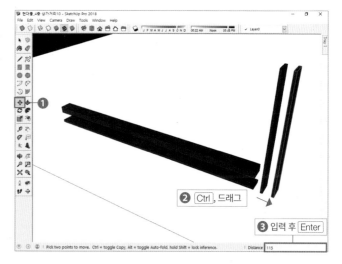

10 Shift 키를 누른 채 세로 기둥 2개를 선택하고 마우스 오른쪽 버튼을 클릭하고 [Make Group]을 선택해 그룹 지정합니다.

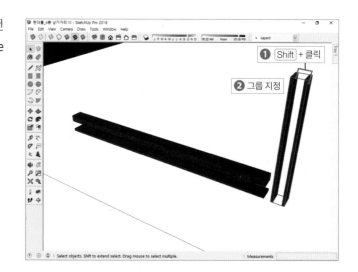

11 그림처럼 가로 난간 그룹 2개도 Shift 키를 누른 채 선택하고 마우스 오른쪽 버튼을 클릭해 [Make Group]을 선택해 그룹 지정합니다.

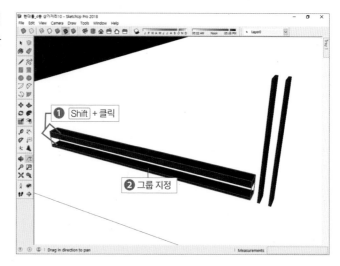

12 그림과 같이 화면을 최대한 확대합니다. 이동 툴(✛ : M)을 클릭하고 가로 난간 그룹 중 위쪽 가로 기둥의 오른쪽 하단 중간 지점(Midpoint in Group)을 클릭합니다.

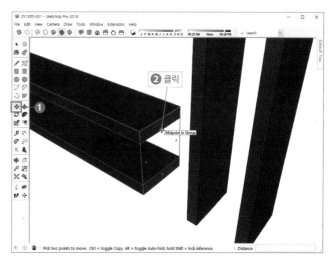

13 가로 난간 그룹을 세로 기둥의 바깥쪽 상단의 중간 지점(Midpoint in Group)을 클릭해 그림과 같이 겹쳐 놓습니다.

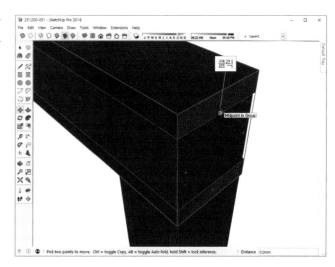

14 그림과 같이 가로 난간 그룹과 세로 기둥이 정렬됩니다.

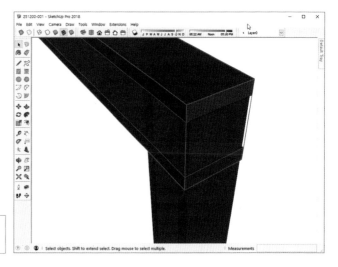

TIP
중간점을 클릭해서 이동하는 것이 어려우면 화살표 키를 이용해 축을 고정시킨 후 이동하면 쉽게 정렬됩니다.

15 이동 툴(✛ : M)을 클릭하고 [Ctrl] 키를 한 번 눌러 + 표시(✛)가 나타난 상태에서 세로 기둥을 X축(왼쪽)으로 클릭&드래그한 후 수치 창에 '2610'을 입력합니다. 수치 창에 '/2'를 입력하면 그림과 같이 완성됩니다.

16 원형 툴(◉ : C)을 클릭하고 수치 창에 '6'을 입력합니다. 가장 오른쪽의 기둥 밑부분 중간점을 클릭&드래그한 후 수치 창에 '15'를 입력합니다.

 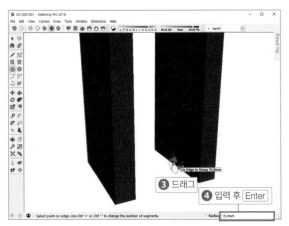

17 밀기/당기기 툴(◈ : P)로 원의 면을 왼쪽으로 클릭&드래그한 후 수치 창에 '2700'을 입력합니다. 만들어진 난간의 봉을 트리플 클릭하고 마우스 오른쪽 버튼을 클릭해 [Make Group]을 선택합니다. 이동 툴(✛ : M)로 위쪽으로 클릭&드래그한 후 수치 창에 '260'을 입력합니다.

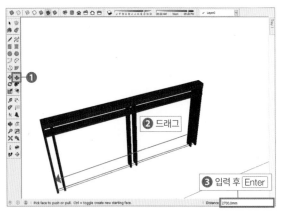 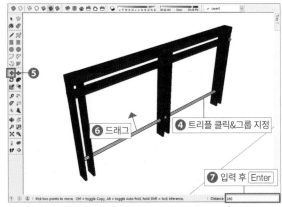

18 다시 [Ctrl] 키를 한 번 눌러 + 표시(✛)가 나타난 상태에서 난간의 봉을 Z축(위쪽)으로 클릭&드래그한 후 수치 창에 '600'을 입력합니다. 수치 창에 '/3'을 입력하면 난간의 봉이 같은 간격으로 3개 복사됩니다.

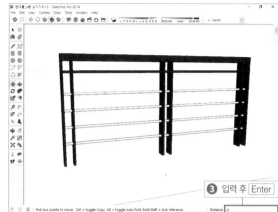

19 전체 객체를 선택하고 마우스 오른쪽 버튼을 클릭한 후 [Make Component]를 선택합니다. [Create Component] 창에서 [Definition]란에 '건물 옥상 난간 1'을 입력한 후 [Create] 버튼을 클릭합니다.

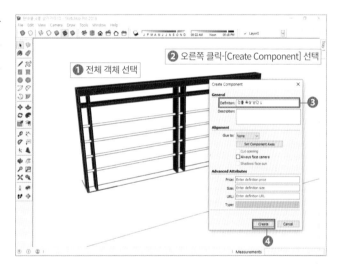

건물 완성하기

뷰를 바꾸고 건물을 그룹 지정한 후 그림자를 설정해 완성해봅니다.

- |예제 불러오기| Part 2/Chapter 4/251300-001.skp

1 '251300-001.skp' 파일을 불러온 후 건물의 뒷면이 보이도록 조정합니다. 건물 아래의 검은색 타일 부분과 창문 그룹들을 선택하고 마우스 오른쪽 버튼을 클릭해 [Make Group]을 선택합니다.

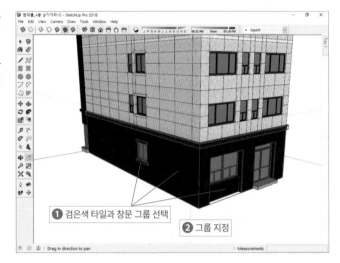

❶ 검은색 타일과 창문 그룹 선택
❷ 그룹 지정

2 Right 뷰(🏠)를 클릭한 후, 메뉴에서 [Camera]-[Parallel Projection]을 선택합니다. 건물 상단부를 드래그하여 전체 선택하고 마우스 오른쪽 버튼을 클릭해 [Make Group]을 선택합니다.

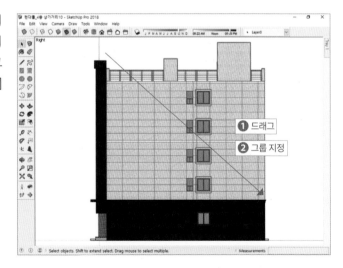

❶ 드래그
❷ 그룹 지정

3 건물 앞부분을 드래그하여 모두 선택하고 그룹 지정합니다.

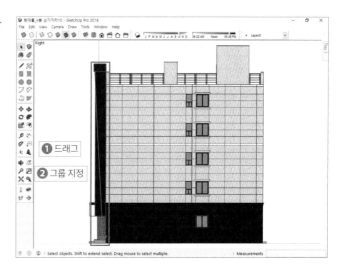

4 Iso 뷰( )를 클릭한 후 메뉴에서 [Camera]-[Parallel Projection]을 선택합니다. 건물 전체를 드래그하여 선택하고 마우스 오른쪽 버튼을 클릭해 [Make Group]을 선택합니다.

TIP 객체 전체를 선택할 때는 드래그로 영역을 선택해도 되고 Ctrl + A 키를 눌러도 됩니다.

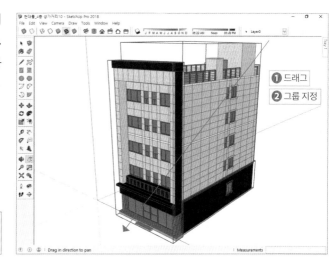

5 상단 툴 바의 Show/Hide Shadows( )를 클릭하고 [Date]와 [Time] 슬라이더를 조정해서 그림자 위치를 설정합니다.

TIP 이제까지 작업한 파일에 간판을 만들어 배치해도 괜찮습니다. 취향에 따라 간판 안의 글자를 입력해 부착하면 건물의 느낌이 달라집니다.

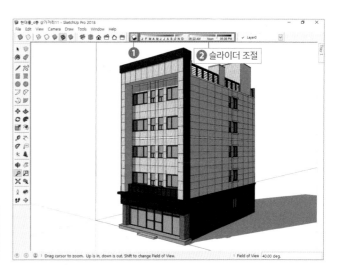

5층 건물과 소품 배치해서 완성하기

앞에서 만든 거리 소품과 5층 상가건물을 조합해서 전체적인 배경을 만들어 보겠습니다. 같은 소품과 건물이라도 어떻게 배치하느냐에 따라 다양한 분위기를 연출할 수 있습니다. 이번 장에서는 최소한의 소품과 건물만으로 좋은 구도의 장면을 만들어보겠습니다.

| 예제 완성파일 |　　Part 2/Chapter 5/260400-001.skp

거리 소품 불러오기

거리의 풍경을 연출할 수 있는 가로등, 표지판, 도로펜스 등의 소품을 불러옵니다.

| 예제 불러오기 |　Part 2/Chapter 5/260100-001.skp, 현대물_가로등.skp, 현대물_표지판.skp, 현대물_거리펜스.skp

1 '260100-001.skp' 파일을 불러옵니다. 기본적인 형태의 인도와 도로가 만들어져 있습니다. 만들었던 소품과 건물, 2D 컴포넌트들을 하나씩 불러오기 위해 메뉴에서 [File]-[Import...]를 선택한 후 [Import](열기) 창에서 [Part 2/Chapter 5/현대물_가로등.skp] 파일을 선택하고 [열기] 버튼을 클릭합니다.

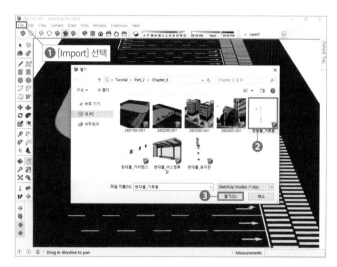

2 불러온 가로등을 나무 컴포넌트들의 왼쪽 지점 빈 자리에 클릭한 후 이동 툴(✛ : M)로 가로등의 위치를 조정합니다.

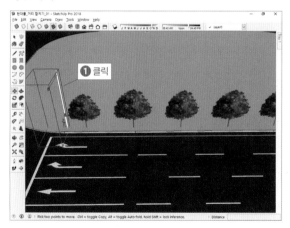

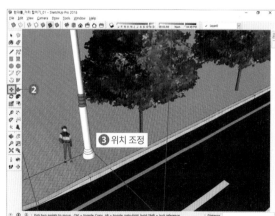

3 이동 툴(✥ : M)을 클릭하고 Ctrl 키를 한 번 눌러 + 표시(✥)가 나타난 상태에서 → 키를 눌러 X축을 고정시킨 후, 선택한 가로등을 오른쪽으로 클릭&드래그해서 횡단보도가 시작되는 지점까지 복사합니다. 수치 창에 '/4'를 입력하면 동일한 간격으로 4개의 신호등이 복사됩니다.

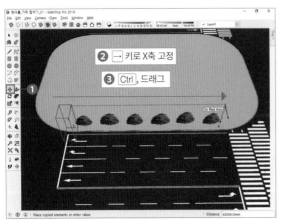
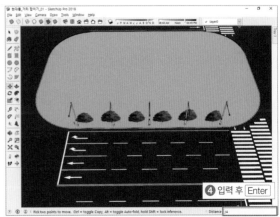

4 선택 툴(► : Spacebar)을 클릭하고 Shift 키를 누른 채 가로등 5개를 모두 선택한 후 마우스 오른쪽 버튼을 클릭하고 [Make Group]을 선택해 그룹 지정합니다.

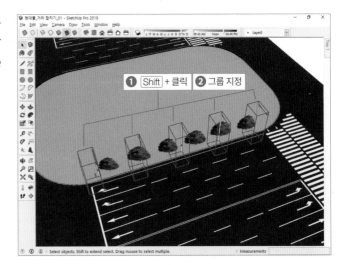

5 메뉴에서 [File]-[Import]를 선택하고 '현대물_표지판.skp' 파일을 선택한 후 [Import] 버튼을 클릭합니다. 가로등 왼쪽 지점을 클릭해서 위치를 지정하고 이동 툴(✥ : M)로 그림과 같이 위치를 조정합니다.

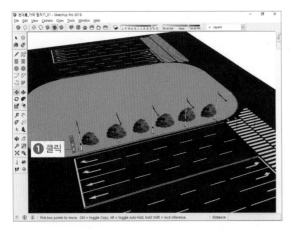

6 메뉴에서 [File]-[Import]를 클릭하고 '현대물_버스정류장.skp' 파일을 선택한 후 [Import] 버튼을 클릭합니다. 그림과 같이 블럭의 중간 지점에 클릭한 후 이동 툴(✛ : M)로 위치를 조정합니다.

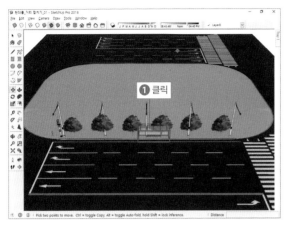
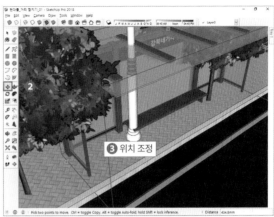

7 버스 정류장과 겹치는 가로등은 삭제해주고, 나무와 가로등은 위치를 조정해서 그림과 같이 서로 겹치지 않게 합니다.

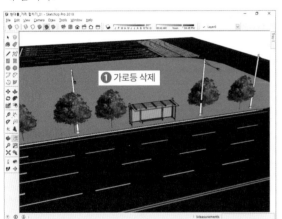
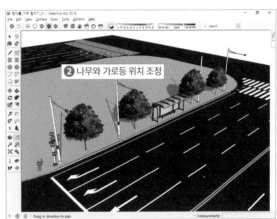

8 '현대물_거리펜스.skp' 파일을 불러온 후, 그림과 같이 도로표지판 근처에서 클릭합니다. 그림과 같이 거리펜스를 인도 바닥의 시멘트 난간에 붙여서 이동합니다.

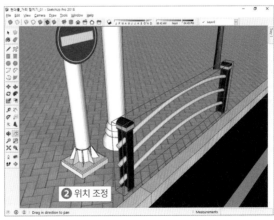

9 이동 툴(✦ : M)을 클릭하고 [Ctrl] 키를 한 번 눌러 + 표시(✦)가 나타난 상태에서 거리펜스를 오른쪽으로 클릭&드래그한 후 수치 창에 '3185.9'를 입력합니다. 수치 창에 '*13'을 입력하면 총 13개의 거리펜스가 복사됩니다.

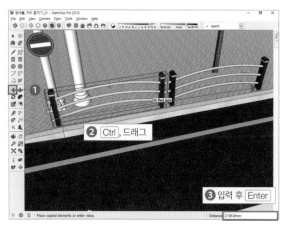

10 버스 정류장 앞의 거리펜스 3개를 선택하고 [Del] 키를 눌러 삭제합니다. [Shift] 키를 누른 채 거리펜스를 모두 선택하고 마우스 오른쪽 버튼을 클릭한 후 [Make Group]을 선택해서 그룹 지정합니다.

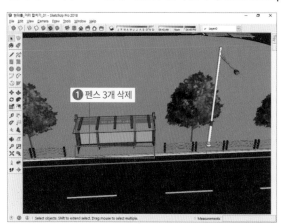
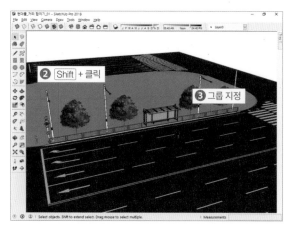

11 [Shift] 키를 누른 채 인물을 제외한 모든 거리소품을 선택한 후 마우스 오른쪽 버튼을 클릭하고 [Make Group]을 선택해 그룹 지정합니다.

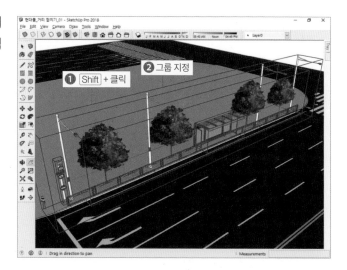

SECTION 02

거리 소품 배치하기

거리의 풍경을 연출할 수 있는 가로등, 표지판, 도로펜스 등의 소품을 불러옵니다.

|예제 불러오기| Part 2/Chapter 5/260200-001.skp

1 이동 툴(✦ : M)을 클릭하고 Ctrl 키를 한 번 눌러 + 표시(✦)가 나타난 상태에서 나무와 신호등 등 거리 소품 그룹을 반대편으로 클릭&드래그해서 복사합니다.

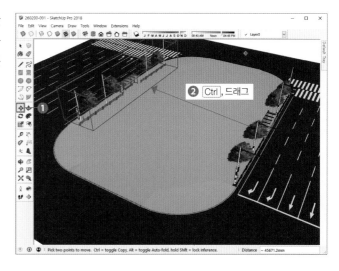

2 복사한 거리 소품 그룹 위의 빨간 십자가 모양에 커서를 가져간 후 오른쪽으로 클릭하고 드래그해서 180도 회전합니다.

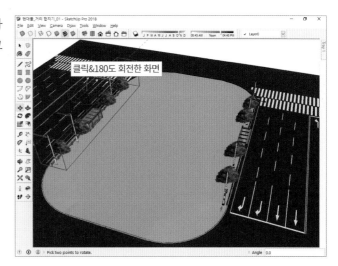

3 이동 툴(✥ : M)로 복사한 거리 소품 그룹을 인도의 가운데로 정렬하고 그림과 같이 인도 가장자리로 붙여줍니다. 너무 붙이지 않고 약간의 여유를 남겨주는 것이 자연스럽고 좋습니다.

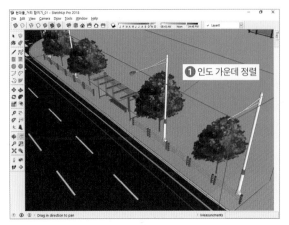 

4 화면을 전체적으로 보면서 소품을 정렬합니다. 소품의 배치는 정확한 수치보다는 주변 객체끼리 어울리도록 적절하게 배치하는 것이 중요합니다.

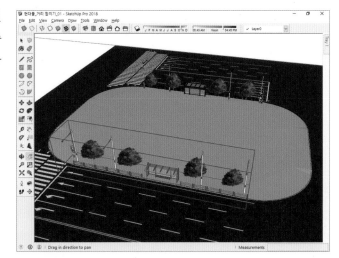

5 이동 툴(✥ : M)을 클릭하고 다시 Ctrl 키를 한 번 눌러 + 표시(✥)가 나타난 상태에서 복사한 거리 소품 그룹을 가운데로 클릭&드래그해서 복사합니다.

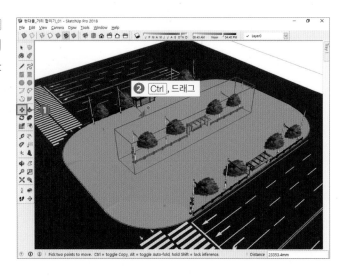

6 커서를 거리 소품 그룹 위의 빨간 십자가 모양으로 가져간 후 오른쪽으로 클릭&드래그해서 90도 회전합니다.

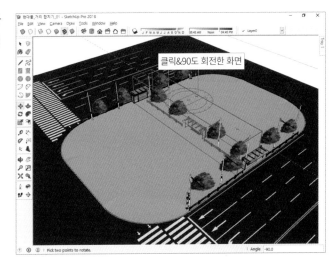

7 거리 소품 그룹을 인도 바깥쪽으로 클릭&드래그해서 이동합니다. 거리펜스의 방향을 바깥쪽으로 바꿉니다.

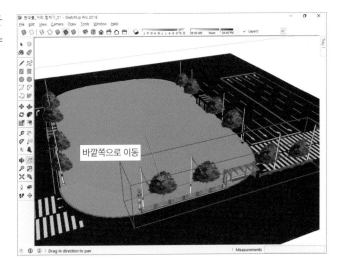

8 거리 소품 그룹을 더블클릭해서 편집 모드로 들어가서 버스 정류장은 삭제합니다. 이동 툴(✤ : M)로 1번째 가로등을 선택하고 Ctrl 키를 한 번 눌러 + 표시(✥)가 나타난 상태에서 오른쪽으로 클릭&드래그해서 복사합니다. 오른쪽의 2개의 가로등은 삭제해줍니다.

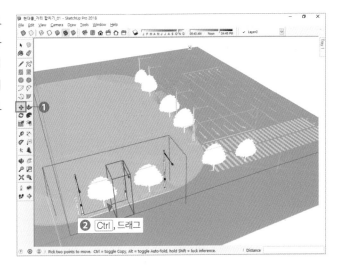

9 선택 툴(▶ : Spacebar)로 나무 그룹을 선택하고 마우스 오른쪽 버튼을 클릭해 [Make Unique]를 선택합니다.

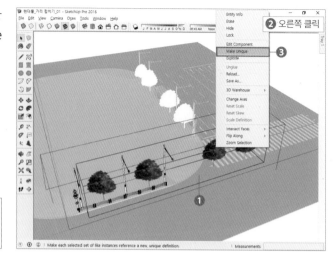

10 거리 소품 그룹을 더블클릭해서 편집 모드로 들어갑니다. 오른쪽의 바깥으로 나간 나무 2그루를 Del 키를 눌러 삭제합니다.

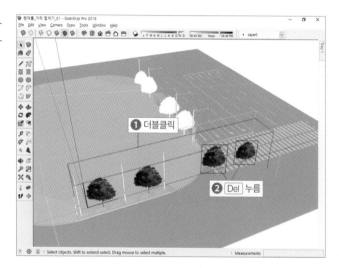

11 이동 툴(✤ : M)로 거리 소품 그룹을 그림과 같이 인도의 가운데로 정렬합니다.

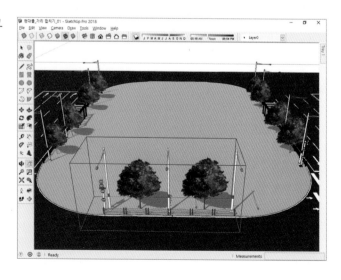

12 이동 툴(✛ : M)을 클릭하고 다시 Ctrl 키를 한 번 눌러 + 표시(✛)가 나타난 상태에서 거리 소품 그룹을 반대편으로 클릭&드래그해서 복사합니다.

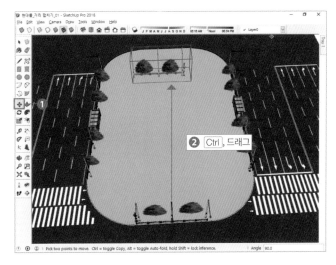

13 이동 툴(✛ : M)로 거리 소품 그룹을 인도 가장자리로 이동합니다.

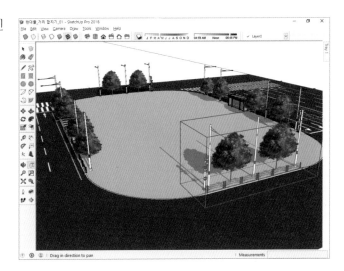

SECTION

03

장면 만들기

좋은 구도가 나타나도록 장면을 변환하며 작업해봅니다.

| 예제 불러오기 |　Part 2/Chapter 5/260300-001.skp

1　'260300-001.skp' 파일을 불러옵니다. 상
단 툴 바의 Show/Hide Shadows(◨)를 클릭
한 후 [Date]와 [Time] 슬라이더를 조정해서
그림자 위치를 설정해 주고, 마우스 휠 버튼을
클릭&드래그해서 화면의 구도를 조정합니다.

2　[Scenes] 패널을 열고 ⊕ 아이콘을 클릭
합니다. [Scenes and Styles] 창에서 [Save as
a new style]을 선택한 후 [Create Scene]을 클
릭합니다.

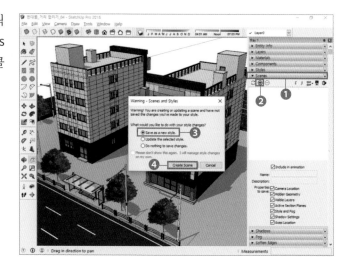

3 [Scenes] 패널에 새로운 [Scene 1]이 생기고 작업 화면 탭에도 [Scene 1]이 생긴 것을 볼 수 있습니다.

4 다시 화면을 조정하여 원하는 구도가 나오면 [Scene 1]탭에서 마우스 오른쪽 버튼을 클릭해 [Add...]를 선택합니다.

5 그림과 같이 화면 구도를 바꾸고 [Scene 2]탭에서 마우스 오른쪽 버튼을 클릭해 [Add...]를 클릭합니다. 화면을 다른 구도로 바꾸고 [Scene 3]탭에서 마우스 오른쪽 버튼을 클릭해 [Add...]를 선택합니다.

6 [Styles] 패널을 열고 [In Model](🏠) 아이콘을 클릭하면 현재 사용중인 스타일이 나옵니다.

7 [Styles] 패널의 [Edit]탭의 [Profiles]란에 '3'을 입력한 후, Enter 키를 누릅니다.

TIP Profiles은 작업물의 선의 두께를 나타냅니다.

8 그림과 같이 객체의 외곽선 두께가 3으로 설정되었습니다.

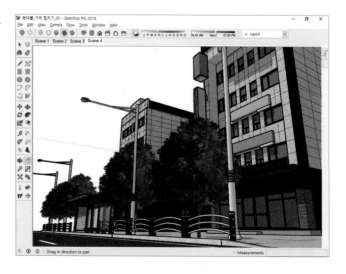

[Shadows] 패널의 사용법

– Light, Dark의 수치 조정

그림자가 켜져 있는 상태에서 Light, Dark의 수치를 조정하면 각각 밝은 면, 어두운 면을 조절할 수 있습니다. 100쪽으로 갈수록 밝아지고, 0쪽으로 갈수록 어두워집니다.

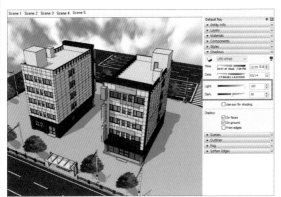

▲ Light 100, Dark 50일 경우의 그림자

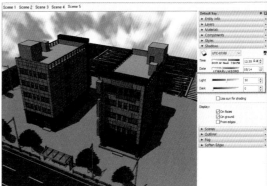

▲ Light 50, Dark 0일 경우의 그림자

– Use sun for shading

[Use sun for shading] 체크박스를 선택하면 그림자가 꺼져 있어도 [Shadows] 패널의 [Time], [Date], [Light], [Dark]의 날짜, 시간, 밝기, 어둡기를 조절할 수 있습니다.

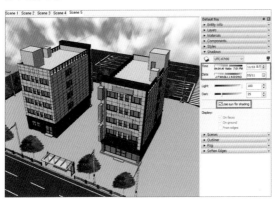

▲ 오전 11시경의 밝기

▲ 오후 4시 30분경의 밝기

2D Export하기

스케치업에서 작업한 공간디자인의 정지된 장면을 2D 이미지 파일 형식으로 저장하는 기능이 2D Export입니다. 스케치업에서 완성된 배경 장면을 하나씩 2D 이미지로 저장해 봅니다.

| 예제 불러오기 |　Part 2/Chapter 5/260400-001.skp

1 '260400-001.skp' 파일을 불러오면 [Scene4]가 선택되어 있고 저장된 화면 구도가 나타납니다. 메뉴에서 [File]-[Export]-[2D Graphic]을 선택합니다. [Export 2D Graphic...] 창에서 파일 형식은 TIFF나 PNG로 선택하고 [Options...]을 클릭해 가로를 '5000'pixels로 입력한 후 [OK]를 클릭합니다. 파일을 저장할 위치로 이동한 후 [Export]를 클릭합니다.

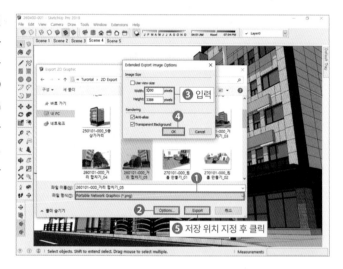

2 예제 파일의 각 Scene을 클릭하면 저장된 화면 구도들이 나타납니다. 각 Scene을 **1**번과 같이 이미지 파일로 만들면 다음과 같은 화면을 볼 수 있습니다.

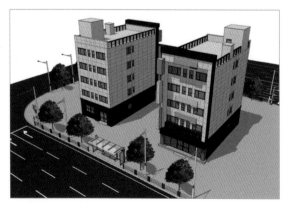

▲ Scene 1

▲ Scene 2

▲ Scene 3

▲ Scene 4

TIP

2D Export 저장 시 고품질의 결과물을 얻기 위한 필수 조건

1. 파일 확장자: 스케치업에서 작업한 결과물을 2D EXPORT하여 본인이 익숙하게 사용하는 포토샵이나 클립 스튜디오로 가져가게 됩니다. 포토샵에서 사용하면 PNG보다 TIF 포맷을 권장합니다. 이유는 PNG, TIF 모두 비압축, 알파채널을 지원하지만 TIF가 PNG보다 저장 용량이 좀 더 크고, 2D EXPORT 할 때 저장 속도가 빠르기 때문입니다. 반면 포토샵에서는 TIF 포맷이 제대로 열리지만, 클립 스튜디오에서 TIF를 열면 배경이 투명하게 열리지 않기 때문에 클립 스튜디오에서는 PNG 포맷으로 작업하는 것을 권장합니다.

2. 포맷 방식: TIF, PNG 포맷 방식으로 저장할 때는 '앤티 앨리어스(Anti-alias)', '투명한 배경(Transparent Bakcground)'을 항상 체크해 줍니다. 앤티 앨리어스는 어떤 포맷으로 저장하든지 체크하는 편이 좋습니다.

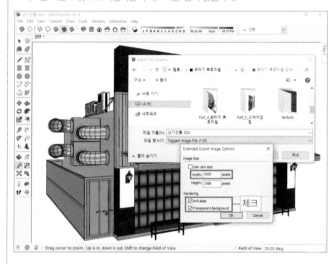

3. 사이즈: 사이즈는 클수록 좋은 퀄리티가 나오므로 최소 가로 5000픽셀 이상을 지정하도록 합니다. 자신의 컴퓨터 사양에서 테스트해보고 최대한의 사이즈와 퀄리티를 찾으면 됩니다.

4. 스타일 분리: 고품질의 결과물을 위해서는 LINE, PROFILES, SHADOW, COLOR, 알파값 등의 스타일을 분리한 상태로 2D EXPORT해서 포토샵이나 클립 스튜디오 같은 그래픽 프로그램에서 하나로 합쳐 작업해야 합니다.

3D 웨어하우스를 이용한 원룸 실내 만들기

스케치업 초보자도 쉽게 웹툰 배경을 만드는 방법을 알아보겠습니다. 원룸의 방바닥과 바닥을 만든 후에 창문과 문, 거실 소품, 욕실 등의 컴포넌트를 배치해서 완성합니다.

| 예제 완성파일 |　　Part 2/Chapter 6/270000-001.skp

방바닥과 벽 만들기

사각형 툴, 밀기/당기기 툴, 이동 툴을 이용해 방바닥과 벽을 만들어봅니다.

1 원룸의 방바닥을 만들기 위해 가로 8000mm, 세로 12000mm에 50mm 두께의 사각형을 만든 후 트리플 클릭하고 그룹 지정합니다.

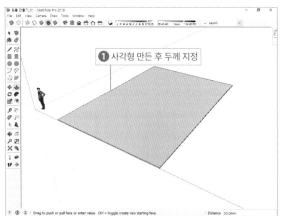
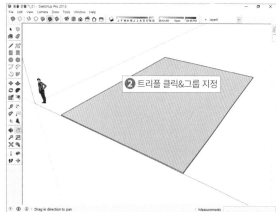

2 사각형 툴(　: R)로 사각 바닥의 왼쪽 모서리에서 안쪽으로 클릭&드래그한 후 수치 창에 '12000,150'을 입력합니다.

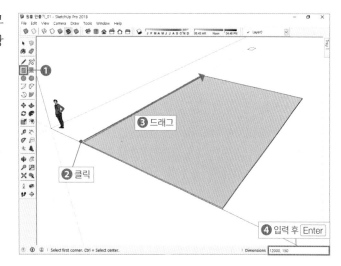

3 밀기/당기기 툴(◆ : P)로 윗면을 위로 클릭&드래그한 후 수치 창에 '3000'을 입력합니다. 객체를 트리플 클릭한 후 마우스 오른쪽 버튼을 클릭하고 [Make Group]을 선택해 그룹 지정합니다.

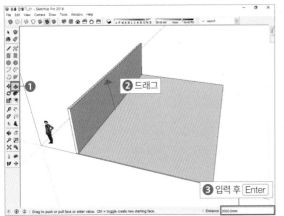
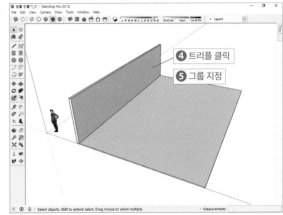

4 이동 툴(◆ : M)로 하단의 왼쪽 모서리 (Endpoint in Group)를 클릭합니다.

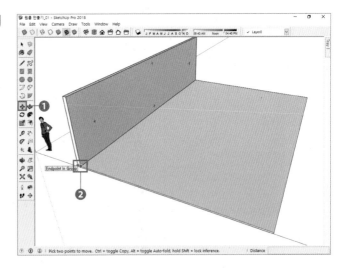

5 Ctrl 키를 한 번 눌러 + 표시(✥)가 나타난 상태에서 X축(오른쪽)으로 드래그한 후 바닥의 오른쪽 끝 모서리를 클릭해 주면 벽이 복사됩니다.

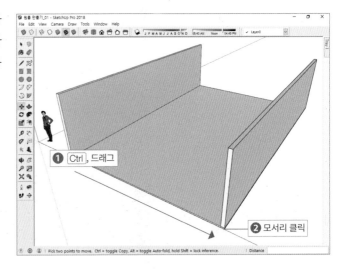

6 사각형 툴(▦ : R)로 왼쪽 벽과 바닥의 교차점에서 안쪽으로 클릭&드래그한 후 수치 창에 '7700, 150'을 입력합니다.

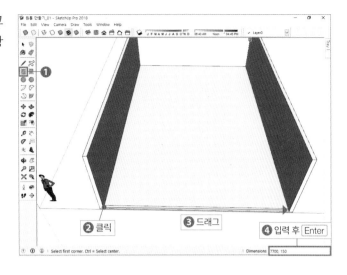

❷ 클릭 ❸ 드래그 ❹ 입력 후 Enter

7 밀기/당기기 툴(◆ : P)로 윗면을 위로 클릭&드래그한 후 수치 창에 '3000'을 입력합니다. 객체를 트리플 클릭한 후 마우스 오른쪽 버튼을 클릭하고 [Make Group]을 선택해 그룹 지정합니다.

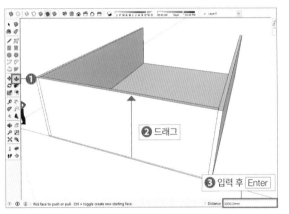

❷ 드래그 ❸ 입력 후 Enter

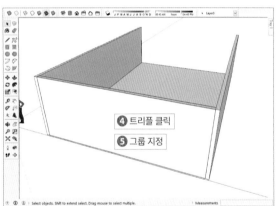

❹ 트리플 클릭 ❺ 그룹 지정

8 이동 툴(✥ : M)로 그림과 같이 앞쪽 벽의 왼쪽 하단 모서리(Endpoint Origin in Group)를 클릭합니다. Ctrl 키를 한 번 눌러 + 표시(✥)가 나타난 상태에서 앞쪽 벽을 위로 클릭&드래그한 후 왼쪽 벽의 하단 모서리(Endpoint in Group)를 클릭합니다.

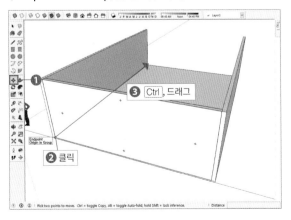

❷ 클릭 ❸ Ctrl , 드래그

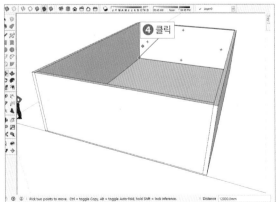

❹ 클릭

9 마우스 휠 버튼을 클릭&드래그해서 그림
과 같이 뒤벽이 나오도록 화면을 조정합니다.
이동 툴(✥ : M)로 뒤쪽 벽을 안쪽으로 클릭&
드래그한 후 수치 창에 '150'을 입력합니다.

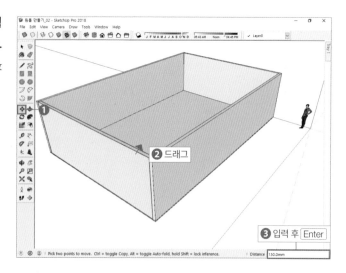

10 이동 툴(✥ : M)을 클릭하고 Ctrl 키를 한 번 눌러 + 표시(✥)가 나타난 상태에서 뒤쪽 벽을 위로 클릭&드
래그한 후 수치 창에 '8500'을 입력합니다. 배율 툴(▥ : S)로 가로조절점을 왼쪽으로 클릭&드래그한 후 수치 창
에 '0.65'를 입력합니다.

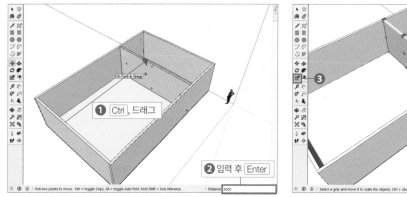

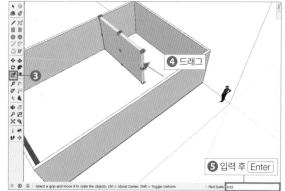

11 사각형 툴(▥ : R)로 작은 벽 왼쪽 모서리에서 안쪽으로 클릭&드래그한 후 수치 창에 '3200,150'을 입력합
니다. 밀기/당기기 툴(✥ : P)로 면을 위로 클릭&드래그한 후 수치 창에 '3000'을 입력합니다. 객체를 트리플 클
릭한 후 그룹 지정합니다.

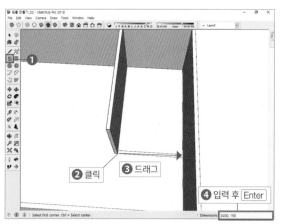

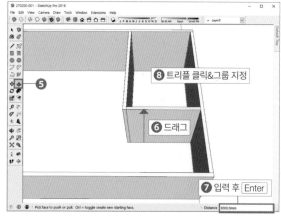

12 [Materials] 패널을 열고 [In Model](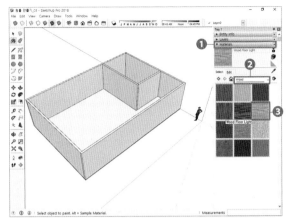)-[Materials]를 클릭해 스케치업의 기본 세트에서 [Wood]-[Wood Floor Light]를 선택합니다. 페인트 통 툴(🔨 : B)로 바닥 객체를 클릭해서 텍스처를 입혀줍니다.

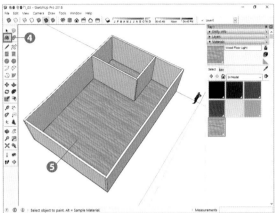

13 [Materials] 패널의 [Synthetic Surfaces]에서 [Quartz Light Grey]를 선택합니다. Shift 키를 누른 채 그림처럼 벽을 모두 선택한 후 페인트 통 툴(🔨 : B)로 클릭해서 텍스처를 입혀줍니다.

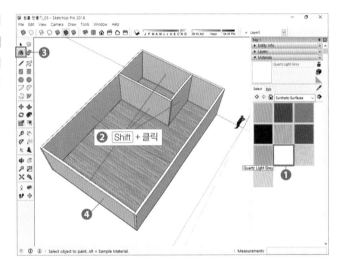

TIP ─ 3D Warehouse를 이용하는 세 가지 방법

3D Warehouse는 다음처럼 3가지 방법으로 이용할 수 있습니다.

첫 번째는 메뉴에서 [File]-[3D Warehouse]-[Get Models...]을 클릭한 후 [3D Warehouse] 창이 나타나면 검색해서 모델을 다운 받으면 됩니다. 이 방법은 현재 열려있는 스케치업의 창에 모델을 바로 불러와서 작업할 수도 있고, 저장하기를 선택해 컴퓨터에 저장할 수도 있습니다.

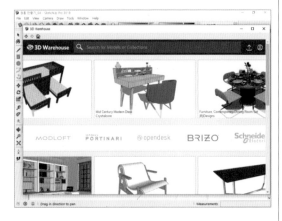

두 번째는 [Components] 패널에서 검색해서 모델을 다운 받는 방법입니다. 원하는 검색어를 입력하고 Search(🔎) 아이콘을 클릭하면 패널 안에서 검색결과가 나타나며, 패널 아래쪽의 Back(◀)과 Forward(▶)를 누르면 다른 페이지로 이동할 수 있습니다.

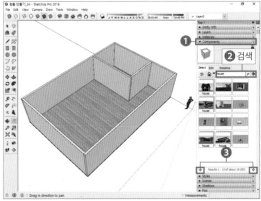

세 번째는 https://3dwarehouse.sketchup.com으로 접속해서 검색하는 방법입니다. 첫 번째의 방법과 비슷하나 작업중인 스케치업 안으로 파일을 바로 불러올 수는 없습니다.

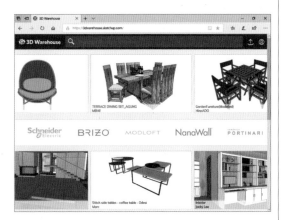

필자는 웹 사이트를 통해 접근하고 검색하는 방법을 즐겨 사용합니다. 원하는 컬렉션이나 업로드 사용자가 있으면 웹 사이트의 북마크를 하면 언제든지 다시 찾아볼 수 있고, 체계적으로 관리를 할 수 있기 때문입니다. 위의 방법을 다 해보고 자신에게 맞는 방법으로 검색하면 됩니다.

(*검색할 때 한글보다는 영어로 먼저 검색합니다. 영어사전 사이트를 열어서 검색 오차를 줄이면서 검색하면 좀 더 빨리 원하는 모델을 찾을 수 있습니다.)

창문과 문 컴포넌트 넣기

원하는 창문을 다운받아 사각형 툴, 밀기/당기기 툴, 이동 툴을 이용해 창문과 문 컴포넌트를 넣어봅니다.

|예제 불러오기| Part 2/Chapter 6/270200-001.skp

1 '270200-001.skp' 파일을 불러옵니다. [Components] 패널에서 'windows'로 입력하고 Enter 키를 누릅니다. 패널 창에 검색 작업 중임을 알리는 아이콘이 표시됩니다.

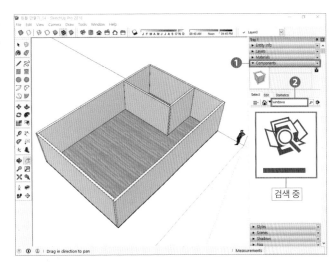

검색 중

2 패널에 여러 가지 창문들이 보입니다. 패널 하단의 Back(⬅)과 Forward(➡)를 클릭해 원하는 창문을 선택하면 [3D Warehouse] 창이 나타나고 [Download]를 클릭하여 다운 받을 수 있습니다. 원하는 창문을 클릭&드래그하여 작업중인 화면에 붙여넣기를 할 수 있습니다.

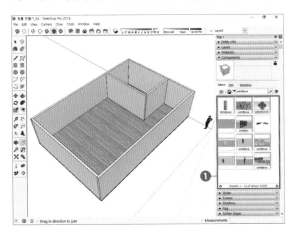

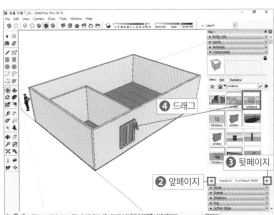

④ 드래그

③ 뒷페이지

② 앞페이지

3 이동 툴(✥ : M)로 위치를 조정해 주고, 상단의 십자가를 클릭&드래그해서 벽의 방향에 맞게 회전합니다. 배율 툴(▦ : S)로 창문의 전체 크기를 벽과 어울리는 배율로 조절합니다.

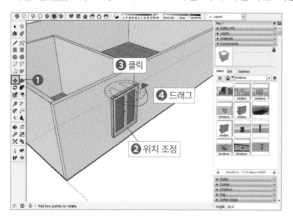
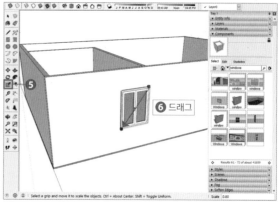

4 이동 툴(✥ : M)로 창문을 오른쪽으로 클릭&드래그해서 창문이 위치할 곳으로 이동시킵니다. Ctrl 키를 한 번 눌러 + 표시(✥)가 나타난 상태에서 창문을 클릭&드래그해서 오른쪽으로 복사합니다.

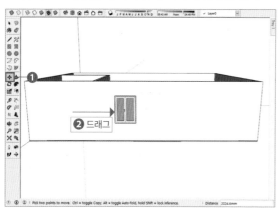
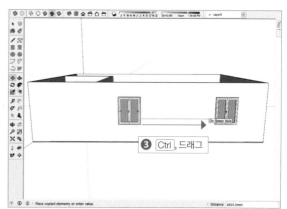

5 선택 툴(▸ : Spacebar)을 클릭하고 Shift 키를 누른 채 창문 2개를 선택합니다. 이동 툴(✥ : M)을 클릭하고 Ctrl 키를 한 번 눌러 + 표시(✥)가 나타난 상태에서 → 키를 눌러 X축 고정시킨 후, 클릭&드래그해서 반대편으로 복사합니다. 마우스 오른쪽 버튼을 클릭한 후 [Flip Along] - [Red Direction]을 선택합니다.

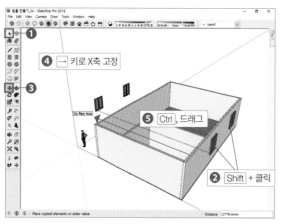
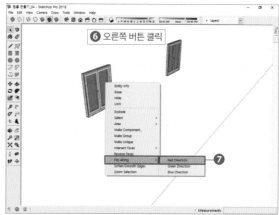

6 이동 툴(✛ : M)로 창문 뒤쪽 모서리를 클릭하고 ⊡ 키를 눌러 X축을 고정시킨 후, 드래그해서 벽면을 클릭합니다. 다시 [Components] 패널에서 다른 windows를 검색해서 불러옵니다.

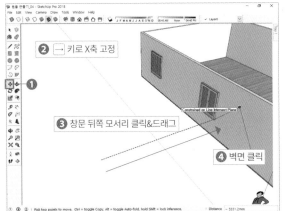
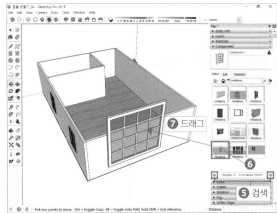

7 이동 툴(✛ : M)로 창문을 벽의 가운데도 이동시킨 후, 배율 툴(▦ : S)로 창문을 드래그하여 적절한 크기로 조절합니다.

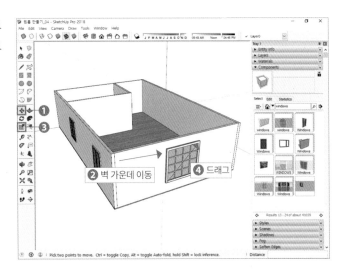

8 [Components] 패널의 검색란에서 'door'를 입력해 검색합니다. 적당한 모델을 선택한 후 클릭&드래그하여 작업창으로 불러옵니다.

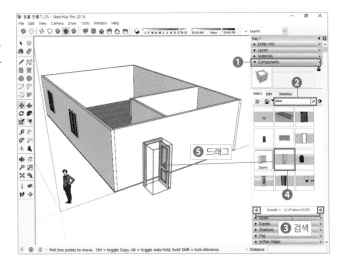

9 모델을 잘 살펴보고 이동 툴(✥ : M)로 문틀 부분의 모서리를 클릭하고 드래그하여 벽쪽으로 이동합니다. 벽 안으로 들어가는 부분은 나중에 벽을 뚫어줄 겁니다.

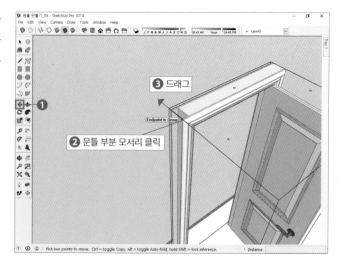

10 이동 툴(✥ : M)로 문의 위치를 정렬합니다. 바닥에 겹치지 않도록 위쪽으로 드래그한 후 수치 창에 '50'을 입력합니다.

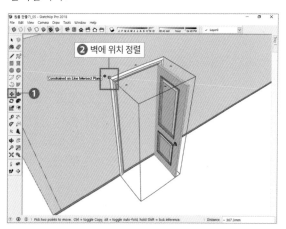

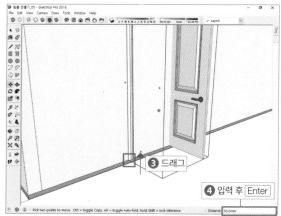

11 벽을 더블클릭해 편집 모드로 들어갑니다. 사각형 툴(▢ : R)로 문과 문틀 그룹의 가장 왼쪽 하단의 모서리를 클릭합니다. 문의 대각선 방향의 오른쪽 상단의 모서리까지 클릭&드래그한 후 수치 창에 '2250,992.8'을 입력합니다.

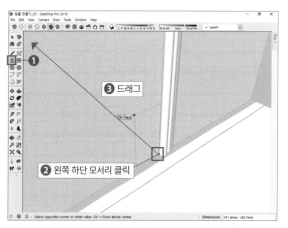

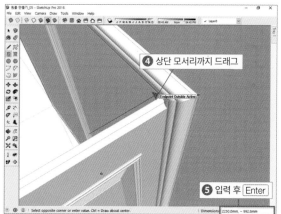

12 선택 툴(: Spacebar)로 그린 사각형
을 클릭합니다.

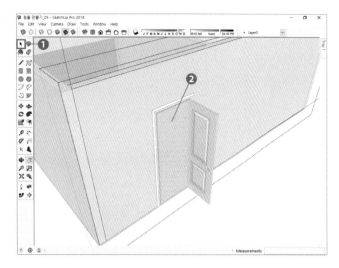

13 밀기/당기기 툴(: P)로 면을 안쪽까지
클릭&드래그해서 벽을 뚫어줍니다. 화면의 빈
공간을 클릭해서 편집 모드에서 나옵니다.

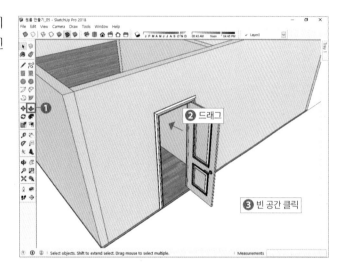

SECTION 03

거실 컴포넌트 넣기

라이브러리를 다운받아 거실 컴포넌트를 넣어봅니다.

| 예제 불러오기 | Part 2/Chapter 6/270300-001.skp

1 '270300-001.skp' 파일을 불러옵니다. 원형 툴(: C)로 거실의 가운데에서 클릭& 드래그한 후 수치 창에 '2000'을 입력합니다. 밀기/당기기 툴(: P)로 면을 위로 클릭&드래그한 후 수치 창에 '10'을 입력합니다. 객체를 트리플 클릭하고 그룹 지정합니다.

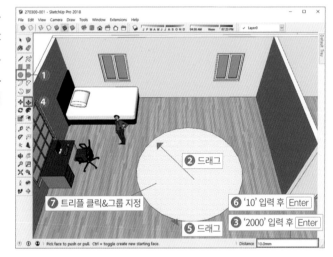

2 페인트 통 툴(: B)을 클릭한 후 [Materials] 패널의 [Carpet] 라이브러리에서 [Leather Blue]를 선택하고 원 객체를 클릭해서 텍스처를 입혀줍니다.

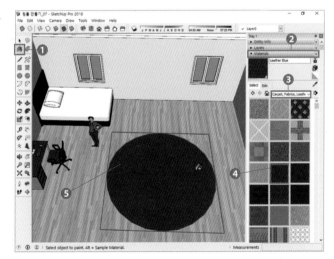

3 둥근 카페트를 더블클릭해서 편집 모드로 들어갑니다. 오프셋 툴(⚬)을 클릭하고 안쪽으로 드래그한 후 수치 창에 '600'을 입력합니다.

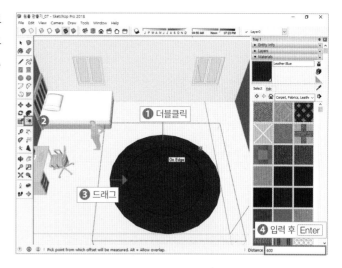

4 페 인 트 통 툴(: B)을 클릭한 후 [Materials] 패널의 [Carpet] 라이브러리에서 [Carpet Berber Pattern Gray]를 선택하고 원형 카페트의 가운데 면을 클릭해서 텍스처를 입혀 줍니다.

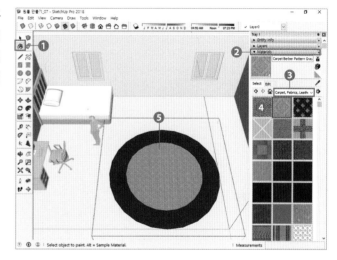

5 메뉴에서 [File]-[3D Warehouse]-[Get Models...]를 클릭하고 'tea table'을 입력합니다.

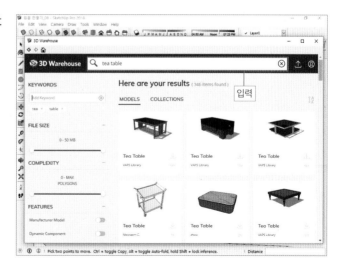

6 마음에 드는 **tea table**을 다운 받아서 카페트 중앙에 위치하도록 클릭합니다. 'tv'로 검색해서 티비장과 TV 가 붙어있는 모델을 다운 받아 배치시킵니다.

7 책장도 'bookshelf'로 검색해서 배치하고 소파도 'sofa'로 검색해서 배치합니다.

TIP 수많은 검색 결과가 나오므로 위의 그림과 같은 모델을 찾을 필요는 없습니다. 원하는 다른 모델들을 받아서 배치해도 좋습니다.

8 싱크대('kitchen'이나 'kitchen sink')도 검색해서 배치합니다. 사이즈가 틀리다면 배율 툴(■ : S)로 조정하면서 배치합니다. 냉장고('refrigerator', 'fridge')나 세탁기('washing machine', 'washer') 등 다른 필요하다고 생각되는 소품도 검색해서 배치해 봅니다.

욕실 컴포넌트 넣기

라이브러리를 다운받아 욕실 컴포넌트를 넣어봅니다.

|예제 불러오기| Part 2/Chapter 6/270400-001.skp

1 '270400-001.skp' 파일을 불러옵니다. 욕실 분위기를 연출하기 위해서 욕실에 맞는 타일 텍스처를 입혀봅니다. 바닥을 더블클릭해 편집 모드로 들어갑니다. 사각형 툴(▨ : R)을 선택하고 바닥의 모서리를 클릭&드래그한 후 수치 창에 '3200,4855'를 입력합니다.

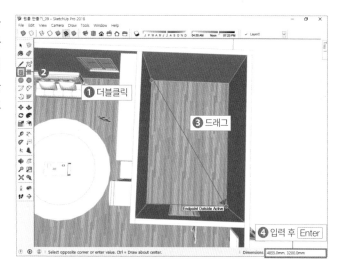

2 페인트 통 툴(⊛ : B)을 클릭한 후 [Materials] 패널 중 [Tile] 라이브러리에서 [Tile Checker BW]를 선택하고 바닥을 클릭해서 텍스처를 입혀줍니다.

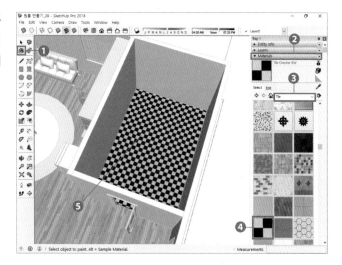

3 입구 맞은 편의 벽을 더블클릭해 편집모드로 들어갑니다. 사각형 툴(▣ : R)로 욕실벽이 될 부분을 클릭&드래그한 후 수치 창에 '3200,3000'을 입력합니다.

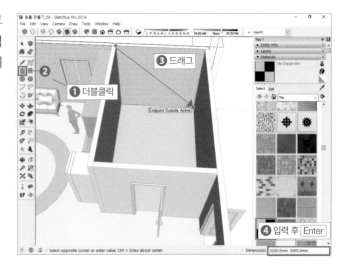

4 벽면만 선택한 후 [Materials] 패널의 [Tile] 라이브러리에서 [Terrazzo Tile Accent]를 선택하고 벽을 클릭해 텍스처를 입혀줍니다. 욕실 안쪽의 나머지 벽면들도 같은 텍스처로 입혀줍니다.

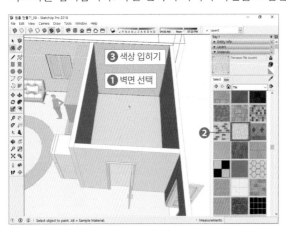
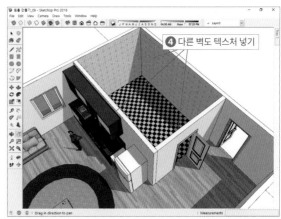

5 메뉴에서 [File]-[3D Warehouse]-[Get Models...]를 클릭하고 'bethroom'을 검색해서 샤워시설이 있는 모델을 불러와서 배치합니다.

레이어 정리하기

이제 모델을 모두 배치했으면 레이어를 정리해 봅니다.

| 예제 불러오기 | Part 2/Chapter 6/270500-001.skp

1 '270500-001.skp' 파일을 불러옵니다. [Layers] 패널에서 [funiture] 레이어를 선택하고 Delete 레이어(⊖) 아이콘을 클릭하면 다음과 같은 창이 나타나는데 첫 번째 문구를 선택하고 [OK] 버튼을 클릭합니다.

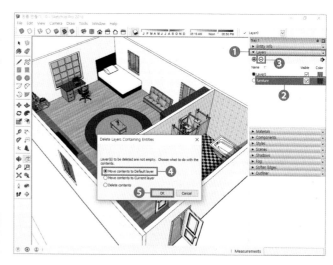

> **TIP**
> 3D 웨어하우스에서 모델을 다운 받으면 [Layers] 패널에 레이어가 포함되어 같이 들어오기도 합니다.

2 Add 레이어(⊕) 아이콘을 클릭해 그림과 같이 '벽 1', '벽 2', '벽 3', '입구벽'의 이름을 가진 새 레이어를 만듭니다.

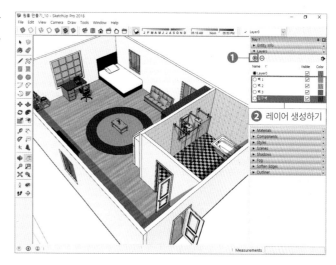

3 그림과 같이 문이 있는 벽 그룹을 선택합니다. 상단 툴 바의 Layer(⌄ Layer0) 옆 화살표 버튼을 클릭해 [입구벽]을 클릭하면 객체는 해당 레이어로 이동합니다.

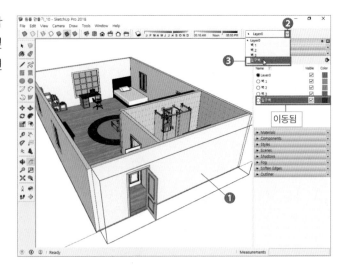

4 왼쪽 벽 그룹을 선택하고 [벽 1] 레이어로 지정한 후 뒤쪽 벽 그룹을 선택하고 [벽 2] 레이어로 지정합니다.

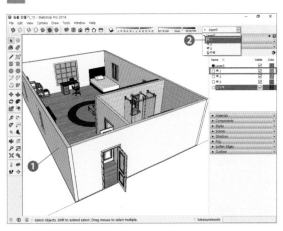 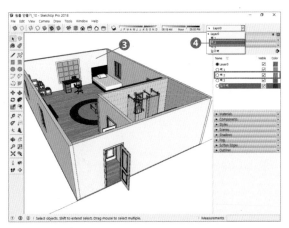

5 오른쪽 벽 그룹을 선택하고 [벽 3] 레이어로 지정합니다. [Layers] 패널에서 [입구벽] 레이어의 체크를 끄면 입구벽이 숨겨지는 것을 알 수 있습니다.

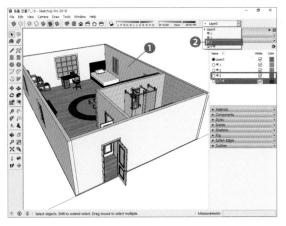 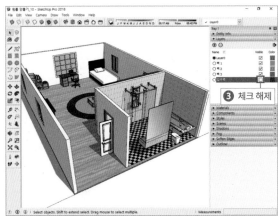

6 [Layer] 패널에서 [**벽 1**] 레이어의 체크를 끄면 해당 벽이 숨겨지는 것을 볼 수 있습니다. 영화나 드라마 세트장처럼 구도에 따라 벽 레이어를 껐다 켰다 하면서 작업하면 좋은 장면을 얻을 수 있습니다.

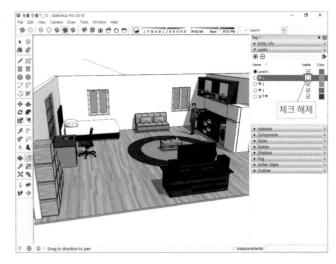

체크 해제

7 화면을 조정해서 그림과 같이 구도를 잡은 뒤, 메뉴에서 [File]-[Export]-[2D Graphic...]를 클릭해서 PNG로 저장한 장면입니다.

그림자에 생명력 넣기

스케치업에서 그림자를 다루는 다양한 표현방법을 알아봅니다.

1. 특정 오브젝트의 그림자만 따로 설정하기

[Shadows] 패널에서 [On faces], [On ground]를 체크하면 전체 객체의 그림자가 보이거나 사라집니다. 하나의 객체나 원하는 객체만 선택해서 그림자를 조절하려면 [Entity Info] 패널을 사용하면 됩니다.

먼저 그림자를 넣고 싶은 객체나 그룹을 선택한 후 [Entity Info] 패널을 클릭합니다. 다음과 같이 장식장을 선택합니다. [Entity Info] 패널의 [Don't receive shadows] 아이콘을 끄면 서안 책상 위에 그림자가 없어졌습니다. [Don't receive shadows] 아이콘은 다른 객체의 그림자는 받지 않고 선택된 객체의 그림자만 설정합니다.

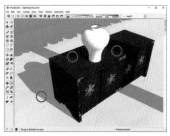

[Don't cast shadows] 아이콘을 끄면 선택된 객체의 그림자를 생성하지 않습니다. 방바닥에 장식장의 그림자가 생기지 않는 것을 알 수 있습니다.

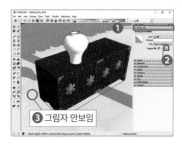

2. 그림자 퀄리티 높이는 방법

그림자 레이어는 보통 Multiply(곱하기) 모드나 Overlay(오버레이) 모드로 적용합니다. 그림자의 퀄리티를 높이기 위해서 그림자를 따로 저장한 후에 적용할 수 있는 방법을 살펴봅니다.

1) 그림자 레이어를 이용해서 다양한 색상 처리하기

그림자를 포토샵이나 클립 스튜디오에서 레이어로 불러온 후, 그림자를 선택하고 그라데이션을 주면 훨씬 보기 좋은 결과물을 얻을 수 있습니다.

1) 그림자 레이어를 이용해서 다양한 색상 처리하기

그림자를 포토샵이나 클립 스튜디오에서 레이어로 불러온 후, 그림자를 선택하고 그라데이션을 주면 훨씬 보기 좋은 결과물을 얻을 수 있습니다.

검정색 계열의 그라데이션을 적용해 보겠습니다. 스케치업에서 그림자만 따로 저장한 레이어를 Ctrl 키를 누른 채 클릭하면 그림자 부분만 선택됩니다. 전경색은 검은색, 배경색은 흰색으로 지정한 후 그림자 레이어에 검은색 계열의 그라데이션을 왼쪽에서 오른쪽으로 줍니다. 검정 계열의 그림자가 왼쪽으로 갈수록 연해집니다.

▼ 원본 사진

▼ 검은색 계열 그라데이션

▼ 한 가지 계열 그라데이션

▼ 두 가지 계열 그라데이션

한 가지 계열의 색상으로 그라데이션을 적용해 보겠습니다. 전경색은 진한 남청색, 배경색은 흰색으로 지정한 후 그림자 레이어에 그라데이션을 줍니다.

이번에는 두 가지 계열의 색상으로 그라데이션을 줍니다. 전경색은 진한 청색, 배경색은 연한 오렌지 계열색으로 지정한 후 그림자 레이어에 그라데이션을 줍니다.

위의 세 가지 결과물들을 비교해 보면 검은색 계열의 그림자는 어둡고 칙칙한 느낌이 들고, 한 가지 색상의 그라데이션은 검은색 계열보다는 좀 더 산뜻한 느낌이며, 한 가지 계열의 색상보다는 두 가지 이상의 색상으로 그라데이션을 넣으면 훨씬 더 풍부한 색 표현이 가능한 것을 알 수 있습니다.

조선시대 사극 배경 스케치업 튜토리얼

조선시대 사극 배경을 만들기 위해 필요한 소품들을 만든 후 간단한 한옥 건물을 완성해 봅니다.

PART

서안 만들기

조선시대 사극 소품들의 특징을 이해하고 직선적인 부분과 곡선적인 부분,
텍스처와 색상으로 표현해 보도록 하겠습니다. 서안은 서랍이 딸려 있는
책상으로 크기나 모양이 다양합니다. 가장 기본적이면서 간단한 서안을 만들어
보도록 하겠습니다.

| 예제 완성파일 | Part 3/Chapter 1/330000-001.skp

SECTION 01

서안 옆면 만들기

밀기/당기기 툴과 지우개 툴, 이동 툴을 사용해 서안 옆면을 만들어 봅니다.

|예제 불러오기| Part 3/Chapter 1/330100-001.skp, Texture/wood-01.jpg

---

1 '330100-001.skp' 파일을 불러옵니다. 중간의 면과 아래 라인을 선택하고 Del 키를 눌러 삭제합니다.

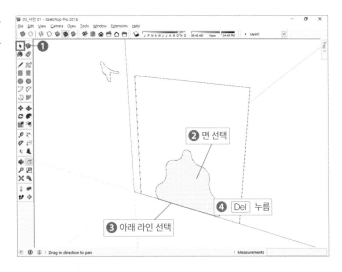

2 밀기/당기기 툴(◈ : P)로 면을 클릭&드래그한 후 수치 창에 '20'을 입력합니다.

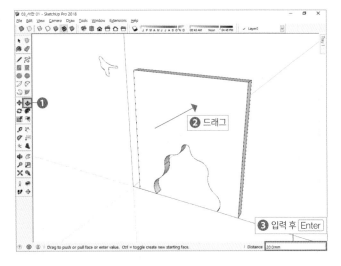

3 객체의 아랫면이 잘 보이게 화면을 조정합니다. 지우개 툴(🧽 : E)을 선택하고 Ctrl 키를 누른 채 라인을 클릭해서 부드럽게 해 줍니다. 객체를 트리플 클릭한 후 그룹 지정합니다.

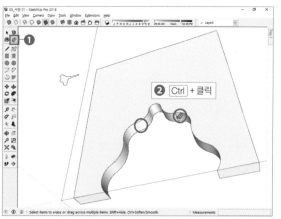
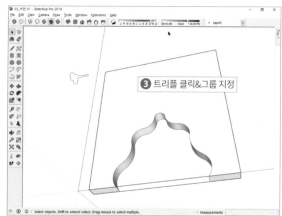

4 [Materials] 패널에서 [Create Material...] (🍩)을 클릭하고 [Use Texture image] 체크박스를 클릭합니다. [Choose Image] 대화상자에서 [wood-01.jpg] 파일을 선택하고 [열기]를 클릭합니다.

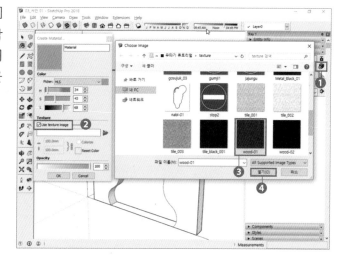

5 [Texture]의 크기 설정란에 '400', '400'을 입력하고 [OK]를 클릭합니다. 페인트 통 툴(🪣 : B)로 서안 옆면 그룹을 클릭해 텍스처를 입혀줍니다.

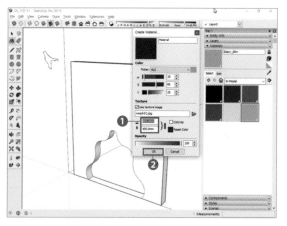
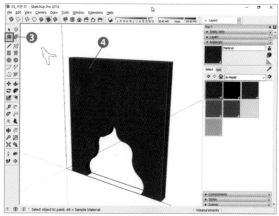

6 이동 툴(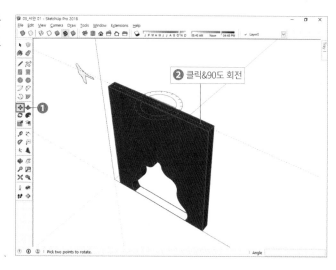 : M)을 선택하고 객체의 상단
의 빨간 십자가 위에서 커서를 클릭해서 90도
회전을 시켜줍니다.

7 이동 툴(⊕ : M)을 선택한 후 앞쪽의 하
단 모서리(하단 조절점)를 클릭하고 뒤쪽으로
클릭&드래그한 후 수치 창에 '115.4'를 입력
합니다.

TIP ⏎ 키를 눌러 Y축 고정을 한 후에 드래그해도 됩니다.

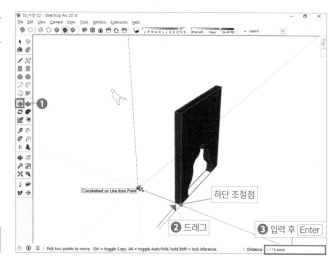

8 이동 툴(⊕ : M)을 클릭하고 Ctrl 키를 한
번 눌러 + 표시(⊕)가 나타난 상태에서 X축(오
른쪽)으로 클릭&드래그한 후 수치 창에 '520'
을 입력합니다.

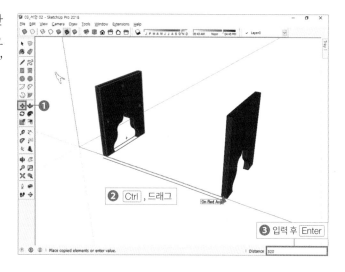

서안 가로면 만들기

밀기/당기기 툴과 오프셋 툴, 이동 툴을 사용해 서안의 가로면을 만들어 봅니다.

|예제 불러오기| Part 3/Chapter 1/330200-001.skp

1 '330200-001.skp' 파일을 불러옵니다. 사각형 툴(▣ : R)로 서안 가로면의 안쪽 모서리를 연결하는 지점에서 클릭&드래그한 후 수치 창에 '500,250.7'을 입력합니다.

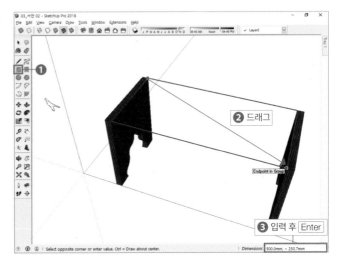

2 밀기/당기기 툴(◆ : P)로 면을 아래로 클릭&드래그한 후 수치 창에 '20'을 입력합니다.

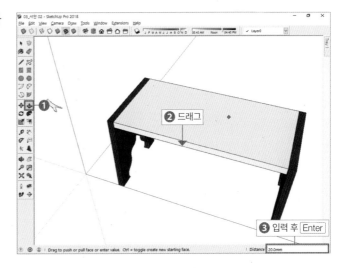

3 상단면을 트리플 클릭하고 그룹화합니다. 페인트 통 툴(: B)로 서안 가로면을 클릭해서 텍스처(wool-01.jpg)를 입혀줍니다.

4 서안 가로면을 더블클릭해서 편집 모드로 들어갑니다. 윗면만 선택하고 마우스 오른쪽 버튼을 클릭한 후 [Texture]–[Position]을 선택합니다. 텍스처 조정모드에서 녹색 버튼을 클릭&드래그해서 90도 회전시키면 텍스처의 방향과 맞게 됩니다.

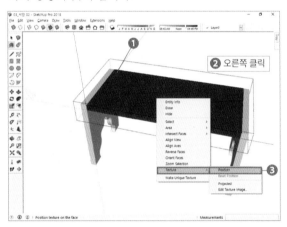

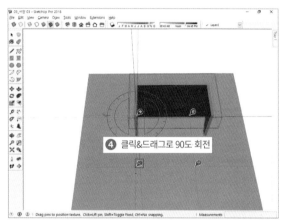

5 서안 가로면을 전체 선택(ctrl + A 키) 합니다. 페인트 통 툴(: B)을 선택하고 Alt 키를 누른 채 윗면을 클릭해 샘플링합니다. 다시 서안 가로면을 클릭해서 **4** 번에서 90도 회전한 텍스처를 적용해 줍니다.

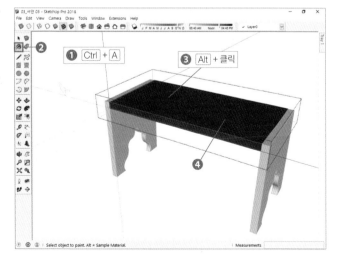

6 화면 빈 곳을 클릭해 편집 모드에서 빠져나옵니다. 이동 툴(✥ : M)로 Z축(아래쪽)으로 클릭&드래그한 후 수치 창에 '120'을 입력합니다.

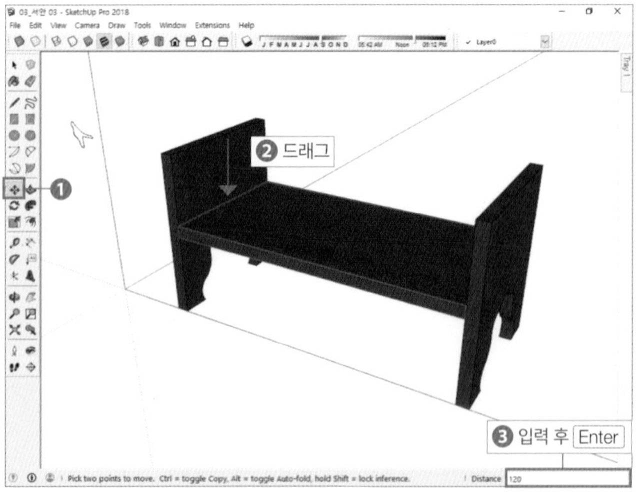

7 Ctrl 키를 한 번 눌러 + 표시(✥)가 나타난 상태에서 Z축(위쪽)으로 클릭&드래그한 후 수치 창에 '20'을 입력합니다.

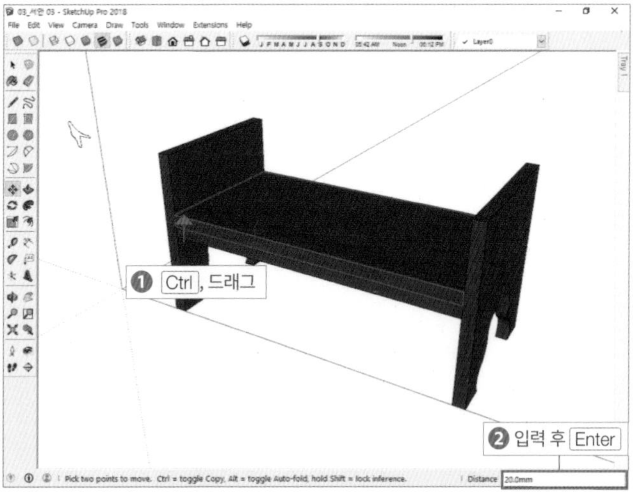

8 서안의 뒤쪽이 보이도록 화면을 회전합니다. 선택 툴(↖ : Spacebar)로 서안 가로면을 더블클릭을 해서 편집 모드로 전환합니다. 밀기/당기기 툴(◆ : P)로 서안 가로면을 안쪽으로 클릭&드래그한 후 수치 창에 '20'을 입력합니다.

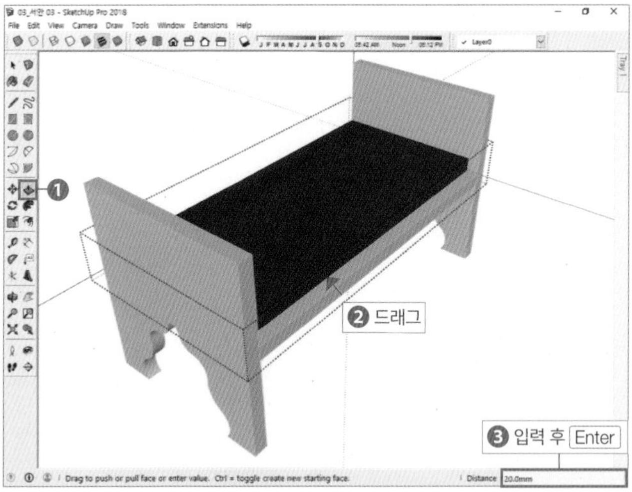

9 오프셋 툴(⚲ : F)로 그림과 같이 바깥라
인을 클릭하고 안쪽으로 클릭&드래그한 후 수
치 창에 '20'을 입력합니다.

10 위로 밀기/당기기 툴(◆ : P)로 바깥 테두
리면을 위로 클릭&드래그한 후 수치 창에 '80'
을 입력합니다.

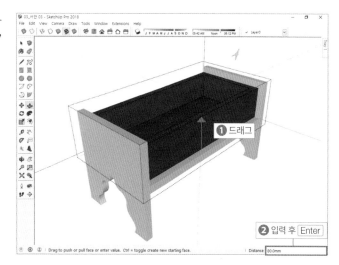

11 그림처럼 서안을 약간 내려다보는 구도로
조정합니다. 사각형 툴(▣ : R)을 선택하고 그
림과 같이 서안의 뒤쪽 아래 지점에서 클릭&
드래그한 후 수치 창에 '500,20'을 입력합니다.

12 밀기/당기기 툴(🖐 : P)로 면을 위로 클릭&드래그한 후 수치 창에 '100'을 입력합니다. 객체를 트리플 클릭하고 지정한 후 페인트 통 툴(🎨 : B)로 객체를 클릭해 텍스처(wood_001.jpg)를 입혀줍니다.

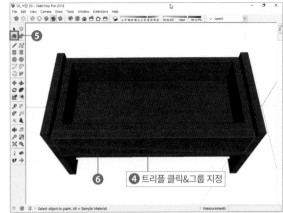

13 그림과 같이 화면을 앞쪽으로 보이게 조정합니다. 선택 툴(▶ : Spacebar)로 밑판을 선택합니다. 이동 툴(✛ : M)을 클릭하고 다시 Ctrl 키를 한 번 눌러 + 표시(✛)가 나타난 상태에서 Z축(위쪽)으로 클릭&드래그한 후 수치 창에 '120'을 입력합니다.

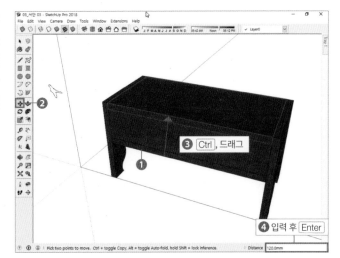

14 이동 툴(✛ : M)을 클릭하고 다시 Ctrl 키를 한 번 눌러 + 표시(✛)가 나타난 상태에서 Z축(위쪽)으로 클릭&드래그한 후 수치 창에 '20'을 입력합니다.

15 서안의 가로면을 더블클릭을 해서 편집 모드로 들어갑니다. 밀기/당기기 툴(◆ : P)로 면을 앞으로 클릭&드래그한 후 수치 창에 '50'을 입력합니다.

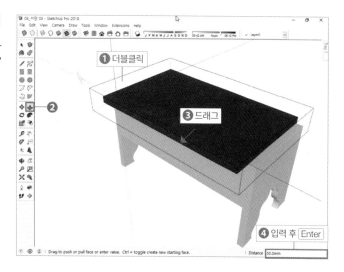

16 그림과 같이 화면을 반대편으로 조정합니다. 밀기/당기기 툴(◆ : P)로 앞쪽을 바라보는 면을 앞으로 클릭&드래그한 후 수치 창에 '50'을 입력합니다.

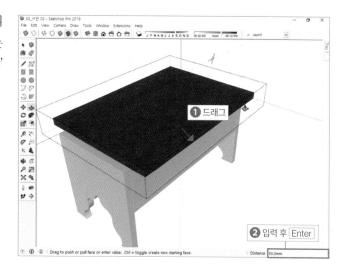

17 밀기/당기기 툴(◆ : P)로 옆면을 왼쪽으로 클릭&드래그한 후 수치 창에 '110'을 입력합니다.

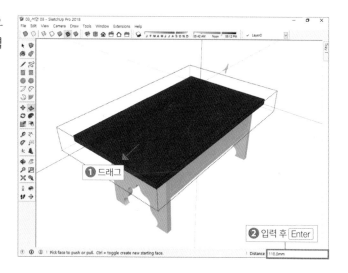

18 밀기/당기기 툴(◆ : P)로 그 반대편 옆면
을 오른쪽으로 클릭&드래그한 후 수치 창에
'110'을 입력합니다. 화면의 빈 공간을 클릭해
서 편집 모드에서 나옵니다.

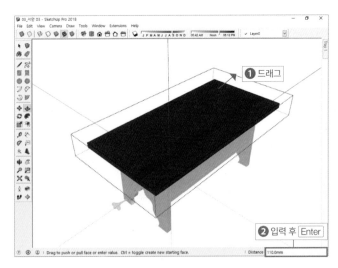

TIP

급한 마감! 그래도 꼭 지켜야 할 것들

1. 2D Export할 사이즈는 아무리 급해도 보통 크기의 컷 기준으로 2500~3000픽셀은 지정해 줍니다.
작업해야 할 컷보다는 1.5배에서 2배 정도 커야 합니다. 전체 샷으로 2D Export한 후, 크롭한 크기가 배경이 들어갈 컷 크기보다 작으면 안되고 크롭한
크기가 배경 컷보다는 커야 합니다.

2. 2D Export한 스케치업 배경 이미지를 원고 안에서 키우는 방법은 절대로 하지 맙시다.
이미지를 원고 안에서 자유변형 툴로 강제로 키우는 작업이 퀄리티에 가장 나쁜 영향을 끼치므로 항상 조심하도록 합니다.

3. 아무리 급해도 2D Export한 이미지를 배경으로 완성해서는 안됩니다.
2D Export한 이미지는 조금은 거친 느낌이 있어서 포토샵이나 클립 스튜디오에서 꼭 기본적인 보정작업이라도 해줘야 완성도가 높습니다.
가장 간단한 방법은 배경 위에 스크린모드나 오버레이모드로 색상 그라데이션을 준 레이어를 올려주는 방법도 있습니다.

서안 옆 문양 만들기

SECTION 03

밀기/당기기 툴과 이동 툴을 사용해 서안 옆 문양을 만들어 봅니다.

| 예제 불러오기 | Part 3/Chapter 1/330300-001.skp

1 '330300-001.skp' 파일을 불러왔을 때 포함되어 있는 문양 모양을 선택합니다.

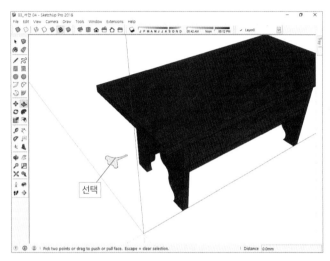

2 밀기/당기기 툴(: P)로 면을 위로 클릭&드래그한 후 수치 창에 '350.7'을 입력합니다. 서안 옆 문양을 트리플 클릭하고 그룹 지정합니다.

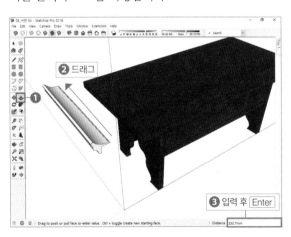

3 [Soften Edges] 패널을 열고 32도 정도로 슬라이드를 조절해서 라인이 부드러워지게 한 후 페인트 통 툴 (🖌 : B)로 서안 옆 문양을 클릭해서 텍스처를 입혀줍니다.

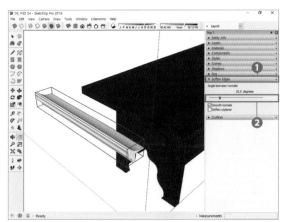
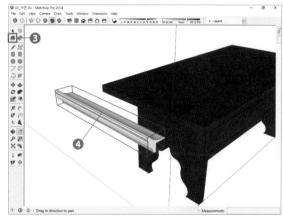

4 서안 옆 문양을 서안에 붙여보겠습니다. 이동 툴(✛ : M)로 서안 옆 문양의 안쪽 꺾어지는 모서리를 클릭하고 서안 왼쪽 끝의 모서리를 클릭하면 정확하게 맞춰집니다.

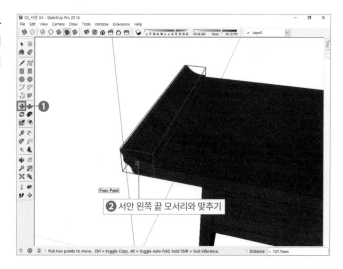

5 이동 툴(✛ : M)을 클릭하고 Ctrl 키를 한 번 눌러 + 표시(✛)가 나타난 상태에서 서안 옆 문양을 X축(오른쪽)으로 클릭&드래그한 후 수치 창에 '806.2'를 입력합니다.

6 복사한 서안 옆 문양으로 커서를 가져간 후 마우스 오른쪽 버튼을 클릭하고 [Flip Along]-[Group's Red]를 선택하면 대칭하여 서안에 붙여집니다.

7 이동 툴(✛ : M)로 복사한 서안 옆 문양을 왼쪽으로 클릭&드래그한 후 수치 창에 '86.9'를 입력하면 서안 옆 문양이 서안에 붙여집니다.

SECTION 04

서랍 손잡이 만들기

원형 툴, 곡선 툴, 밀기/당기기 툴과 이동 툴을 사용해 서랍 손잡이를 만들어 봅니다.

| 예제 불러오기 | Part 3/Chapter 1/330400-001.skp

1 '330400-001.skp' 파일을 불러옵니다. Front 뷰(🏠)를 클릭한 후 메뉴에서 [Camera]-[Parallel Projection]을 선택합니다. 원형 툴(● : C)을 클릭하고 수치 창에 '24'를 입력한 후 추정 기능을 이용해 서안 서랍 부분의 중심점을 찾습니다.

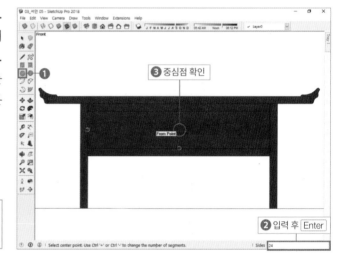

TIP 커서를 서랍의 가로, 세로 라인의 중심점 근처로 가져간 후, 사각형의 중심 부근으로 커서를 가져가면 그림처럼 표시됩니다.

2 원형 툴(● : C)로 중심점을 클릭&드래그한 후 수치 창에 '12'를 입력합니다. 밀기/당기기 툴(◆ : P)로 면을 밖으로 클릭&드래그한 후 수치 창에 '1'을 입력한 후 손잡이를 트리플 클릭하고 그룹 지정합니다.

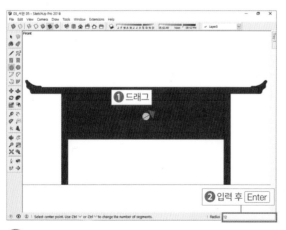

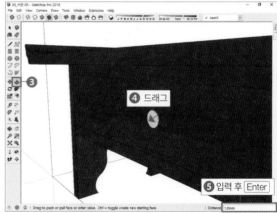

TIP 마우스 휠 버튼을 클릭&드래그하여 손잡이의 옆모습이 보이도록 합니다.

3 원형 툴(● : C)을 클릭한 후 수치 창에 '12'를 입력합니다. 추정 기능을 이용해 원 객체의 중심점을 찾은 후에 중심점을 오른쪽으로 클릭&드래그한 후 수치 창에 '7'을 입력합니다.

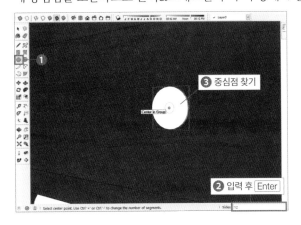

4 밀기/당기기 툴(● : P)로 면을 앞으로 클릭&드래그한 후 수치 창에 '4'를 입력하고 배율 툴(● : S)로 앞면을 Ctrl 키를 누른 채 클릭&드래그한 후 수치 창에 '0.8'을 입력합니다.

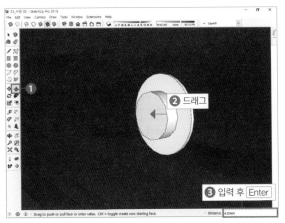
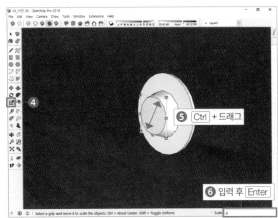

5 밀기/당기기 툴(● : P)로 면을 앞으로 클릭&드래그한 후 수치 창에 '2.5'를 입력하고 배율 툴(● : S)로 앞면을 Ctrl 키를 누른 채 클릭&드래그한 후 수치 창에 '0.5'를 입력합니다.

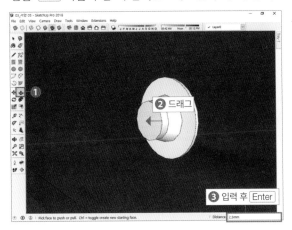
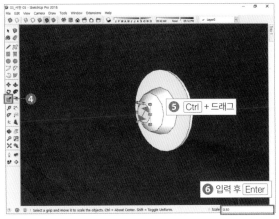

6 지우개 툴(: E)을 선택하고 Ctrl 키를 누른 채 앞쪽 2개의 라인을 클릭해서 부드럽게 한 후 객체를 트리플 클릭하고 그룹 지정합니다.

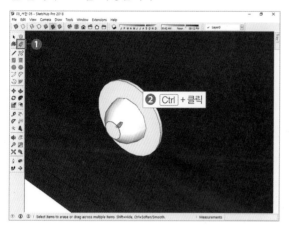
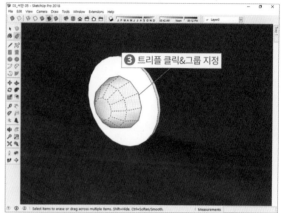

7 [Materials] 패널에서 [Create Material...]( )를 클릭한 후 [Create Materials] 창에서 [Color] 항목의 H, S, L에 '40', '53', '30'을 입력하고 [OK]를 클릭합니다. 페인트 통 툴(: B)로 2개의 객체를 클릭해서 색상을 입혀줍니다.

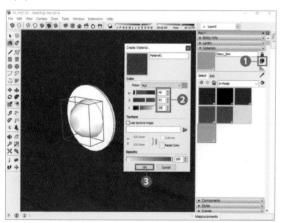
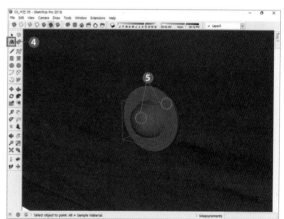

8 Front 뷰( )를 클릭한 후, 메뉴에서 [Camera]-[Parallel Projection]을 선택합니다. 원형 툴(: C)을 클릭하고 수치 창에 '24'를 입력한 후, 서안 서랍 근처의 임의의 지점에 클릭&드래그한 후 수치 창에 '8'을 입력합니다. 가운데 면만 선택하고 삭제합니다.

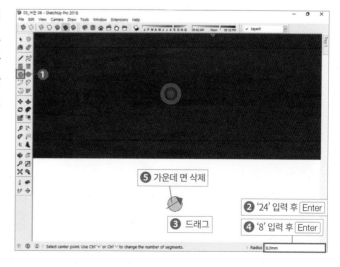

9 Iso 뷰( )를 클릭한 후, 메뉴에서 [Camera]-[Parallel Projection]을 선택한 후 화면을 그림과 같이 조정합니다. 원형 툴(: C)을 클릭한 후 수치 창에 '6'을 입력하고 원의 라인을 오른쪽으로 클릭&드래그하고 수치 창에 '1.2'를 입력합니다.

TIP
6각형의 원은 ↑ 키를 눌러 Z축을 고정한 상태에서 그리면 편리합니다.

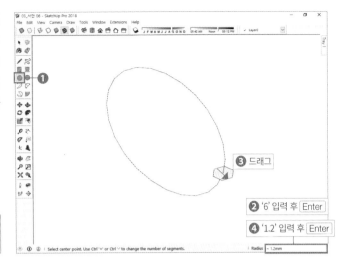

10 선택 툴(: Spacebar) 큰 원을 더블클릭해서 라인을 선택합니다. 팔로미 툴( )을 선택하고 6각형 원의 면을 선택합니다.

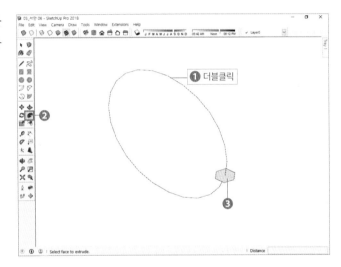

11 선택 툴(: Spacebar)로 손잡이 고리를 트리플 클릭해서 전체 선택한 후, 마우스 오른쪽 버튼을 클릭하고 [Reverse Faces]를 선택합니다. 객체를 트리플 클릭해서 그룹 지정한 후 페인트 통 툴(: B)로 손잡이 고리에 색상을 입혀줍니다.

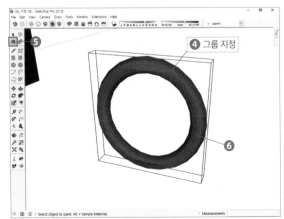

12 이동 툴(⊕ : M)을 클릭하고 Ctrl 키를 한 번 눌러 + 표시(⊕)가 나타난 상태에서 Z축(위쪽)으로 클릭&드래그한 후 수치 창에 '13.2'를 입력합니다.

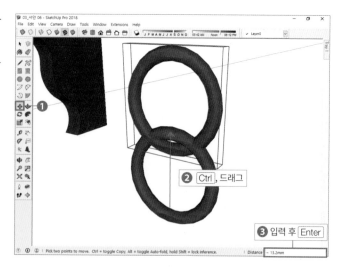

13 이동 툴(⊕ : M)로 객체의 상단 부분에 커서를 가져가서 빨간 십자가 부분을 클릭&드래그한 후 수치 창에 '90'을 입력합니다.

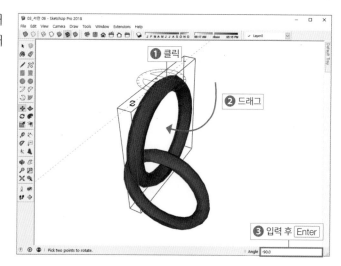

14 배율 툴(▦ : S)을 선택하고 대각선 방향의 조절점을 Ctrl 키를 누른 채 클릭&드래그한 후 수치 창에 '0.5'를 입력합니다.

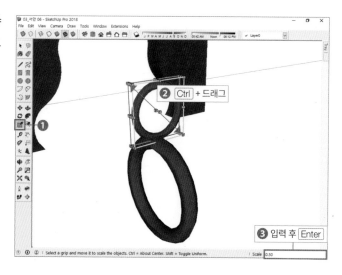

15 이동 툴(✛ : M)을 선택하고 손잡이의 위쪽 고리를 Z축(아래쪽)으로 클릭&드래그한 후 수치 창에 '2.8'을 입력합니다.

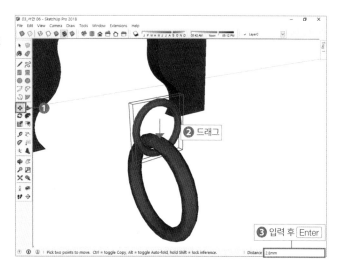

16 선택 툴(▶ : Spacebar)을 클릭하고 Shift 키를 누른 채 2개의 손잡이 고리를 선택한 후 그룹 지정합니다.

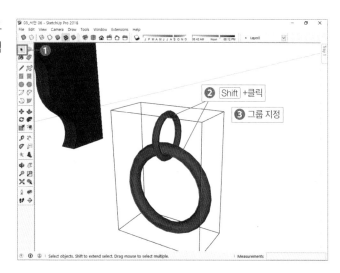

17 Front 뷰(⌂)를 클릭한 후, 메뉴에서 [Camera]-[Parallel Projection]을 선택합니다. 이동 툴(✛ : M)로 그림처럼 손잡이 고리를 Z축(위쪽)으로 클릭&드래그한 후 아래쪽의 남은 원 라인을 선택하고 Del 키를 눌러 삭제합니다.

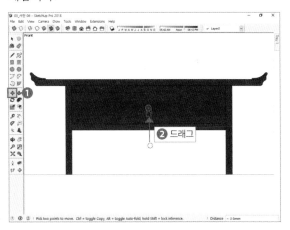
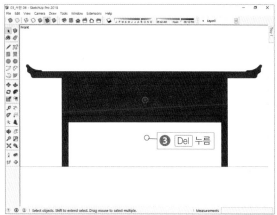

18 Iso 뷰(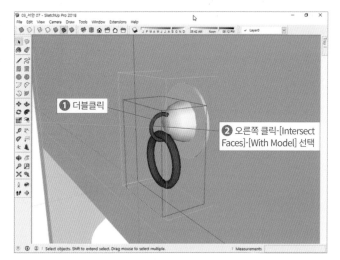)를 클릭하고 메뉴에서 [Camera]-[Parallel Projection]을 선택합니다. 손잡이 고리 부분이 잘 보이게 확대한 후, 이동 툴(✛ : M)로 그림과 같이 위치를 조정합니다. 손잡이의 고리 부분을 Shift 키를 누른 채 모두 선택하고 그룹 지정합니다.

TIP 세밀한 작업을 할 때는 방향키로 X, Y, Z축 방향으로 고정시킨 후 작업하는 것이 편리합니다.

19 손잡이 고리 그룹을 더블클릭해서 편집 모드로 들어갑니다. 윗 고리를 선택한 후, 마우스 오른쪽 버튼을 클릭하고 [Intersect Faces]-[With Model]을 선택하면 윗 고리와 아랫 고리 사이 교차된 부분에 선이 만들어집니다.

20 화면의 빈 곳을 클릭해서 편집 모드에서 빠져나옵니다. 서안 전체를 선택(Ctrl + A 키)하고 그룹 지정합니다.

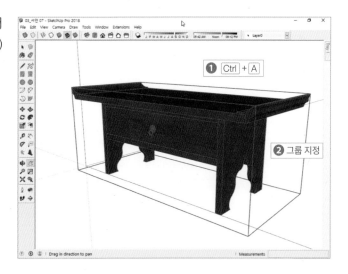

21 서안이 완성되었습니다. 화면을 조정해서 구도를 잡고 Show/Hide Shadows(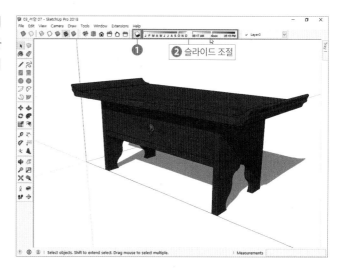)를 클릭한 후 슬라이드를 드래그하여 그림자를 보기 좋게 설정합니다.

웹툰에 적합한 소스, 컴포넌트의 수집과 정리

웹툰 작업을 할 때 스케치업으로 만든 배경이 필요하다면 어렵지 않게 다양한 방법으로 구할 수 있습니다. 하지만 각각의 제공하는 소스마다 사용 범위에 제한이 있으니 잘 알아보고 사용하는 것이 좋습니다.

– 무료 소스를 이용하는 방법
인터넷의 블로그나 웹툰 관련 카페에 작가나 지망생들이 개인적인 목적으로 만들어 사용한 후, 무료 스케치업 소스로 공유하기도 합니다.

– 배경 제작자들이 만든 유료 스케치업 배경을 구입해서 이용하는 방법
배경 제작자들이 만들어 유료로 판매하는 스케치업 배경을 블로그나 판매 사이트에서 구매해서 사용할 수 있습니다.

– 텀블벅에서 나오는 스케치업 배경을 후원해서 이용하는 방법
2018년부터 텀블벅을 통한 스케치업 배경과 웹툰 리소스 후원이 활발하게 이뤄지고 있습니다. 많은 작가와 리소스 제작자들이 서로 상생한다는 취지로 기존의 가격보다 훨씬 저렴한 가격으로 고퀄리티의 스케치업 배경을 비롯한 각종 리소스들을 올리고 있습니다(텀블벅의 웹툰 카테고리: HTTPS://TUMBLBUG.COM/CATEGORY/WEBTOON).

나비 등불 만들기

나비 등불 소품은 곡선과 원을 많이 이용해서 만들어서 조금은 어렵게 느껴질
수 있지만, 순서를 따라 부품을 차근히 만들면 어렵지 않습니다. 소품 모델링의
요소와 비율을 생각하면서 하나씩 만들어 조합해봅니다.

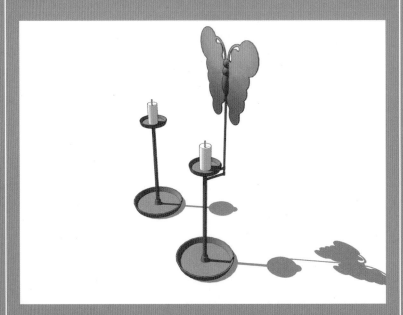

|예제 완성파일|　Part 3/Chapter 2/340000-001.skp

SECTION

01

나비 장식 만들기

나비 몸통을 만든 후에 2점호 툴을 이용해 나비 날개를 만들어 봅니다. 나비 날개의 색상을 입혀서 날개와 몸통을 완성합니다.

| 예제 불러오기 | Part 3/Chapter 2/340100-001.skp, Texture/gold_01.jpg

1 '340100-001.skp' 파일을 불러옵니다. Iso 뷰( )를 클릭한 후 첫 번째 객체를 확대합니다. 원형 툴(: C)을 클릭하고 수치 창에 '24'를 입력한 후 객체의 맨아래 꼭지점을 클릭&드래그하고 수치 창에 '10'을 입력합니다.

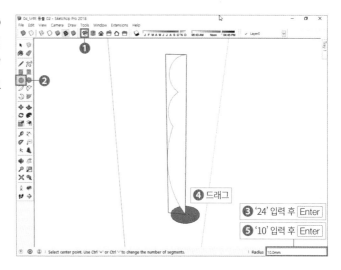

2 나비 몸통이 될 객체가 선택된 상태에서 마우스 오른쪽 버튼을 클릭한 후 [Explode]를 선택해 그룹을 해제합니다.

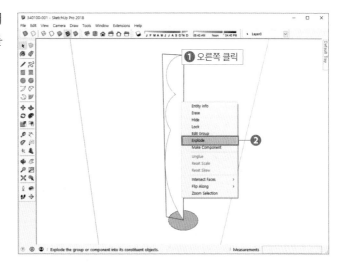

3 선택 툴(▶ : Spacebar)로 원 객체의 면만 선택해 삭제합니다. 원의 라인을 선택한 후, 팔로미 툴(🐾)로 나비 몸통이 될 면을 클릭합니다.

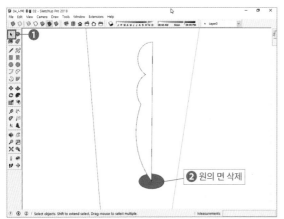

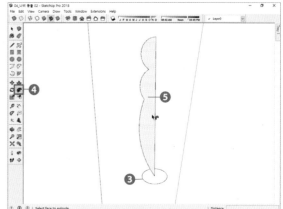

4 트리플 클릭을 해서 나비 몸통을 전체 선택한 후 마우스 오른쪽 버튼을 클릭하고 [Reverse Faces]를 선택합니다. 밑의 원 라인 은 삭제합니다.

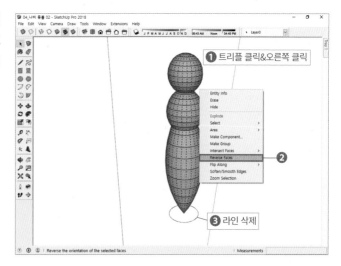

5 나비 몸통을 전체 선택한 후 그룹 지정합니다. [Materials] 패널에서 [Create Material...](🎨)를 클릭하고 [Create Material...] 창에서 [Color] 항목의 H, S, L에 '33', '34', '48'을 입력하고 [OK]를 클릭합니다. 페인트 통 툴 (🪣 : B)로 나비 몸통을 클릭해 색상을 입혀줍니다.

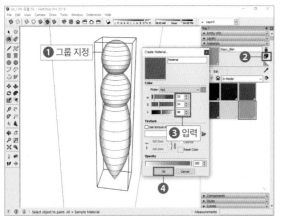

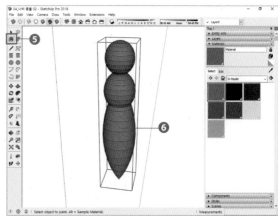

6 [Soften Edges] 패널을 열고 33도 정도로 슬라이더를 조절해서 라인이 부드러워지게 합니다.

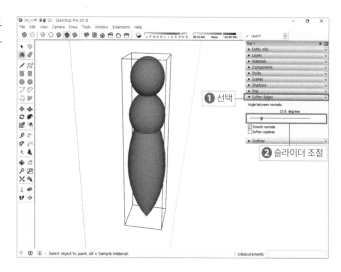

7 Front 뷰(⌂)를 클릭한 후, 메뉴에서 [Camera]-[Parallel Projection]을 클릭합니다. 그림과 같이 나비 날개 부분을 확대합니다.

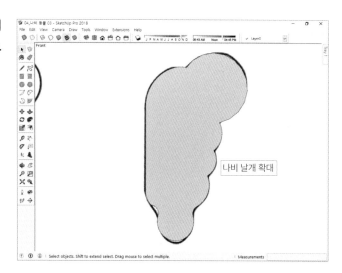

8 오프셋 툴(⟋ : F)로 라인을 안쪽으로 클릭&드래그한 후 수치 창에 '5.5'를 입력합니다.

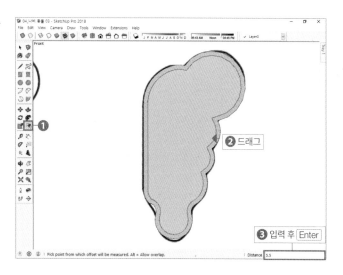

9 나비 날개의 세부 모양을 만들어 보겠습니다. X-Ray(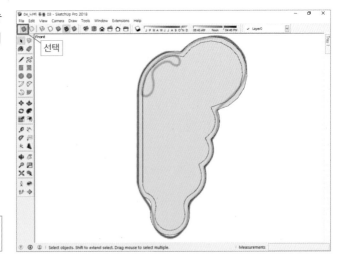)를 클릭해서 뒤쪽의 그림이 비쳐 보이는 상태로 변경합니다.

> **TIP**
> X-Ray는 복잡한 객체끼리 겹쳐 있을 때, 뒷편의 객체를 확인할 때 등에 사용하면 편리합니다.

10 밑그림대로 나비 날개의 세부 모양을 만들어보겠습니다. 2점호 툴(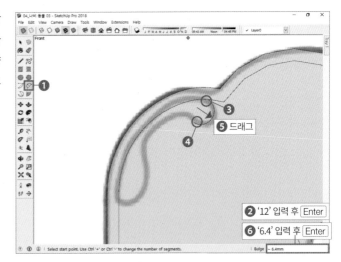 : A)을 클릭한 후 수치 창에 '12'를 입력합니다. 그림처럼 양쪽 끝점을 클릭하고 오른쪽으로 드래그한 후 '6.4'를 입력합니다.

11 2점호 툴(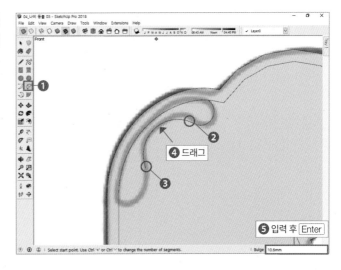 : A)로 그림처럼 양쪽 끝점을 클릭하고 위쪽으로 드래그한 후 수치 창에 '10.6'을 입력합니다.

12 2점호 툴(: A)로 양쪽 끝점을 클릭하고 오른쪽으로 드래그한 후 수치 창에 '2.5'를 입력합니다.

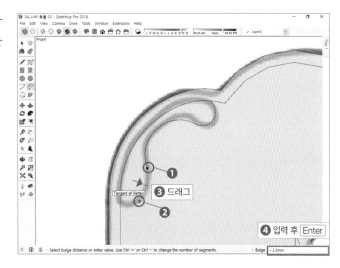

13 2점호 툴(: A)로 호의 끝점과 안쪽 라인의 교차점이 될 부분을 클릭하고 아래쪽으로 드래그한 후 수치 창에 '1.7'을 입력합니다.

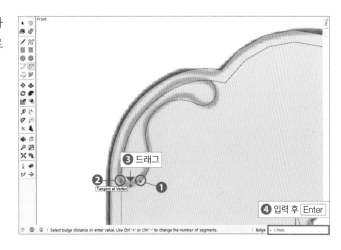

14 지우개 툴(: E)로 밑그림과 날개의 상단 안쪽 면을 선택하고 삭제합니다. 안쪽의 구멍이 뚫린 라인을 제외한 안쪽 라인들을 지워주고 그림과 같이 정리합니다. 상단 툴 바의 X-Ray( )와 [Shaded With Textures]를 클릭해서 원래 작업 화면으로 돌아옵니다.

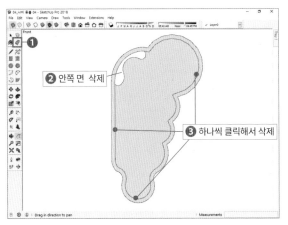

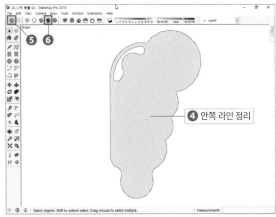

15 Iso 뷰(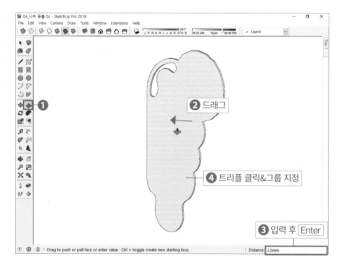)를 클릭하고 메뉴에서 [Camera]-[Parallel Projection]을 선택합니다. 밀기/당기기 툴(: P)로 면을 앞으로 클릭& 드래그한 후 수치 창에 '2'를 입력합니다. 나비 날개를 트리플 클릭한 후 그룹 지정합니다.

16 [Soften Edges] 패널을 열고 슬라이더를 40도 정도로 조절해서 옆면의 라인이 부드러 워지게 합니다.

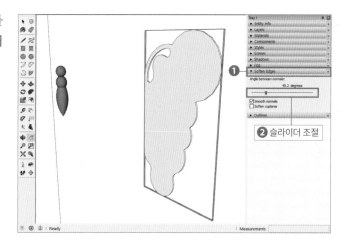

17 [Materials] 패널에서 [Create Material...]( )을 클릭한 후 [Create Material...] 창에서 [Use Texture image] 체크박스를 선택합니다. [Choose Image] 대화상자에서 [gold_01.jpg] 파일을 선택하고 불러온 후 [Color] 항목의 H, S, L의 입력란에 '34', '35', '49'를 입력하고 [OK]를 클릭합니다. 페인트 통 툴(: B)로 나비 날개 그룹에 텍스처를 입혀줍니다.

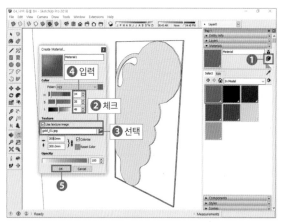

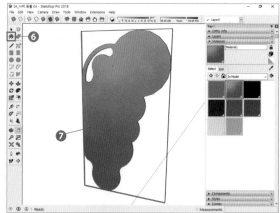

18 나비 날개를 더블클릭해 편집 모드로 들어간 후 마우스 오른쪽 버튼을 클릭하고 [Texture]-[Position]을 선택합니다. 녹색 핀을 클릭&드래그해서 날개의 테스처가 날개 크기에 맞도록 적당한 사이즈로 조정합니다. Spacebar 키를 누르면 텍스처가 적용됩니다.

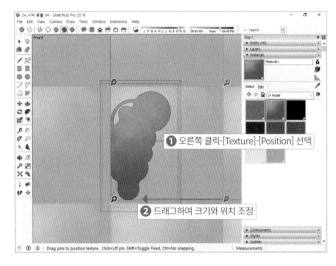

❶ 오른쪽 클릭-[Texture]-[Position] 선택

❷ 드래그하여 크기와 위치 조정

19 편집 모드에서 나온 후 이동 툴(✥ : M)을 클릭하고 Ctrl 키를 한 번 눌러 + 표시(✥)가 나타난 상태에서 나비 날개를 X축(왼쪽)으로 클릭&드래그한 후 수치 창에 '169'를 입력합니다.

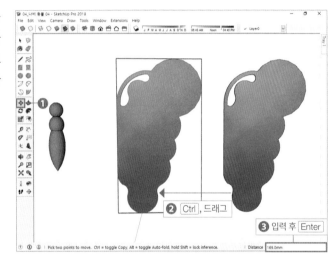

❷ Ctrl , 드래그

❸ 입력 후 Enter

20 복사한 나비 날개에서 마우스 오른쪽 버튼을 클릭하고 [Flip Along]-[Group's Red]를 선택해 날개 모양을 대칭으로 해 줍니다.

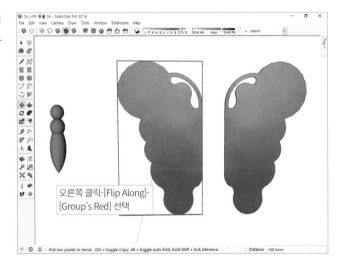

오른쪽 클릭-[Flip Along]-[Group's Red] 선택

21 이동 툴(◈ : M)로 왼쪽 날개의 오른쪽 라인을 클릭한 후 오른쪽 날개의 라인까지 드래그하여 나비 모양을 만들어줍니다.

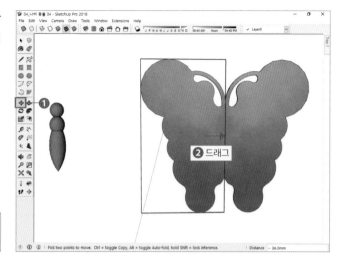

TIP

나비 모양이 정확히 맞춰지지 않으면 → 키를 누르면서 드래그합니다.

22 다시 이동 툴(◈ : M)로 왼쪽 날개를 X축(왼쪽)으로 클릭&드래그한 후 수치 창에 '10'을 입력합니다.

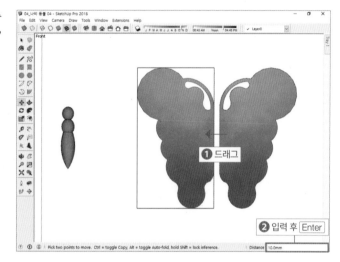

23 이동 툴(◈ : M)로 나비 몸통 그룹을 X축(오른쪽)으로 클릭&드래그한 후 수치 창에 '257.8'을 입력합니다. 몸통이 정중앙에 와서 날개가 정확히 대칭 모양이 됩니다.

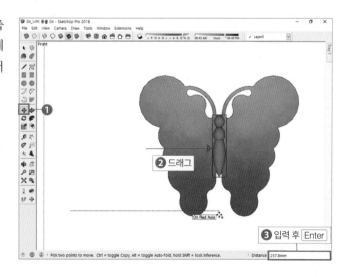

24 Top 뷰(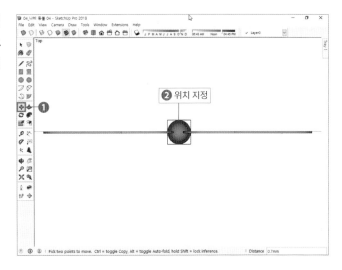)를 클릭한 후 메뉴에서 [Camera] -[Parallel Projection]을 선택합니다. 이동 툴(✦ : M)로 몸통과 날개의 위치를 그림처럼 정렬해 줍니다.

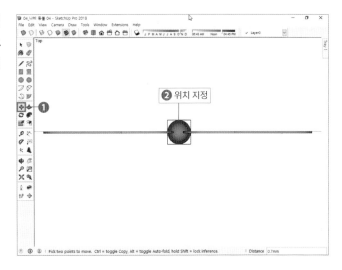

25 Iso 뷰(🔲)를 클릭하고 메뉴에서 [Camera] -[Parallel Projection]을 선택합니다. 날개와 몸통을 모두 선택한 후(Ctrl + A 키) 그룹 지정합니다.

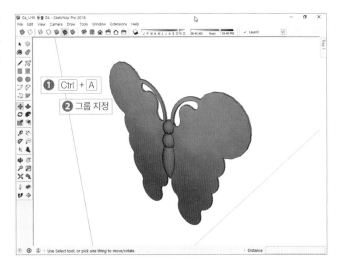

SECTION 02

촛대 만들기

밀기/당기기 툴과 배율 툴을 사용해 촛대와 촛대 받침대를 만들어 봅니다.

| 예제 불러오기 | Part 3/Chapter 2/340200-001.skp

1 '340200-001.skp' 파일을 불러옵니다. Top 뷰(📱)를 클릭한 후 메뉴에서 [Camera]-[Parallel Projection]을 선택합니다. 원형 툴(🔘 : C)을 클릭한 후 수치 창에 '24'를 입력하고 나비 문양 옆 지점을 클릭&드래그한 후 수치 창에 '90'을 입력합니다.

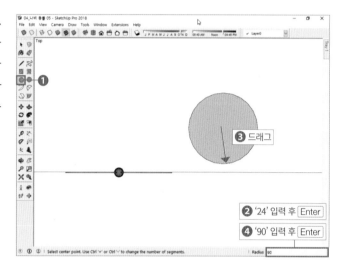

2 Iso 뷰(🏠)를 클릭하고 메뉴에서 [Camera]-[Parallel Projection]을 선택합니다. 밀기/당기기 툴(◆ : P)로 면을 위로 클릭&드래그한 후 수치 창에 '3'을 입력합니다.

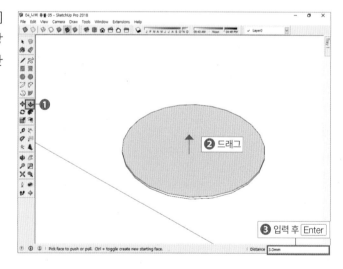

3 오프셋 툴(🖐 : F)로 원형의 라인을 안쪽으로 클릭&드래그한 후 수치 창에 '3'을 입력합니다.

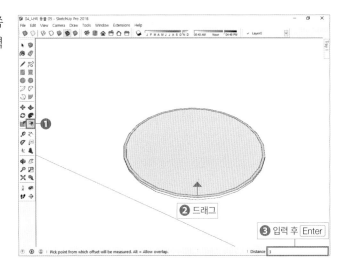

4 밀기/당기기 툴(♦ : P)로 원의 가장자리 면을 위로 클릭&드래그한 후 수치 창에 '17'을 입력합니다.

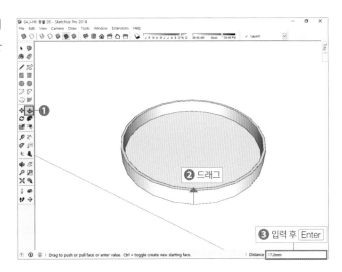

5 배율 툴(🔲 : S)을 선택하고 Ctrl 키를 누른 채 윗면을 세로로 클릭&드래그한 후 수치 창에 '1.08'을 입력합니다.

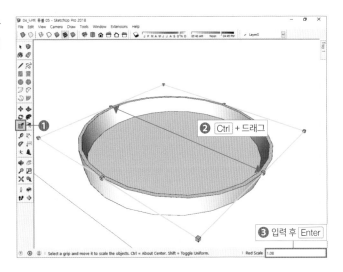

6 배율 툴(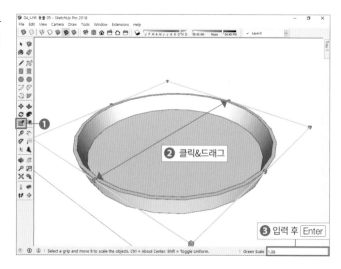 : S)을 선택하고 Ctrl 키를 누른 채 윗면을 가로로 클릭&드래그한 후 수치 창에 '1.08'을 입력합니다.

7 객체를 트리플 클릭한 후 그룹 지정합니다. 페인트 통 툴(: B)로 [Materials] 창에서 금색(Material)을 선택한 후 촛대 받침대를 클릭해 색을 입혀줍니다.

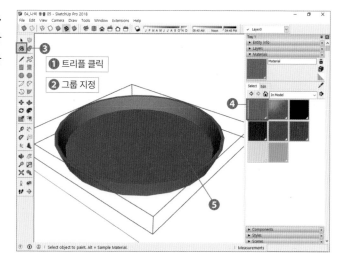

8 원형 툴(: C)을 클릭하고 수치 창에 '24'를 입력하고 추정 기능을 이용해서 접시의 중앙점을 찾아서 클릭&드래그한 후 수치 창에 '12.5'를 입력합니다.

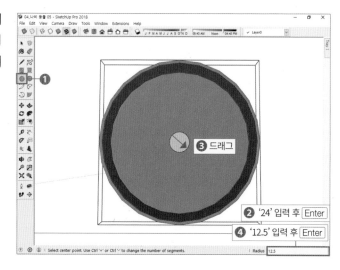

9 밀기/당기기 툴(🔲 : P)로 면을 위로 클릭&드래그한 후 수치 창에 '18'을 입력합니다.

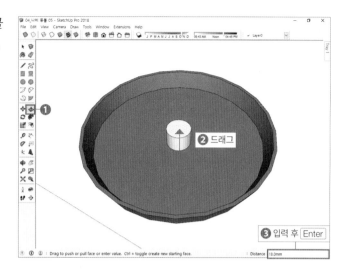

10 선택 툴(🔲 : Spacebar)로 촛대가 될 객체를 선택한 후 배율 툴(🔲 : S)을 선택하고 Ctrl 키를 누른 채 대각선 방향의 조절점을 클릭&드래그한 후 수치 창에 '0.75'를 입력합니다.

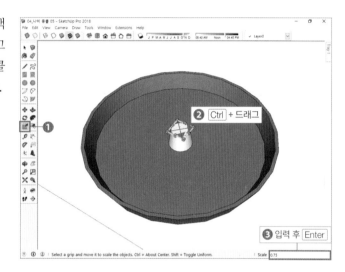

11 촛대가 될 객체를 트리플 클릭한 후 그룹 지정한 후 페인트 통 툴(🔲 : B)로 객체를 클릭해 색(Material)을 입혀줍니다.

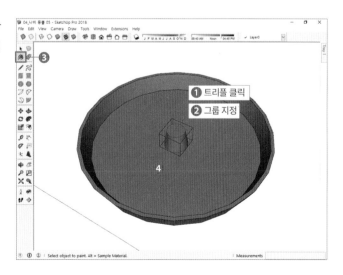

12 원형 툴(● : C)을 클릭한 후 수치 창에 '24'를 입력하고 촛대가 될 원의 중심점을 클릭&드래그한 후 수치 창에 '5.5'를 입력합니다.

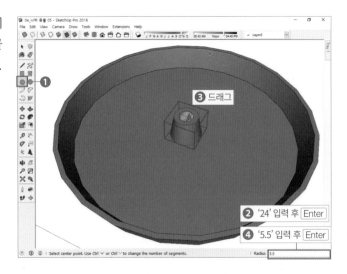

13 밀기/당기기 툴(◆ : P)로 면을 위로 클릭&드래그한 후 수치 창에 '330'을 입력합니다.

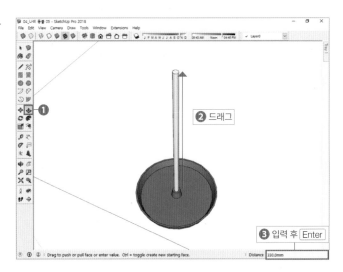

14 객체를 트리플 클릭하고 그룹 지정한 후 페인트 통 툴(● : B)로 객체를 클릭해 색을 입혀줍니다.

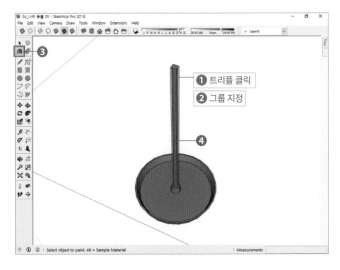

15 Front 뷰(⌂)를 클릭한 후, 메뉴에서 [Camera]-[Parallel Projection]을 선택합니다. 이동 툴(✥ : M)을 클릭하고 Ctrl 키를 한 번 눌러 + 표시(✥)가 나타난 상태에서 하단의 접시 부분을 X축(위쪽)으로 클릭&드래그한 후 수치 창에 '351'을 입력합니다.

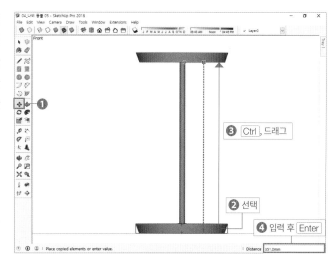

16 배율 툴(▣ : S)을 선택하고 Ctrl 키를 누른 채 복사한 윗접시의 대각선 방향의 조절점을 드래그한 후 수치 창에 '0.5'를 입력합니다.

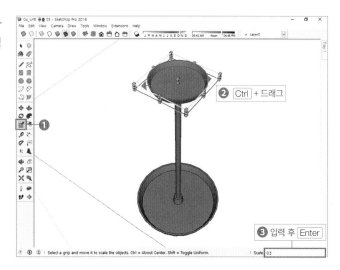

17 이동 툴(✥ : M)을 클릭하고 윗접시를 Z축(아래쪽)으로 클릭&드래그한 후 수치 창에 '5'를 입력합니다.

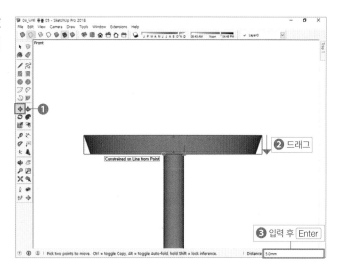

18 배율 툴(📱 : S)로 윗접시의 가운데 세로 조
절점을 잡고 위쪽으로 클릭&드래그한 후 수치 창
에 '1.2'를 입력합니다.

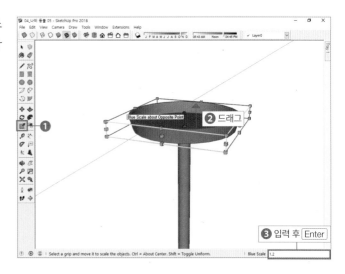

19 원형 툴(◉ : C)을 클릭한 후 수치 창에 '12'를 입력하고 윗접시의 중심점을 찾고 중심점을 기준으로 클릭&
드래그한 후 수치 창에 '3.5'를 입력합니다.

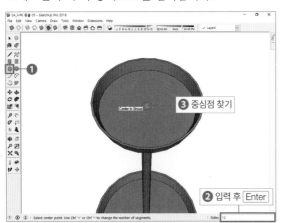

20 밀기/당기기 툴(◈ : P)로 면을 위로 클릭&
드래그한 후 수치 창에 '25.5'를 입력합니다.

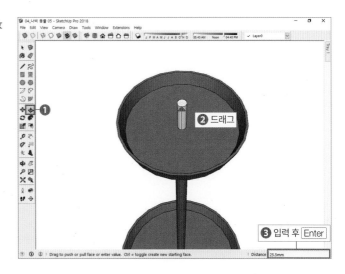

21 밀기/당기기 툴(◆ : P)을 클릭한 후, Ctrl 키를 한 번 눌러 + 표시(◆)가 나타난 상태에서 면을 위로 클릭&드래그한 후 수치 창에 '7'을 입력합니다.

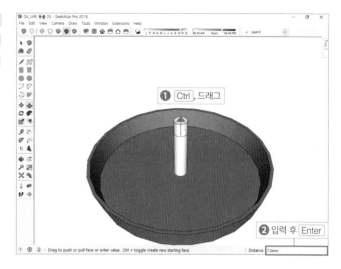

22 배율 툴(■ : S)을 클릭한 후, Ctrl 키를 누른 채 윗면을 대각선 방향으로 클릭&드래그한 후 수치 창에 '0.7'을 입력합니다.

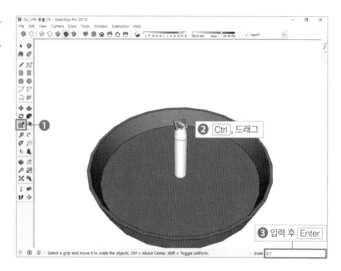

23 밀기/당기기 툴(◆ : P)을 클릭한 후, 윗면을 위로 클릭&드래그한 후 수치 창에 '6'을 입력합니다.

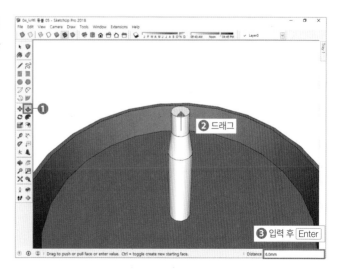

24 배율 툴(■ : S)을 클릭한 후, Ctrl 키를 누른 채 면을 대각선 방향으로 클릭&드래그한 후 수치 창에 '0.1'을 입력합니다.

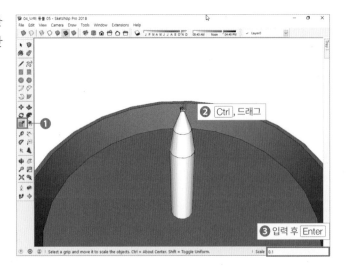

25 지우개 툴(✎ : E)을 선택하고 Ctrl 키를 누른 채 라인을 클릭해서 부드럽게 해 줍니다.

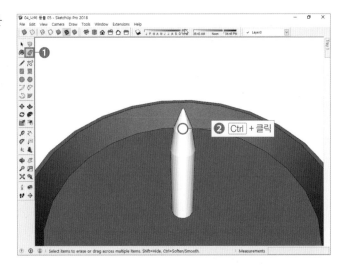

26 객체를 트리플 클릭하고 그룹 지정한 후 페인트 통 툴(◈ : B)로 객체를 클릭해 색상을 입혀줍니다.

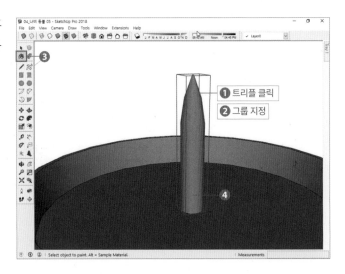

조합해서 완성하기

나비 몸통과 날개를 몸통에 조합시켜 나비 등불을 완성합니다.

|예제 불러오기| Part 3/Chapter 2/340300-001.skp

1 '340300-001.skp' 파일을 불러옵니다. Right 뷰(🖱)를 클릭한 후, 메뉴에서 [Camera]-[Parallel Projection]을 선택합니다. 이동 툴(✛ : M)로 오른쪽 접합부를 클릭&드래그해서 그림처럼 양초밑의 촛대에 붙여줍니다.

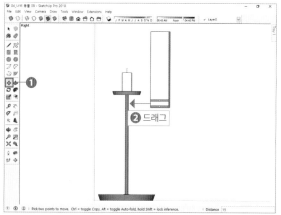
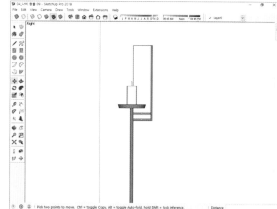

2 Back 뷰(🏠)를 클릭하고 화면을 그림과 같이 확대합니다. 떨어져있는 나비 장식 연결부를 이동 툴(✛ : M)로 X축으로 이동해서 촛대에 더 정확하게 중앙을 정렬해 줍니다.

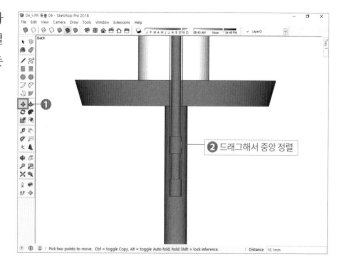

3 나비 장식 연결부를 더블클릭해서 편집
모드로 들어갑니다. 구멍 뚫린 두 객체를 Shift
키를 누른 채 선택한 후 마우스 오른쪽 버튼을
클릭하고 [Intersect Faces]-[With Model]을 선
택합니다.

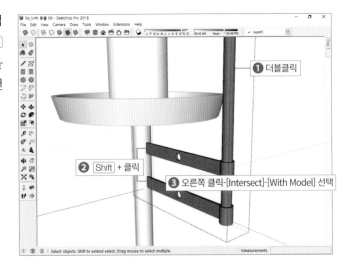

4 Front 뷰(⌂)를 클릭한 후, 메뉴에서
[Camera]-[Parallel Projection]을 선택합니다.
이동 툴(✛ : M)로 나비 모양 그룹을 X축(왼쪽)
으로 클릭&드래그해서 촛대 가운데에 정렬시
킵니다.

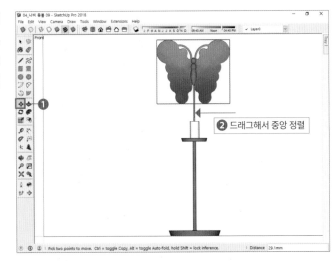

5 Right 뷰(⊟)를 클릭한 후, 메뉴에서
[Camera]-[Parallel Projection]을 선택합니다.
이동 툴(✛ : M)로 나비 모양 그룹을 클릭&드
래그해서 접합부 중앙에 정렬합니다.

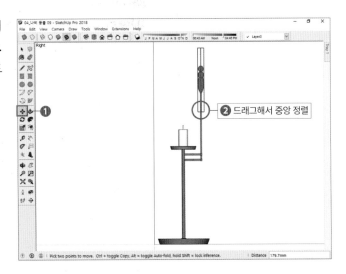

6 그림과 같이 나비 꼬리 부분을 크게 확대합니다. 둥근 기둥의 가운데에 정렬된 것을 확인합니다.

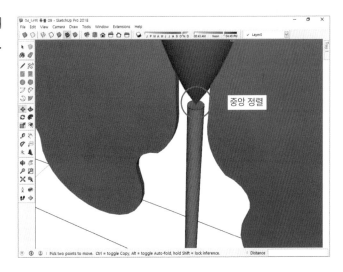

7 그림처럼 나비 꼬리를 원기둥에 맞춥니다. 이동 툴(✛ : M)로 나비 꼬리를 클릭&드래그해서 Z축 (아래쪽)으로 이동합니다.

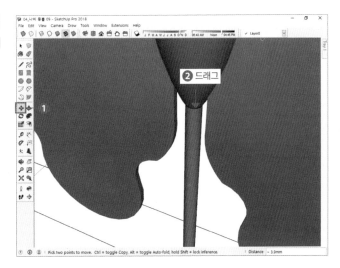

8 양초 부분과 그 밑의 객체들만 선택한 후, 이동 툴(✛ : M)을 클릭하고 Ctrl 키를 한 번 눌러 + 표시(✛)가 나타난 상태에서 X축(왼쪽)으로 클릭&드래그하여 복사한 후 그룹 지정합니다. 나비 모양의 촛대도 그룹 지정합니다.

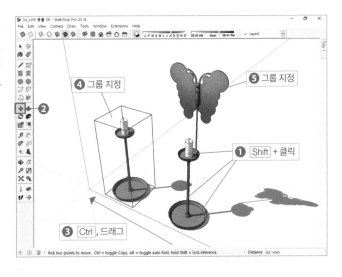

CHAPTER

03

간단한 한옥 건물 만들기

이번 장에서는 한옥 건물을 만들어 보겠습니다. 한옥은 지붕 역할을 하는
서까래와 기와의 라인을 살리는 구조를 이해하지 않고는 상당히 어려운
작업입니다. 기와는 직선이 아닌 미려한 곡선의 형태로 배열되어 아름다운
라인을 만듭니다. 비교적 쉬운 편에 속하는 맞배집 스타일로 만들어
보겠습니다. 기본적인 한옥 건물을 만들고 먼저 만들었던 사극 소품들을
이용해서 방안에 배치까지 해보도록 하겠습니다.

| 예제 완성파일 | Part 3/Chapter 3/370000-001.skp

SECTION

01

기둥 만들기

사각형 툴과 밀기/당기기 툴로 사각형 기둥을 만들고 이동 툴과 배율 툴을 사용해 완성해봅니다.

|예제 불러오기| Part 3/Chapter 3/370100-001.skp

---

1 '370100-001.skp' 파일을 불러옵니다. [Default Tray]-[Layers]의 [1_기와_상단]의 체크를 끕니다.

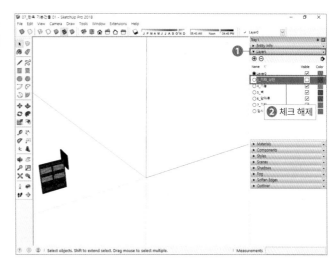

2 사각형 툴(■ : R)로 작업 화면의 원점에서 클릭&드래그한 후 수치 창에 '7173.4,4126'을 입력합니다.

> **TIP**
> 원점은 Axes(축)이 자리한 지점입니다. Red, Green, Blue 라인이 교차하는 지점에 커서를 가져가면 추정 기능으로 원점을 찾을 수 있습니다.

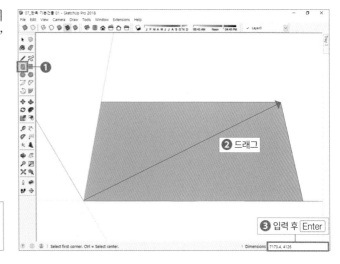

3 밀기/당기기 툴(✦ : P)로 면을 클릭&드래그한 후 수치 창에 '88.1'을 입력합니다. 객체를 트리플 클릭한 후 그룹 지정합니다. [Materials]-[In Model](⌂)을 클릭한 후, [Color M01]을 선택합니다. 페인트 통 툴(✎ : B)로 객체를 클릭해서 색을 입혀줍니다.

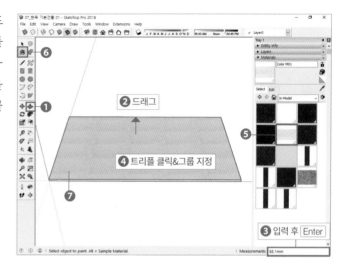

4 이동 툴(✦ : M)로 X축(오른쪽)으로 클릭&드래그한 후 수치 창에 '147.2'를 입력하고 Y축(뒷쪽)으로 클릭&드래그한 후 수치 창에 '1009.1'을 입력합니다. Z축(위쪽)으로 클릭&드래그한 후 수치 창에 '303.6'을 입력합니다.

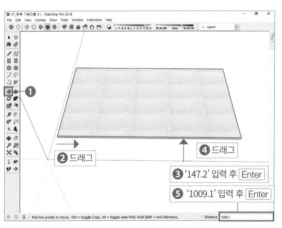 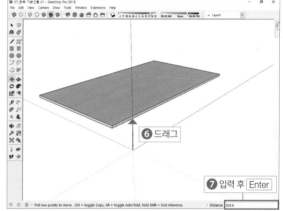

5 사각형 툴(▦ : R)로 원점에서 클릭&드래그한 후 수치 창에 '268.4,278.1'을 입력합니다.

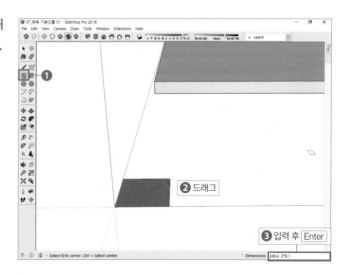

6 밀기/당기기 툴(◆ : P)로 면을 위로 클릭&드래그한 후 수치 창에 '302.2'를 입력합니다. 위쪽 면을 클릭하고 배율 툴(▦ : S)로 Ctrl 키를 누른 채 클릭&드래그한 후 수치 창에 '0.8'을 입력합니다.

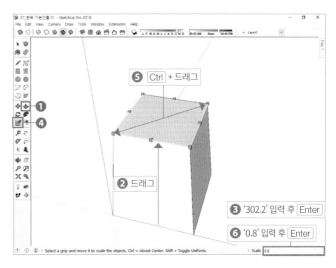

7 객체를 트리플 클릭한 후 마우스 오른쪽 버튼을 클릭하고 [Make Group]을 선택해 그룹 지정합니다. [Materials] 패널에서 [Material3]을 선택하고 객체를 클릭해 텍스처를 입혀줍니다.

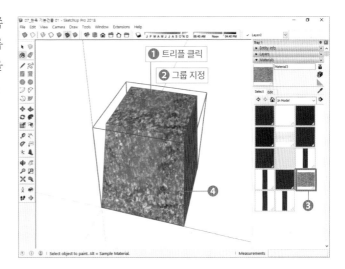

8 사각형 툴(▦ : R)을 선택하고 추정 기능으로 돌받침의 중심을 찾은 후 Ctrl 키를 눌러주면 사각형의 중심이 됩니다. 사각형의 중심점에서 클릭&드래그한 후 수치 창에 '169.3, 176.3'을 입력합니다.

TIP
사각형 툴을 선택하고 Ctrl 키를 누르면 클릭하는 지점이 사각형의 중심이 됩니다.

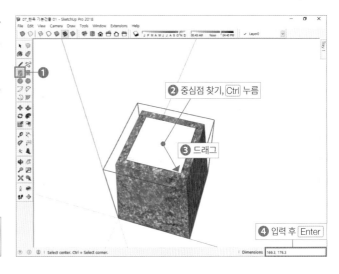

9 밀기/당기기 툴(◈ : P)로 면을 위로 클릭&드래그한 후 수치 창에 '2100.5'를 입력한 후 객체를 트리플 클릭하고 그룹 지정합니다.

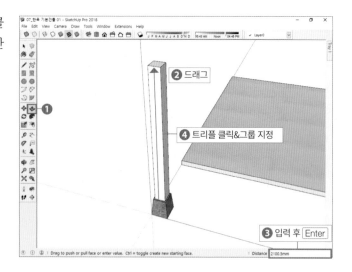

10 [Materials] 패널에서 [Material 002]를 선택하고 기둥 객체를 클릭해 텍스처를 입혀줍니다.

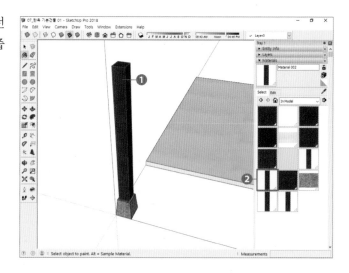

11 나무기둥 객체를 더블클릭해서 편집 모드로 들어갑니다. 앞면을 선택하고 마우스 오른쪽 버튼을 클릭해 [Texture]-[Position]을 선택합니다. 다시 마우스 오른쪽 버튼을 클릭하고 [Rotate]-[90]을 선택합니다.

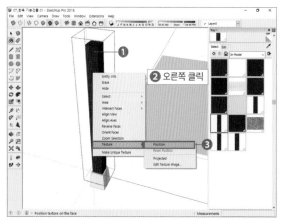
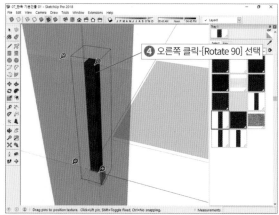

12 Shift 키를 누른 채 돌기둥과 나무 기둥을 선택하고 그룹 지정합니다. 이동 툴(✛ : M)로 X축(왼쪽)으로 클릭&드래그해 43.1만큼 이동하고 Y축(뒤쪽)으로 클릭&드래그해 817.4만큼 이동합니다.

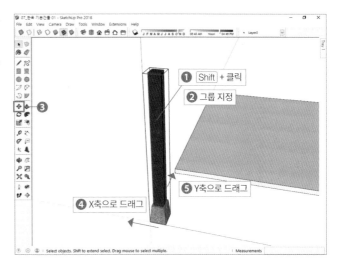

13 이동 툴(✛ :M)을 클릭하고 Ctrl 키를 한 번 눌러 + 표시( )가 나타난 상태에서 X축(오른쪽)으로 클릭&드래그한 후 수치 창에 '3652.5'를 입력합니다. 다시 Ctrl 키를 한 번 눌러 + 표시( )가 나타난 상태에서 X축(오른쪽)으로 클릭한 후 수치 창에 '3661.7'을 입력합니다.

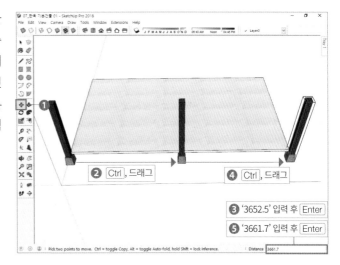

14 Shift 키를 누른 채 바깥쪽의 2개의 기둥을 선택합니다. 이동 툴(✛ :M)을 클릭하고 다시 Ctrl 키를 한 번 눌러 + 표시( )가 나타난 상태에서 Y축(뒤쪽)으로 클릭&드래그한 후 수치 창에 '2115.7'을 입력합니다.

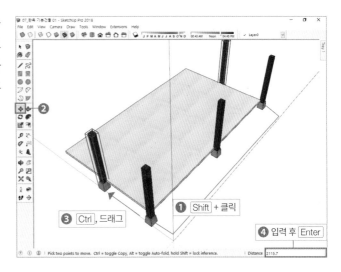

15 Shift 키를 누른 채 앞쪽의 3개의 기둥을 선택한 후 이동 툴(✛ :M)을 클릭하고 Ctrl 키를 한 번 눌러 + 표시(✛)가 나타난 상태에서 Y축(뒤쪽)으로 클릭&드래그한 후 수치 창에 '4231.3'을 입력합니다.

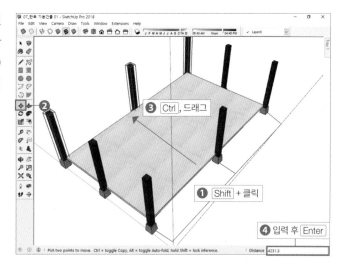

16 Shift 키를 누른 채 기둥을 모두 선택한 후 상단 툴 바의 Layer(Layer0) 옆 화살표를 클릭해 레이어 목록이 나오면 [4_기둥]을 선택합니다.

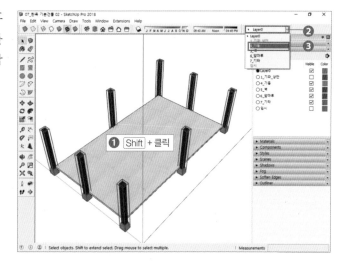

기본 벽 그룹 만들기

사각형 툴과 밀기/당기기 툴로 벽을 만들고 이동 툴과 배율 툴을 사용해 완성해봅니다.

| 예제 불러오기 | Part 3/Chapter 3/370200-001.skp

1 사각형 툴(▨ : R)로 원점에서 클릭&드래그한 후 '3483.9, 98.3' 크기의 사각형을 만듭니다. 밀기/당기기 툴(◈ : P)로 사각형의 면을 위로 클릭&드래그한 후 수치 창에 '289.7'을 입력합니다.

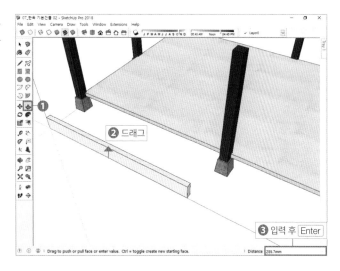

2 객체를 트리플 클릭하고 그룹 지정한 후 [Materials] 패널에서 [Color M01]을 선택하고 페인트 통 툴(◉ : B)로 객체를 클릭해서 색을 입혀줍니다.

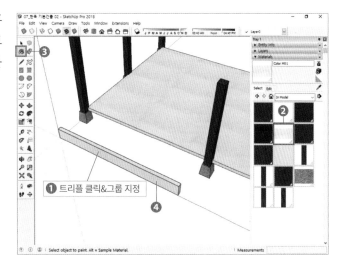

3 사각형 툴(▨ : R)로 사각 객체의 왼쪽 위 모서리를 클릭&드래그한 후 '3483.9, 113.3' 크기의 사각형을 만듭니다. 밀기/당기기 툴(◈ : P)로 면을 위로 클릭&드래그한 후 수치 창에 '176.3'을 입력합니다.

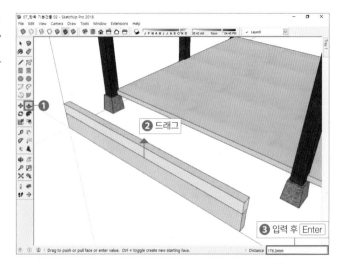

4 복사한 객체를 트리플 클릭하고 그룹 지정합니다. [Materials] 패널에서 [Material 002]를 선택한 후 페인트 통 툴(▨ : B)로 객체를 클릭해서 색을 입혀줍니다.

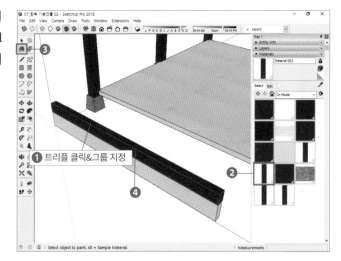

5 이동 툴(◈ : M)을 클릭하고 복사한 객체를 Y축(앞쪽)으로 클릭&드래그한 후 수치 창에 '7.5'를 입력합니다.

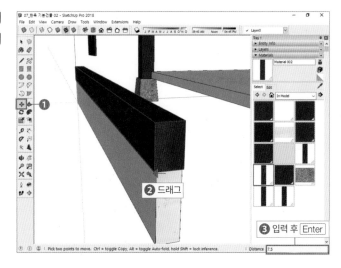

6 밑의 흰벽 객체를 선택합니다. 이동 툴
(✤ : M)을 클릭하고 Ctrl 키를 한 번 눌러 +
표시(✥)가 나타난 상태에서 Z축(위쪽)으로
클릭&드래그한 후 수치 창에 '466'을 입력해
복사합니다. 3개의 객체를 트리플 클릭한 후
그룹 지정합니다.

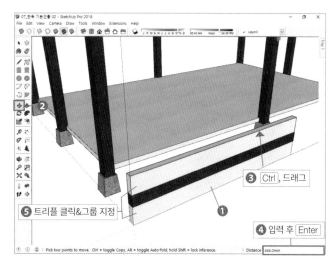

7 그룹화한 3개의 객체를 더블클릭을 해서
편집 모드로 들어갑니다. 밀기/당기기 툴(✦ :
P)로 윗면을 위로 클릭&드래그한 후 수치 창
에 '1456.9'를 입력합니다.

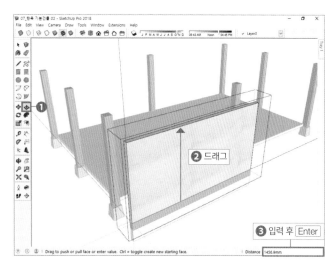

8 밀기/당기기 툴(✦ : P)로 오른쪽 면을 X
축(왼쪽)으로 클릭&드래그한 후 수치 창에
'2564,2'를 입력합니다.

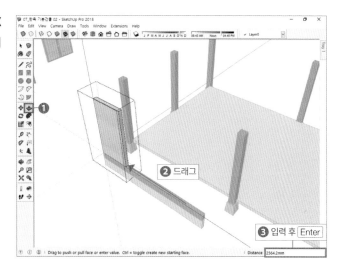

9 빈 공간을 클릭해서 편집 모드에서 나옵니다. 이동 툴(✦ : M)을 클릭하고 Ctrl 키를 한 번 눌러 + 표시(✦)가 나타난 상태에서 벽 객체를 X축(오른쪽)으로 클릭&드래그한 후 수치 창에 '2564.2'를 입력합니다.

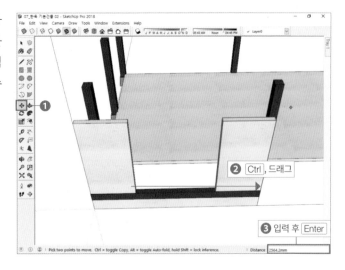

10 가로 나무 기둥을 선택하고 ↑ 키를 눌러서 Z축 고정을 합니다. 이동 툴(✦ : M)을 클릭하고 Ctrl 키를 한 번 눌러 + 표시(✦)가 나타난 상태에서 Z축(위쪽)으로 클릭&드래그한 후 수치 창에 '641'을 입력합니다.

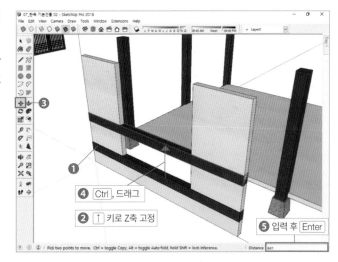

11 다시 Ctrl 키를 한 번 눌러 + 표시(✦)가 나타난 상태에서 가운데 가로 나무 기둥을 Z축(위쪽)으로 클릭&드래그한 후 수치 창에 '1281.9'를 입력합니다.

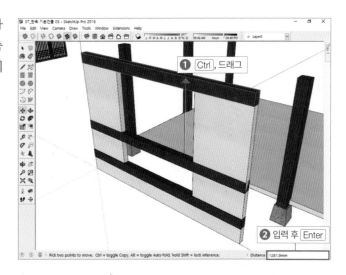

12 가운데 가로 기둥을 선택하고 배율 툴
(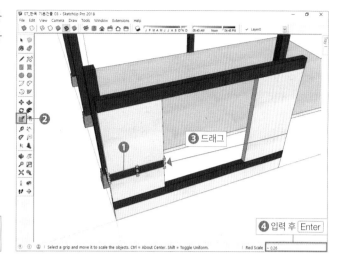 : S)로 가로로 클릭&드래그한 후 수치 창
에 '0.26'을 입력합니다.

> **TIP** 배율 툴로 가로나 세로로 조절할 때에는 3개의 조절점 중 항
> 상 가운데 조절점을 클릭&드래그합니다.

13 이동 툴(✥ : M)을 클릭하고 Ctrl 키를 한
번 눌러 + 표시(✥)가 나타난 상태에서 가운
데 가로 기둥 X축(오른쪽)으로 클릭&드래그한
후 수치 창에 '2564.2'를 입력합니다.

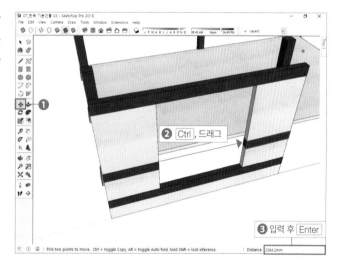

14 사각형 툴(▣ : R)로 그림과 같이 벽과 나
무 기둥의 교차점에서 클릭&드래그한 후 수치
창에 '113.9,113.3'을 입력합니다.

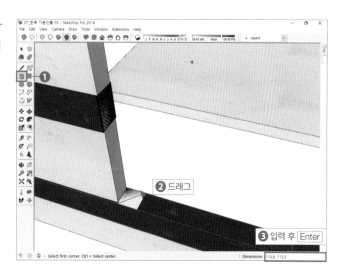

15 밀기/당기기 툴(◈ : P)로 면을 클릭&드래그한 후 수치 창에 '1746.6'을 입력합니다. 객체를 트리플 클릭하고 그룹 지정한 후 페인트 통 툴(◈ : B)로 객체를 클릭해서 색(Material 002)을 입혀줍니다.

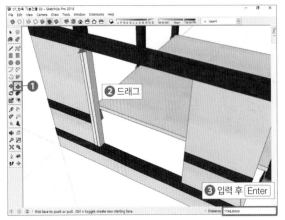 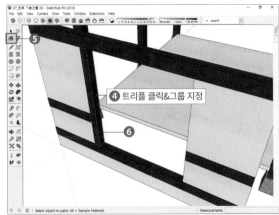

16 이동 툴(◈ : M)을 클릭하고 [Ctrl] 키를 한 번 눌러 + 표시(◈)가 나타난 상태에서 왼쪽의 세로 나무 기둥을 X축(오른쪽)으로 클릭&드래그한 후 수치 창에 '1530.6'을 입력합니다.

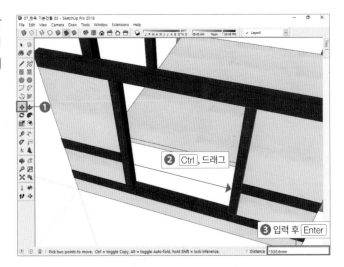

17 이동 툴(◈ : M)로 처음 파일을 열 때 있던 문 그룹의 모서리 하단 중 한 부분을 클릭합니다.

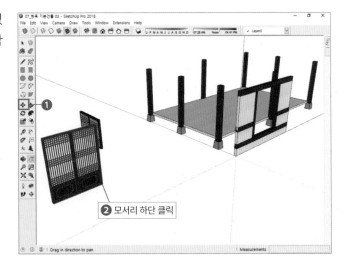

18 문이 들어갈 하단의 나무 기둥끼리의 접점을 클릭합니다.

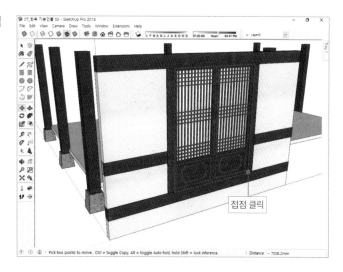

19 이동 툴(✛ : M)을 선택하고 ← 키를 눌러 Y축이 고정된 상태에서 문 그룹을 뒤로 클릭&드래그한 후 수치 창에 '26.4'를 입력합니다.

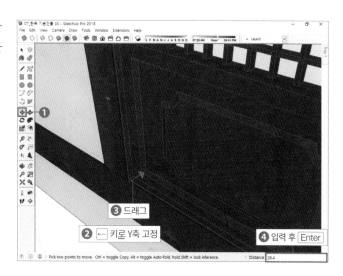

20 사각형 툴(▢ : R)로 벽의 상단 왼쪽 꼭지점에서 클릭&드래그한 후 수치 창에 '166.4,110.3'을 입력합니다.

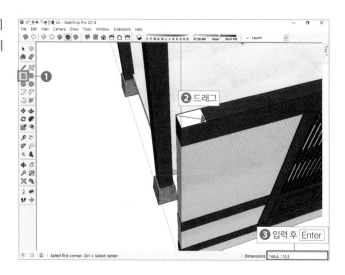

21 사각형의 크기가 나무 기둥의 크기보다 적기 때문에 가운데로 이동해보겠습니다. 객체를 더블클릭해서 사각형을 선택합니다. 이동 툴(❖ : M)을 선택하고 ⟵ 키를 눌러 Y축이 고정된 상태에서 Y축(앞쪽)으로 클릭&드래그한 후 수치 창에 '1.5'를 입력합니다.

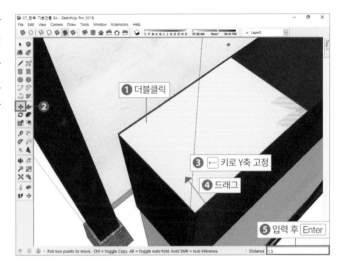

22 밀기/당기기 툴(◆ : P)로 면을 위로 클릭&드래그한 후 수치 창에 '28.6'을 입력합니다.

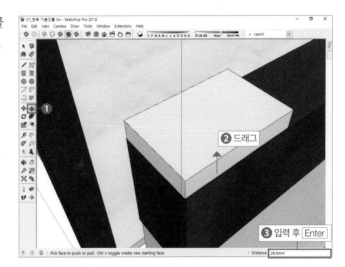

23 벽의 지지대가 될 사각형의 윗면을 클릭합니다. 배율 툴(▦ : S)을 클릭하고 Ctrl 키를 누른 채 대각선 방향으로 클릭&드래그한 후 수치 창에 '1.3'을 입력합니다.

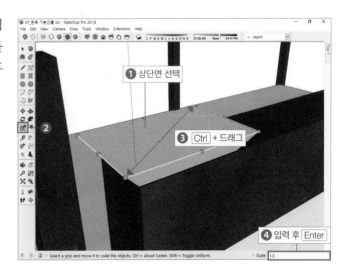

24 밀기/당기기 툴(◆ : P)을 클릭한 후, 면을 위로 클릭&드래그후 수치 창에 '104.8'을 입력합니다. 벽의 지지대를 트리플 클릭하고 그룹 지정합니다.

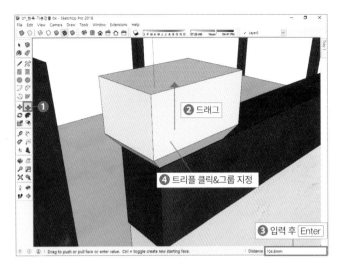

25 페인트 통 툴(◢ : B)로 지지대를 클릭해 텍스처(Material 002)를 입혀줍니다.

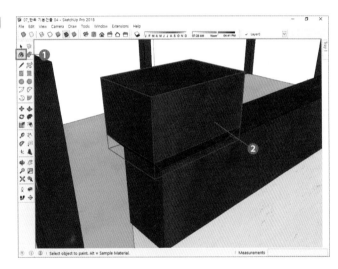

26 이동 툴(◆ : M)로 벽의 지지대를 X축(오른쪽)으로 클릭&드래그한 후 수치 창에 '254.8'을 입력합니다.

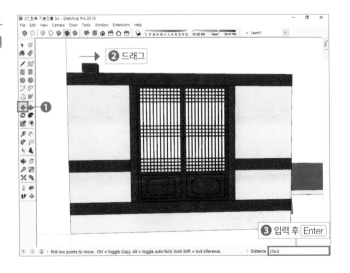

27 이동 툴(✥ : M)을 클릭하고 Ctrl 키를 한 번 눌러 + 표시(✥)가 나타난 상태에서 X축(오른쪽)으로 클릭&드래그한 후 수치 창에 '2804.7'을 입력합니다.

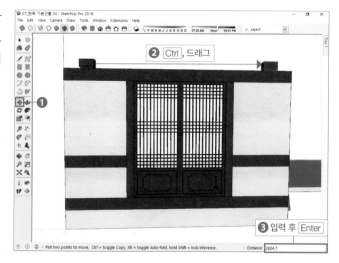

28 수치 창에 '6'을 입력하면 6개의 지지대가 동일한 간격으로 배치됩니다.

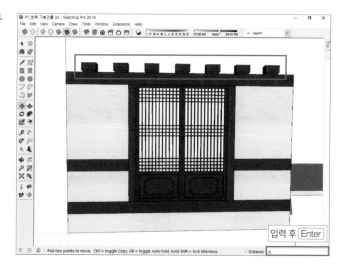

29 그림과 같이 지지대 아래 기둥을 선택합니다. 이동 툴(✥ : M)을 클릭하고 Ctrl 키를 한 번 눌러 + 표시(✥)가 나타난 상태에서 Z축(위쪽)으로 클릭&드래그한 후 수치 창에 '252.7'을 입력합니다.

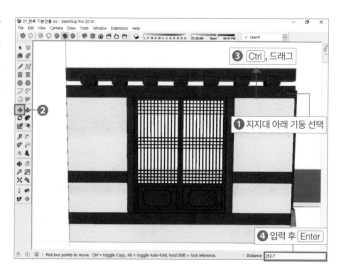

30 복사한 나무 윗기둥을 더블클릭을 해서 편집 모드로 들어갑니다. 밀기/당기기 툴(◈ : P)로 윗면을 위로 클릭&드래그한 후 수치 창에 '26.3'을 입력합니다.

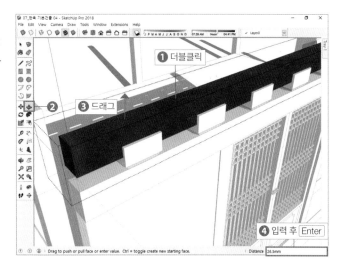

31 Top 뷰(▣)를 클릭하고 메뉴에서 [Camera]-[Parallel Projection]을 선택합니다. 그림과 같이 앞벽 그룹들을 드래그하여 모두 선택한 후 마우스 오른쪽 버튼을 클릭하고 [Make Group]을 선택해 그룹 지정합니다.

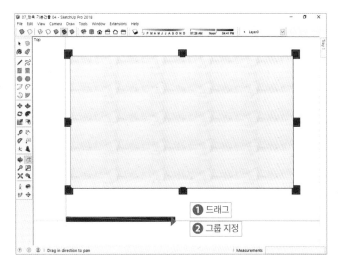

SECTION 03

앞뒤 벽면 만들기

이동 툴과 배율 툴을 이용해 벽면을 만들고 선 툴로 벽면의 세부를 완성합니다.

| 예제 불러오기 | Part 3/Chapter 3/370300-001.skp

1 벽 그룹을 더블클릭해서 편집 모드로 전환합니다. [Shift] 키를 누른 채 그림과 같이 벽 지지대인 중간의 사각형 그룹들을 선택한 후 마우스 오른쪽 버튼을 클릭하고 [Intersect Faces]-[With Model]을 선택합니다.

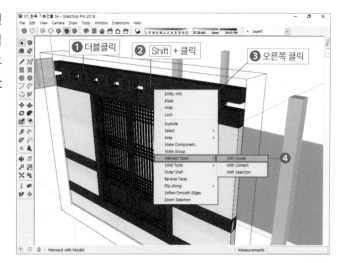

2 화면의 빈 공간을 클릭해서 편집 모드에서 나옵니다. 이동 툴(: M)을 클릭하고 벽 그룹을 X축(오른쪽)으로 클릭&드래그한 후 수치 창에 '176.4'를 입력합니다. Y축(뒤쪽)으로 클릭&드래그한 후 수치 창에 '903.6'을 입력합니다.

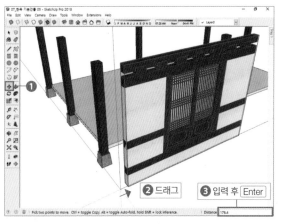

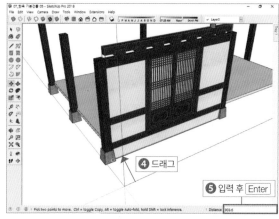

3 이동 툴(✥ : M)로 벽 그룹을 Z축(위쪽)으로 클릭&드래그한 후 수치 창에 '13.9'를 입력합니다.

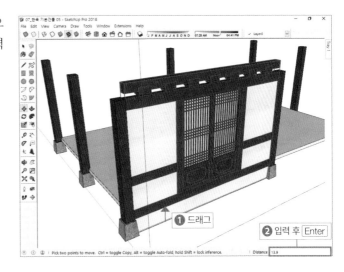

4 이동 툴(✥ : M)을 클릭하고 Ctrl 키를 한 번 눌러 + 표시(✥)가 나타난 상태에서 벽 그룹을 X축(오른쪽)으로 클릭&드래그한 후 '3651.9'를 입력합니다.

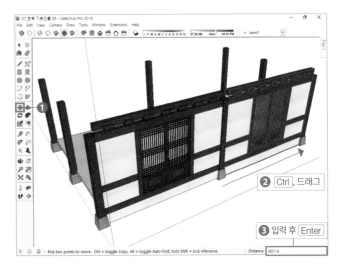

5 마우스 휠 버튼을 클릭&드래그해서 화면을 회전시켜 그림처럼 뒷쪽을 보이게 합니다. 벽 그룹을 하나 클릭합니다.

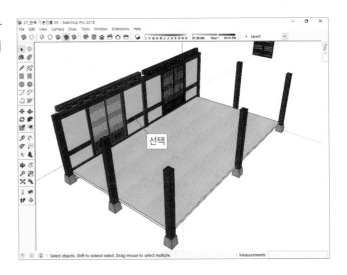

6 이동 툴(✥ : M)을 클릭합니다. `Ctrl` 키를 한 번 눌러 + 표시(✥)가 나타난 상태에서 Y축 (앞쪽)으로 클릭&드래그한 후 수치 창에 '4239.3'을 입력합니다.

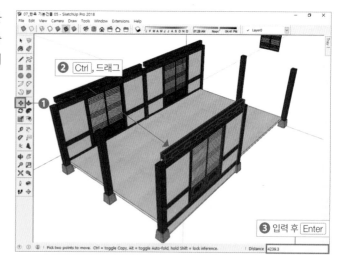

7 복사한 벽 그룹을 더블클릭을 해서 편집 모드로 전환합니다. 문을 선택하고 `Del` 키를 눌러 삭제합니다.

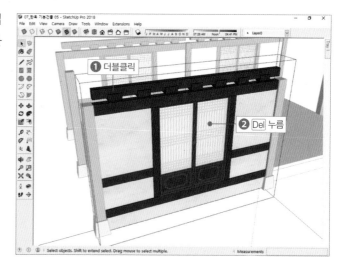

8 그림처럼 `Shift` 키를 누른 채 중간의 기둥과 오른쪽의 흰벽, 오른쪽의 가로 기둥을 선택하고 `Del` 키를 눌러 삭제합니다.

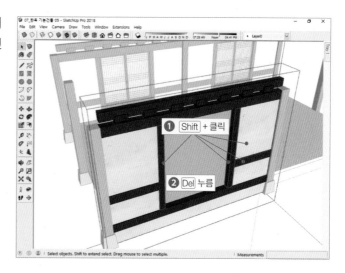

9 왼쪽 가운데 기둥을 더블클릭해서 편집 모드로 들어갑니다. 밀기/당기기 툴(🖐 : P)로 왼쪽 가운데 기둥의 오른쪽 면을 클릭&드래그한 후 수치 창에 '2564.2'를 입력합니다. 흰 벽을 더블클릭해서 편집 모드로 들어가서 밀기/당기기 툴(🖐 : P)로 흰 벽의 오른쪽 면을 클릭&드래그한 후 수치 창에 '2572.5'를 입력합니다.

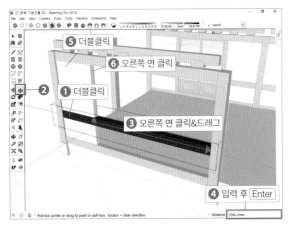
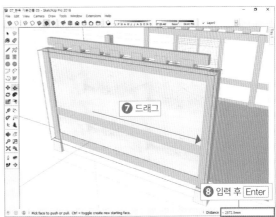

10 Back 뷰(⌂)를 클릭하고 메뉴에서 [Camera]-[Parallel Projection]을 선택합니다. 메뉴에서 [View]-[Component Edit]-[Hide Rest Of Model]을 선택한 후 흰 벽이 화면에 잘 보이게 조정합니다.

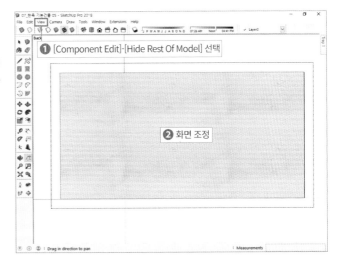

TIP | [Hide Rest Of Model]은 많은 오브젝트들이 있어서 작업이 힘들 경우, 선택된 객체만 단독으로 화면에서 보여주는 모드입니다.

11 선 툴(✏ : L)로 왼쪽 위 꼭지점에서 오른쪽으로 클릭&드래그한 후 수치 창에 '1187.1'을 입력합니다. 라인을 선택한 후, 이동 툴(✥ : M)을 클릭하고 Ctrl 키를 한 번 눌러 + 표시(✥)가 나타난 상태에서 Z축(아래쪽)으로 클릭&드래그한 후 수치 창에 '106.3'을 입력합니다.

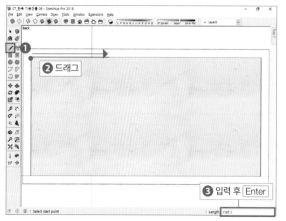
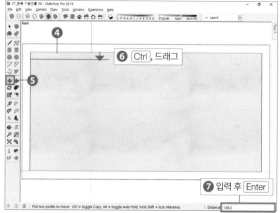

12 사각형 툴(▪ : R)로 라인의 끝점을 클릭&드래그한 후 수치 창에 '1109.7,874.9'를 입력합니다.

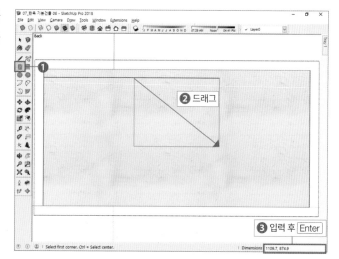

13 Iso 뷰(◈)를 클릭하고 메뉴에서 [Camera]-[Parallel Projection]을 선택합니다. 메뉴에서 [View]-[Component Edit]-[Hide Rest Of Model]을 선택합니다. 밀기/당기기 툴(✥ : P)로 면을 벽 안쪽으로 클릭&드래그한 후 수치 창에 '98.3'을 입력합니다. 창문이 들어갈 면을 뚫어줍니다.

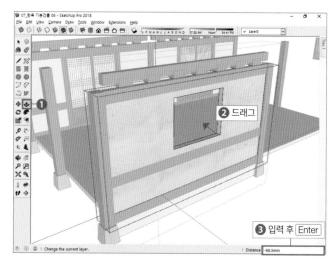

14 선택 툴(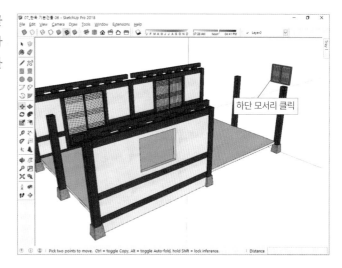 : Spacebar)로 빈 공간을 클릭해서 편집 모드에서 빠져나옵니다. 처음 파일을 열 때 있던 창문의 왼쪽 하단 모서리를 선택합니다.

하단 모서리 클릭

15 이동 툴(✢ : M)로 창문을 클릭하고 창문이 들어갈 위치의 왼쪽 하단 모서리를 클릭해서 이동시킵니다.

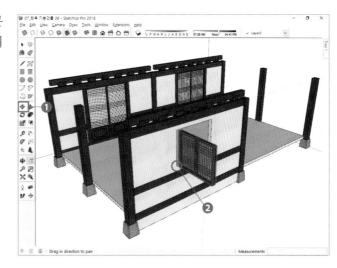

16 이동 툴(✢ : M)로 객체 상단의 빨간 십자가를 클릭한 후 반시계 방향으로 클릭&드래그한 후 수치 창에 180을 입력합니다.

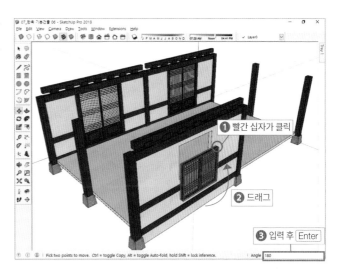

① 빨간 십자가 클릭
② 드래그
③ 입력 후 Enter

17 이동 툴(✦ : M)로 창문의 하단 앞 모서리를 클릭하고 창문이 들어갈 벽의 하단 모서리를 클릭하면 정확하게 이동됩니다. 이동 툴(✦ : M)로 Y축(뒤쪽)으로 클릭&드래그한 후 수치 창에 '20'을 입력합니다.

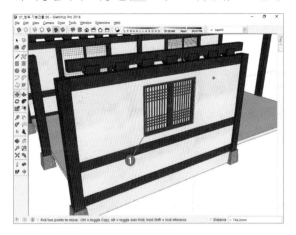 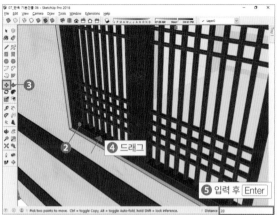

18 창문과 벽을 선택하고 그룹 지정합니다. 이동 툴(✦ : M)을 클릭하고 Ctrl 키를 한 번 눌러 + 표시(✦)가 나타난 상태에서 X축(오른쪽)으로 클릭&드래그한 후 수치 창에 '3660.9'를 입력합니다.

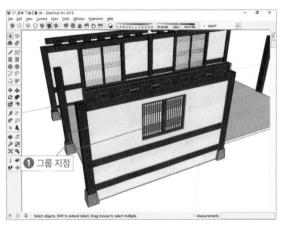 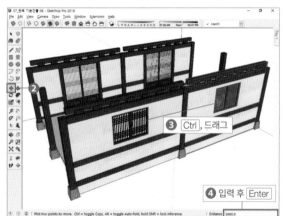

마루 만들기

사각형 툴, 밀기/당기기 툴을 이용해 마루를 만들고 뷰를 전환한 후 이동 툴로 완성합니다.

| 예제 불러오기 | Part 3/Chapter 3/370400-001.skp

1 사각형 툴(▨ : R)로 원점에서 클릭&드래그한 후 '169.3,176'의 사각형을 만듭니다. 밀기/당기기 툴(◆ : P)로 면을 위로 클릭&드래그한 후 수치 창에 '303.6'을 입력합니다.

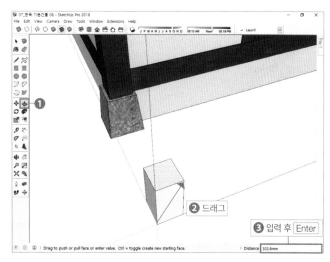

❷ 드래그

❸ 입력 후 Enter

2 객체를 트리플 클릭하고 그룹 지정한 후 페인트 통 툴(◉ : B)로 객체를 클릭해서 색(Material 002)을 입혀줍니다.

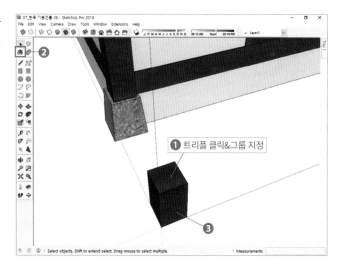

❶ 트리플 클릭&그룹 지정

3 Front 뷰(🏠)를 클릭합니다. 사각형 툴
(▣ : R)로 앞의 나무기둥 왼쪽 모서리를 Y축
(직각 방향)으로 클릭&드래그해 사각형을 그
린 후 수치 창에 '169.3,170.6'을 입력합니다.

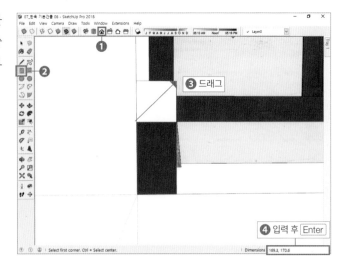

4 그림과 같이 화면처럼 구도를 변경합니
다. 밀기/당기기 툴(◆ : P)로 면을 Y축(뒤쪽)
으로 클릭&드래그한 후 수치 창에 '868.3'을
입력합니다.

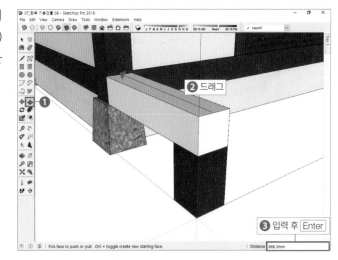

5 객체를 트리플 클릭하고 그룹 지정한 후
페인트 통 툴(🎨 : B)로 객체를 클릭하고 나무
텍스처를 입혀줍니다.

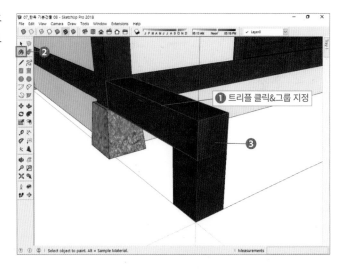

6 Shift 키를 누른 채 2개의 기둥을 선택하고 이동 툴(✣ : M)로 X축(오른쪽)으로 클릭&드래그한 후 수치 창에 '6.4'를 입력합니다.

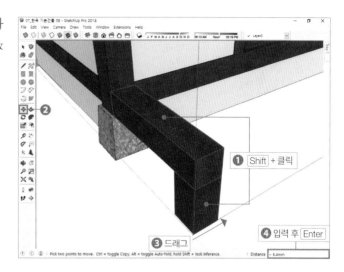

7 이동 툴(✣ : M)을 클릭하고 Ctrl 키를 한 번 눌러 + 표시(✣)가 나타난 상태에서 기둥 그룹을 X축(오른쪽)으로 클릭&드래그한 후 수치 창에 '3652.5'를 입력합니다. 다시 수치 창에 '/2'를 입력하면 2개의 기둥 그룹이 복사됩니다.

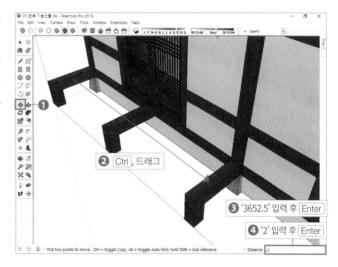

8 사각형 툴(▬ : R)로 가장 왼쪽 나무 기둥 모서리를 클릭&드래그한 후 수치 창에 '170.6,176'을 입력합니다. 밀기/당기기 툴(✦ : P)로 면을 왼쪽으로 클릭&드래그한 후 수치 창에 '1657'을 입력합니다. 만들어진 가로 기둥을 트리플 클릭하고 그룹 지정합니다.

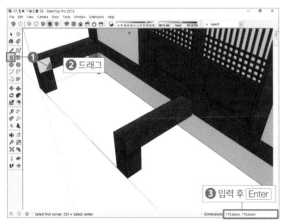

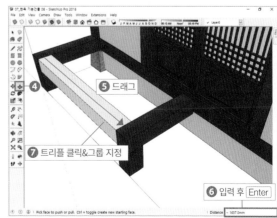

9 페인트 통 툴(🖌 : B)로 가로 기둥을 클릭해서 텍스처(Material 002)를 입혀줍니다.

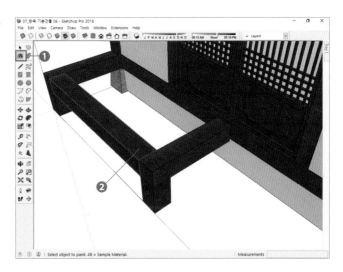

10 만든 가로 기둥을 복사해 Y축(뒤쪽)으로 170.6mm만큼 이동합니다. 선택 툴(▶ : Spacebar)로 복사한 가로 기둥을 더블클릭해서 편집 모드로 들어간 후 윗면을 선택합니다. [Material]에서 첫 번째 나무 아이콘을 선택한 후 마루가 될 객체의 윗면을 클릭합니다.

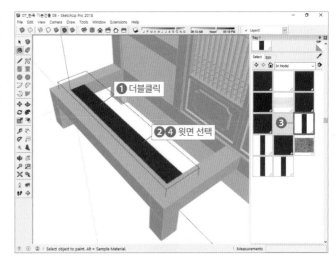

11 나무 텍스처가 입혀지면, 마우스 오른쪽 버튼을 클릭하고 [Texture]-[position]을 선택합니다. 텍스처 조정모드에서 마우스 오른쪽 버튼을 클릭하고 [Rotate]-[90]을 선택합니다. 녹색 아이콘을 객체에 딱 맞도록 클릭&드래그 합니다.

> **TIP** 면을 선택하고 마우스 오른쪽 버튼의 메뉴에서 texture가 잘 안 뜰 때는 페인트 통 툴을 선택하고 Alt 키를 눌러 면을 한 번 클릭합니다.

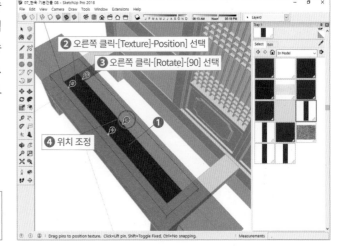

12 밀기/당기기 툴(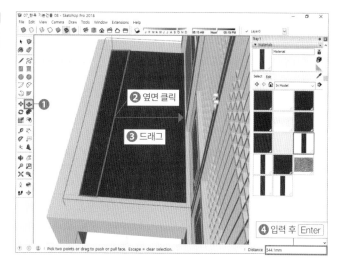 : P)로 마루가 될 객체의 옆면을 오른쪽으로 클릭&드래그한 후 수치 창에 '544.1'을 입력합니다.

13 화면의 빈 공간을 클릭해서 편집 모드에서 나온 후 마루 전체를 선택하고 그룹 지정합니다. 이동 툴(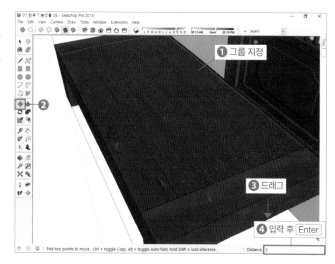 : M)로 마루 그룹을 Z축(아래쪽)으로 클릭&드래그한 후 수치 창에 '5'를 입력합니다.

14 마루 그룹을 더블클릭해서 편집 모드로 전환한 후 그림과 같이 화면을 조정합니다. 밀기/당기기 툴(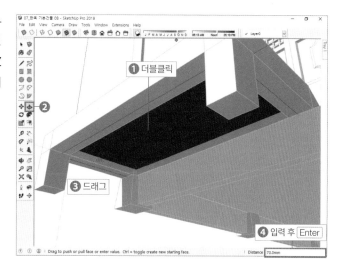 : P)로 마루 그룹의 밑면을 Z축(위쪽)으로 클릭&드래그한 후 수치 창에 '70'을 입력합니다.

15 마루 그룹과 마루 가운데 기둥을 선택하고 이동 툴(✛ : M)을 클릭하고 Ctrl 키를 한 번 눌러 + 표시(✛)가 나타난 상태에서 X축 (오른쪽)으로 클릭&드래그한 후 수치 창에 '1826.2'를 입력합니다.

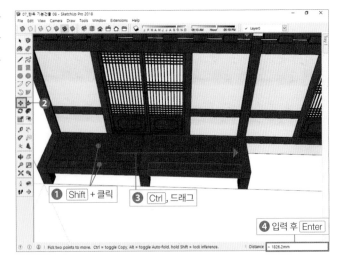

16 마루 부분에서 가장 왼쪽 기둥들만 제외하고 모두 선택한 후, 이동 툴(✛ : M)을 클릭하고 Ctrl 키를 한 번 눌러 + 표시(✛)가 나타난 상태에서 X축(오른쪽)으로 클릭&드래그한 후 수치 창에 '3652.5'를 입력합니다.

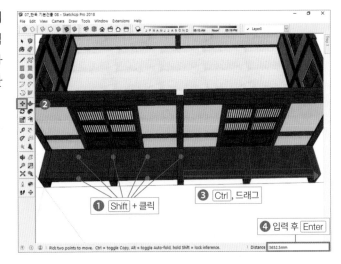

17 마루 부분을 모두 선택한 후 그룹 지정합니다. 상단 툴 바의 Layer(　▾ Layer0　　▾) 옆 화살표를 클릭하고 [6_앞마루]를 선택합니다. 전체 객체를 선택하고(Ctrl + A 키) 그룹 지정합니다.

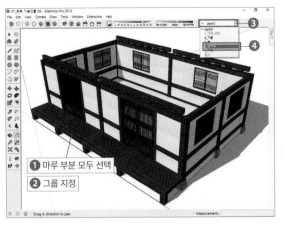
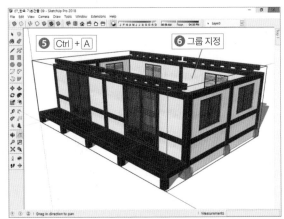

소품 불러와서 배치하고 완성하기

작품을 다른 구도에서 보면서 소품을 불러와 배치합니다.

| 예제 불러오기 |　Part 3/Chapter 3/370500-001.skp, 370500-소품모음.skp

1　'370500-001.skp' 파일을 불러옵니다. [Layers] 패널을 열고 [1_기와_상단] 레이어를 체크해서 기와 부분이 보이게 합니다. 지금까지 만든 맞배지붕형 한옥이 보입니다.

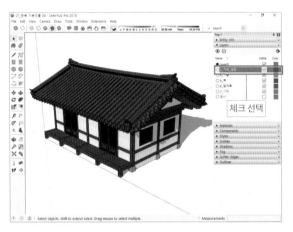

2　[File]-[Import]를 클릭한 후 '370500-소품모음.skp' 파일을 선택해서 배치해 봅니다. '370000-001.skp' 파일을 열어 보면 바닥 텍스처를 넣었습니다. [File]-[Import]를 클릭한 후 '370500-소품모음.skp' 파일을 선택해서 그림과 같이 배치해 봅니다.

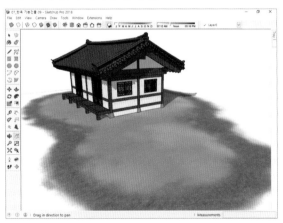
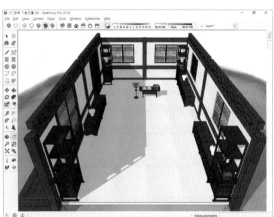

03 다른 구도로 본 장면입니다. '370000-001.skp' 파일을 열면 [벽 1]부터 [벽 4]까지 레이어를 만들고 지정한 것을 확인할 수 있습니다.

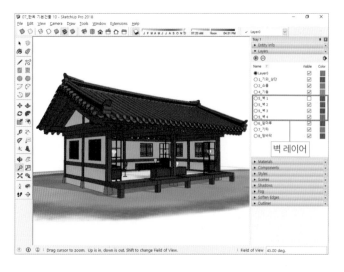

04 레이어들을 체크 해제해 보면서 확인해 봅시다. 다음은 앞쪽의 벽 레이어를 끄고 구도를 잡아본 장면입니다.

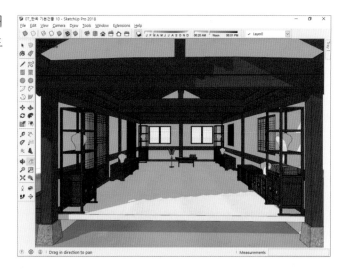

스케치업에서 효과적인 구도 잡기

스케치업 배경 작업 시에 알아두면 유용한 구도 잡는 방법에 대해 알아봅니다.

1) 확대/축소 툴로 Field of View(화각) 설정하기

스케치업에서 기본 화각은 35도로 잡혀 있습니다. 화각이 높을수록 입체감이 살아나지만, 너무 높이면 왜곡이 심해집니다. 무난히 사용하기 좋은 화각은 30도에서 50도 사이의 화각입니다.

▼ 화각 30도

▼ 화각 40도

 확대/축소 툴을 선택하고 수치 창에 원하는 각도의 수치를 입력하면 화각이 적용됩니다.

화각이 높을수록 더 넓은 화면을 볼 수 있으며, 화면 왜곡이 심해지고 비현실적인 구도가 나오지만 연출상 필요한 경우도 있습니다.

▼ 화각 60도

▼ 화각 70도

2) 건물의 안정적인 구도를 얻고 싶을 때는 Two Point Perspective

Perspective 뷰에서 확대/축소 툴(🔍 : Z)과 궤도 툴(✛ : O)로 구도를 잡으면 3점 소실점 상태로 구도가 잡힙니다. 3점 소실점이 입체감을 살리기에는 좋지만, 안정감 있는 구도로는 모자란 느낌이 들 때가 있습니다.

이럴 때는 메뉴에서 [Camera]-[Two Point Perspective]를 클릭하면 화면의 구도가 2점 소실점으로 바뀝니다. 배경의 세로선이 모두 정확하게 지평선과 직각을 이루기 때문에 안정적인 구도가 나옵니다.

▼ 3점 소실점 상태의 구도

▼ 2점 소실점 상태의 구도

> **TIP**
> [Two Point Perspective] 상태에서는 화면의 왼쪽 위쪽에 [Two Point Perspective]라는 표시가 나오며, 이때는 궤도 툴이나 마우스 휠 클릭으로 화면을 돌리면 Perspective 모드로 돌아갑니다. [Two Point Perspective] 상태가 되면 자동으로 펜 툴로 전환되어 있으며, 화면을 클릭한 채 움직이면 됩니다.

3) 실시간으로 화각을 확인하면서 구도를 잡고 싶을 때는 Field of View

메뉴 안에 숨겨져 있는 [Field of View]를 사용하면 재미있게 구도의 화각을 설정할 수 있습니다.

Perspective 뷰 상태에서 메뉴에서 [Camera]-[Field of View]를 클릭합니다. 화면의 한 부분을 클릭하고 위로 드래그하면 화각이 줄어들면서 마치 영화의 한 장면처럼 줌인이 되는 것을 볼 수 있습니다. 아래로 드래그하면 화면의 화각이 늘어나면서 화면의 왜곡이 늘어납니다.

4) 원하는 영역의 화면만 보여주는 Zoom Window

확대/축소 툴(🔍 : Z)이나 마우스 휠로 화면을 확대, 축소하다 보면 수정하고자 하는 영역 외에 전체적으로 확대 축소되는 경우가 있습니다. 이럴 때는 Zoom Window 툴(🔲)을 사용합니다.

Perspective 뷰 상태에서 Zoom Window 툴(🔲)을 클릭하고 정확하게 보고 싶은 영역의 시작점과 끝점을 드래그합니다. 그림과 같이 드래그한 영역만 정확하게 화면 안에 보입니다.

판타지 배경
스케치업 튜토리얼

판타지 배경에 사용되는 소품들을 만들어보고 판타지 웹툰에 자주 사용되는
여관 건물을 완성해 봅니다.

PART

04

CHAPTER
01

술통 만들기

술통은 곡면의 불룩한 옆면 때문에 스케치업의 기본 기능만으로는 디테일한 모델링을 하기에는 어려움이 있으며, 난이도가 낮은 술통의 모델링에는 팔로미 툴을 이용하거나 약간의 요령이 필요합니다. 여기서는 스케치업의 기본 기능만을 이용해 술통을 만들어 보도록 하겠습니다.

| 예제 완성파일 | Part 4/Chapter 1/430000-001.skp

술통 하단 몸통 만들기

밀기/당기기 툴과 배율 툴을 이용해 하단 몸통을 만들어봅니다.

1 술통의 하단을 만들기 위해 다각형 툴()을 선택하고 수치 창에 '24'를 입력한 후 작업 화면에서 오른쪽으로 클릭&드래그하고 수치 창에 '390'을 입력합니다. 오프셋 툴(: F)로 라인을 안쪽으로 클릭&드래그한 후 수치 창에 '15'를 입력합니다.

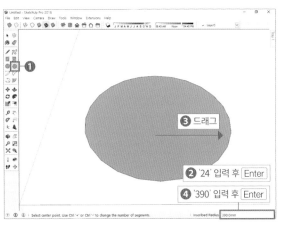
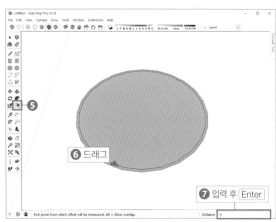

2 안쪽 면을 선택한 후 Del 키를 눌러 삭제합니다. 밀기/당기기 툴(: P)로 윗면을 위로 클릭&드래그한 후 수치 창에 '100'을 입력합니다.

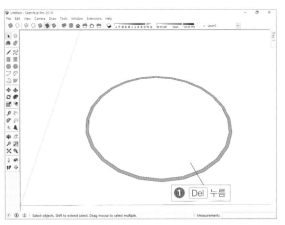
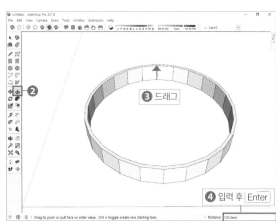

3 배율 툴(■ : S)로 윗면을 클릭하고 Ctrl 키를 누른 채 가로 스케일을 클릭&드래그한 후 수치 창에 '1.03'을 입력합니다. 다시 배율 툴(■ : S)을 선택하고 Ctrl 키를 누른 채 세로 스케일을 클릭&드래그한 후 수치 창에 '1.03'을 입력합니다.

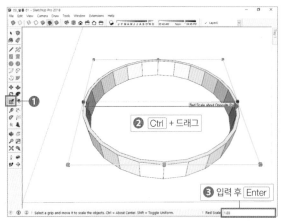
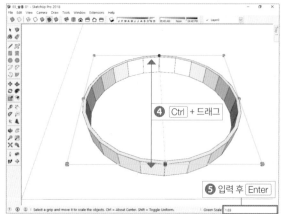

4 밀기/당기기 툴(◆ : P)을 선택한 후 Ctrl 키를 한 번 눌러 + 표시(◆)가 나타난 상태에서 윗면을 위로 클릭&드래그한 후 수치 창에 '100'을 입력합니다. 배율 툴(■ : S)로 객체를 선택하고 Ctrl 키를 누른 채 가로, 세로 스케일을 각각 밖으로 클릭&드래그한 후 수치 창에 '1.03'을 입력합니다.

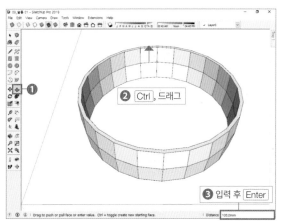
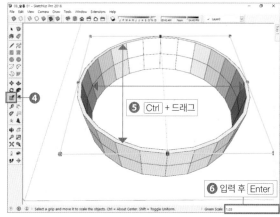

> **TIP** 배율 툴로 배율을 조절할 때 Ctrl 키를 누른 채 조절점을 양방향으로 드래그하면, 크기의 배율이 동일하게 조절됩니다. Ctrl 키를 누르지 않으면 드래그하는 방향으로만 배율이 커지거나 작아집니다.

5 밀기/당기기 툴(◈ : P)을 선택하고 Ctrl 키를 한 번 눌러 + 표시(◈⁺)가 나타난 상태에서 윗면을 위로 클릭&드래그한 후 수치 창에 '100'을 입력합니다. 배율 툴(▥ : S)로 객체를 선택하고 Ctrl 키를 누른 채 밖을 향하여 대각선 방향으로 클릭&드래그한 후 수치 창에 '1.03'을 입력합니다.

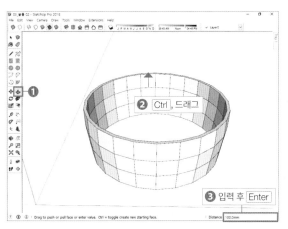
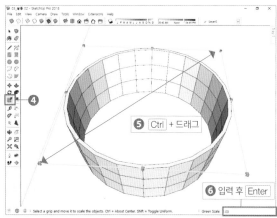

6 밀기/당기기 툴(◈ : P)을 선택하고 Ctrl 키를 한 번 눌러 + 표시(◈⁺)가 나타난 상태에서 윗면을 위로 클릭&드래그한 후 수치 창에 '100'을 입력합니다. 배율 툴(▥ : S)로 객체를 선택하고 Ctrl 키를 누른 채 밖을 향하여 대각선 방향으로 클릭&드래그한 후 수치 창에 '1.02'를 입력합니다.

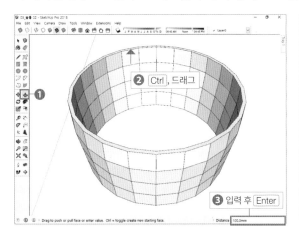
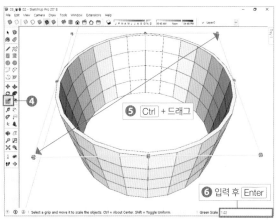

7 밀기/당기기 툴(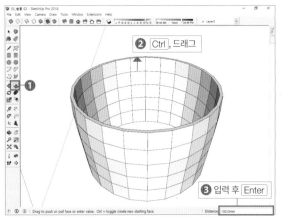 : P)을 선택하고 [Ctrl] 키를 한 번 눌러 + 표시( )가 나타난 상태에서 윗면을 위로 클릭&드래그한 후 수치 창에 '100'을 입력합니다. 배율 툴(: S)로 객체를 선택하고 [Ctrl] 키를 누른 채 밖을 향하여 대각선 방향으로 클릭&드래그한 후, 수치 창에 '1.01'을 입력합니다.

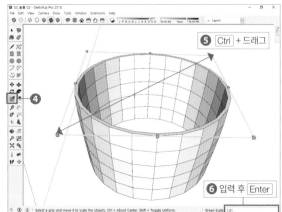

8 밀기/당기기 툴(: P)을 선택하고 다시 [Ctrl] 키를 한 번 눌러 + 표시( )가 나타난 상태에서 윗면을 위로 클릭&드래그한 후 수치 창에 '100'을 입력합니다. 이번에는 스케일 조정은 하지 않습니다.

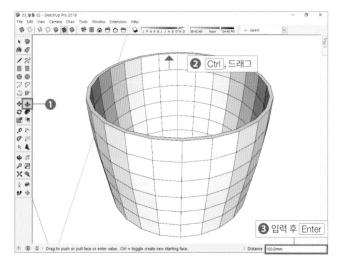

철재 띠 만들기

이동 툴과 오프셋 툴을 이용해 철재 띠를 만들어 봅니다.

| 예제 불러오기 | Part 4/Chapter 1/430200-001.skp

1   '430200-001.skp' 파일을 불러옵니다. Top 뷰( )를 선택한 후, 메뉴에서 [Camera]-[Parallel Projection]을 클릭합니다. 사각형 툴(: R)로 술통보다 충분히 크게 클릭&드래그한 후 수치 창에 '1050,1050'을 입력합니다.

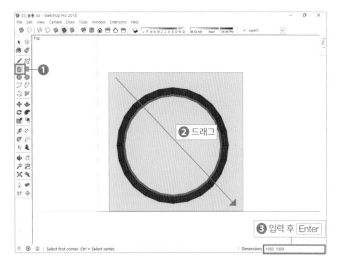

2   사각 객체 위에서 마우스 오른쪽 버튼을 클릭해 [Reverse Faces]를 선택하고 사각 객체를 더블클릭해 그룹 지정합니다.

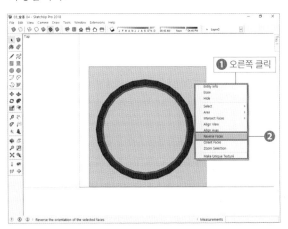

> **TIP**
>
> 스케치업에서 면을 만들면 면의 양쪽은 앞면과 뒷면이 됩니다. 스케치업에서 앞면은 보통 흰색, 뒷면은 연한 하늘색으로 표시됩니다. 앞면으로 작업해야 여러 가지 작업 시 오류가 나지 않으므로, 뒷면이 나타나면 면을 선택하고 마우스 오른쪽 버튼을 클릭한 후, 'Reverse faces' 명령으로 면을 뒤집어 주어 앞면이 보이게 합니다.

3 Iso(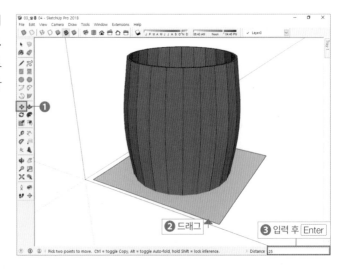) 뷰를 클릭하고 메뉴에서 [Camera]-[Parallel Projection]을 선택합니다. 이동 툴(: M)로 사각 객체를 Z축(위쪽)으로 클릭&드래그한 후 수치 창에 '25'를 입력합니다.

4 이동 툴(: M)을 선택하고 Ctrl 키를 한 번 눌러 + 표시( )가 나타난 상태에서 사각 객체를 Z축(위쪽)으로 클릭&드래그한 후 수치 창에 '225'를 입력합니다. 사각 객체가 복사되었습니다.

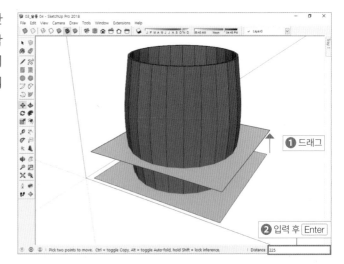

5 선택 툴(: Spacebar)로 복사한 사각 객체를 더블클릭해서 편집 모드로 들어갑니다. 사각 객체를 선택한 후 마우스 오른쪽 버튼을 클릭해 [Intersect Faces]-[With Model]을 선택합니다.

> **TIP**
> intersect faces는 2개의 면이 서로 교차하는 지점에 자동으로 선을 만들어 주는 기능입니다. 술통 같이 면 위에 직접 선을 그리기 힘들 경우에는 예제처럼 사각 면을 만들고 술통에 겹쳐 준 후, [intersect faces]-[with model] 명령을 주면 선을 그린 것과 같은 결과를 얻을 수 있습니다.

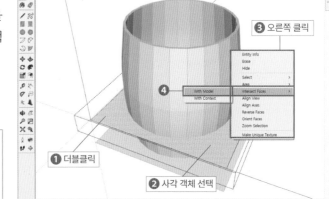

6 밑의 사각형 그룹도 선택 툴(: Spacebar)로 더블클릭을 해서 편집 모드로 들어갑니다. 사각 객체를 선택한 후 마우스 오른쪽 버튼을 클릭해 [Intersect Faces]-[With Model]을 선택합니다.

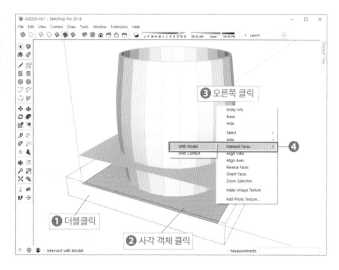

7 술통 그룹을 선택하고 메뉴에서 [Edit]-[Hide]를 클릭합니다. 위쪽 사각 그룹을 더블클릭해서 편집 모드로 들어간 후 그림처럼 안쪽 면을 클릭합니다.

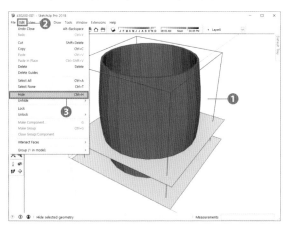
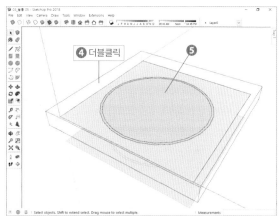

8 오프셋 툴(: F)로 라인을 바깥쪽으로 클릭&드래그한 후 수치 창에 '10'을 입력합니다.

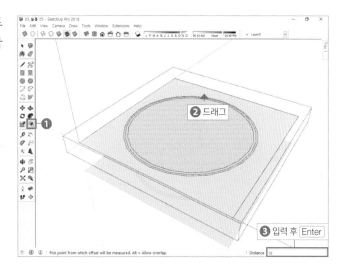

9 선택 툴(▶ : ␣Spacebar␣)로 가운데 면을
클릭한 후 삭제합니다.

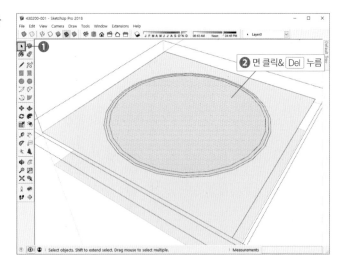

10 선택 툴(▶ : ␣Spacebar␣)로 가운데 면을
더블클릭해 선이 선택되면 삭제합니다.

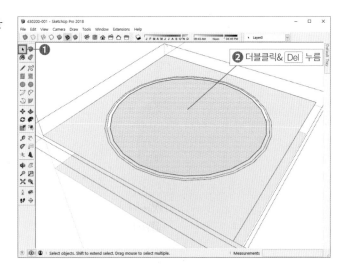

11 가장 바깥쪽 라인 4개와 바깥쪽 면을 선택해 삭제합니다. 그림처럼 남기고 모두 지웠습니다.

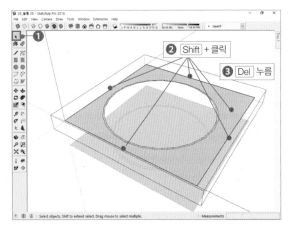
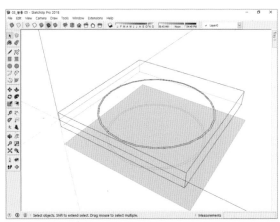

12 밀기/당기기 툴(◆ : P)을 선택하고 철재 띠의 면을 아래로 클릭&드래그한 후 수치 창에 '50'을 입력합니다. 선택 툴(▸ : Spacebar)로 빈 공간을 클릭해서 편집 모드에서 나옵니다.

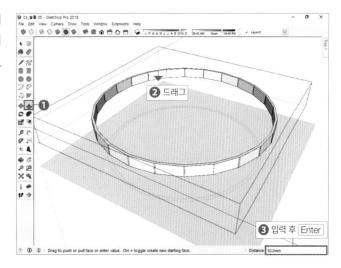

13 철재 띠를 선택한 후 [Soften Edges] 패널을 열고 28도 정도로 슬라이더를 조절해서 라인이 부드러워지게 합니다. [Smooth normals]와 [Soften coplanar]를 체크해 선택합니다.

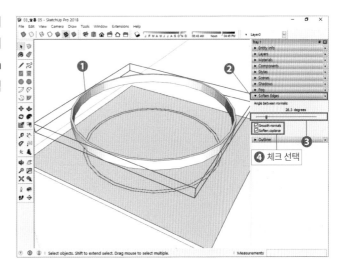

술통 뚜껑 만들기

선 툴과 이동 툴, 밀기/당기기 툴을 이용해 술통 뚜껑을 만들어 봅니다.

|예제 불러오기| Part 4/Chapter 1/430300-001.skp

---

1 '430300-001.skp' 파일을 불러옵니다. 조금 전 작업한 철재 띠 그룹을 선택하고 메뉴에서 [Edit]-[Hide]를 클릭합니다. 선택 툴(▶ : Spacebar)로 더블클릭을 해서 편집 모드로 들어간 후 바깥의 면을 더블클릭하고 Del 키를 누릅니다.

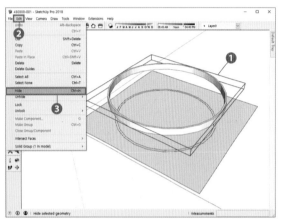
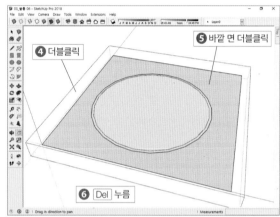

---

2 Top(🔲) 뷰를 선택한 후, 메뉴에서 [Camera]-[Parallel Projection]을 클릭합니다. 선 툴(✏ : L)로 원의 가운데(Endpoint)를 드래그하여 원을 나누는 라인을 그어줍니다.

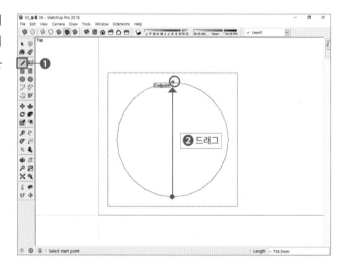

---

3 이동 툴(✤ : M)로 라인을 선택하고 Ctrl 키를 한 번 눌러 + 표시(✛)가 나타난 상태에서 X축(오른쪽)으로 클릭&드래그한 후 수치 창에 '100'을 입력합니다. 수치 창에 '*3'을 입력하면 3개의 라인이 복사됩니다.

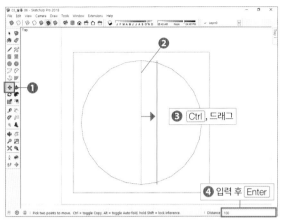 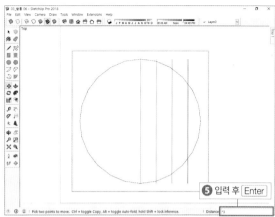

4 이동 툴(✤ : M)로 가운데 라인을 선택하고 Ctrl 키를 한 번 눌러 + 표시(✛)가 나타난 상태에서 X축(왼쪽)으로 클릭&드래그한 후 수치 창에 '100'을 입력합니다. 수치 창에 '*3'을 입력하면 3개의 라인이 복사됩니다.

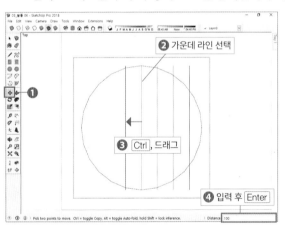 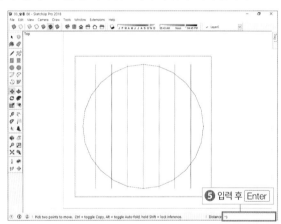

5 선택 툴(▸ : Spacebar)을 클릭한 후 Shift 키를 누른 채 원의 바깥에 있는 라인들을 선택해 삭제합니다.

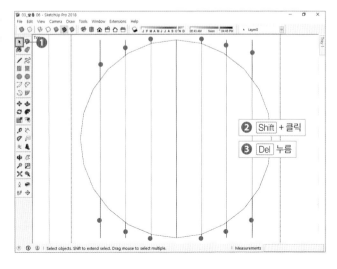

6 화면의 빈 곳을 클릭해서 편집 모드를 나
옵니다. 이동 툴(✚ : M)을 선택하고 Ctrl 키
를 한 번 눌러 + 표시(✚)가 나타난 상태에서
원 객체를 X축(오른쪽)으로 클릭&드래그한
후 수치 창에 '850'을 입력합니다.

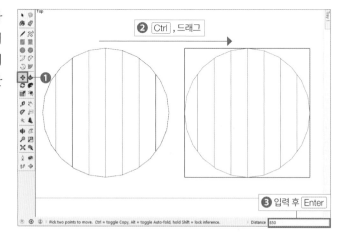

7 선택 툴(▶ : Spacebar)로 왼쪽 그룹을 더블클릭해서 편집 모드로 들어간 후 그림과 같이 각각의 라인과 면
을 드래그하고 삭제합니다. 오른쪽 그룹을 더블클릭해서 편집 모드로 들어간 후 그림과 같이 각각의 라인과 면
을 드래그하고 삭제합니다.

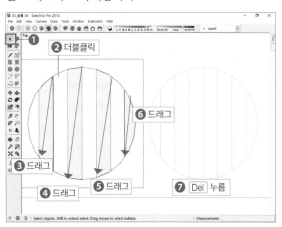 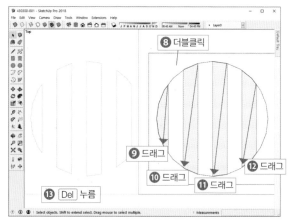

TIP
화면을 확대해서 지워지지 않은 선들을 깨끗하게 지워줍니다.

8 그림과 같이 화면을 조정합니다. 밀기/당
기기 툴(✦ : P)을 선택하고 그림과 같이 4개
의 면을 모두 위로 클릭&드래그한 후 수치 창
에 '20'을 입력합니다. 왼쪽 그룹도 동일한 방
법으로 작업합니다.

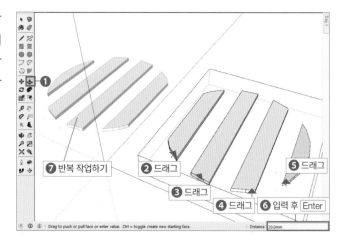

9 지우개 툴(🖌 : E)를 선택하고 Ctrl 키를 누른 채 꺾이는 부분이 아닌 라인을 클릭해서 부드럽게 합니다. 왼쪽 그룹도 동일하게 작업합니다. [Materials] 패널에서 나무질감 텍스처(Material)를 클릭한 후, 페인트 통 툴(🖌 : B)로 객체를 클릭해 텍스처를 입혀줍니다.

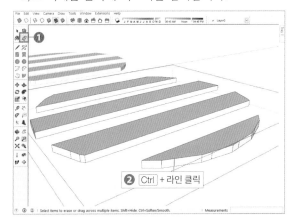
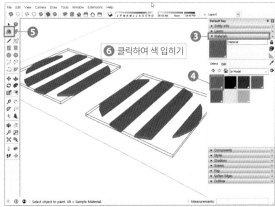

10 이동 툴(✚ : M)을 선택하고 오른쪽 그룹을 X축(왼쪽)으로 클릭&드래그한 후 수치 창에 '850'을 입력하면 두 개의 그룹이 합쳐집니다. 이동 툴(✚ : M)로 합친 그룹을 Z축(위쪽)으로 클릭&드래그한 후 수치 창에 '4'를 입력합니다.

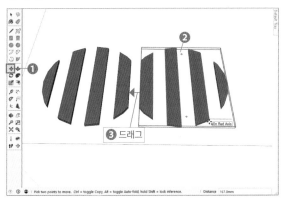
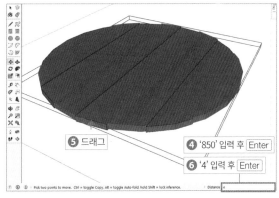

11 Shift 키를 누른 채 2개의 그룹을 선택하고 그룹 지정한 후 메뉴에서 [Edit]-[Unhide]-[All]을 선택합니다. 숨겼던 모든 객체들이 다시 화면에 나타납니다.

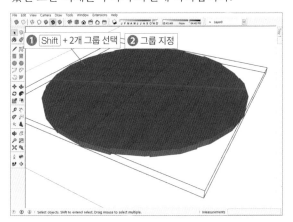
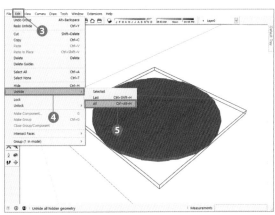

철재 띠 배열하고 완성하기

페인트 통, 배율 툴, 이동 툴을 이용해 철재 띠를 배열해봅니다.

|예제 불러오기| Part 4/Chapter 1/430400-001.skp, Texture/Metal_Black_01.jpg

1 '430400-001.skp' 파일을 불러옵니다.
[Materials] 패널에서 [Create Material...]
( )를 클릭하고 [Use Texture image] 체크박
스를 클릭합니다. [Choose Image] 대화상자
에서 [Metal_Black_01.jpg] 파일을 선택하고
[열기(O)]를 클릭합니다.

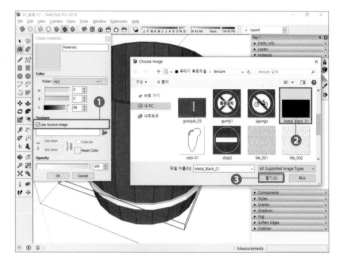

2 [Create Material...] 창에서 [Color] 항목
의 H, S, L에 '252', '4', '19'를 입력하고 가로
사이즈에 '300', 세로 사이즈에 '190.9'를 입력
한 후 [OK]를 클릭합니다.

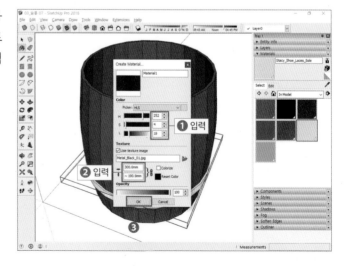

3 페인트 통 툴(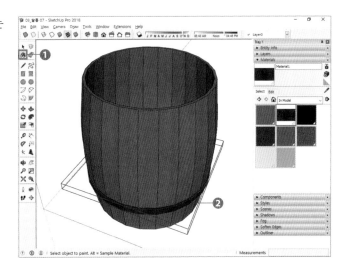 : B)로 나무통을 감싸는 철재 띠 그룹을 클릭해 텍스처를 입혀줍니다.

4 철재 띠 그룹을 더블클릭해서 편집 모드로 들어가서 철재 띠의 밑면을 선택합니다. 배율 툴(🖼 : S)로 철재 띠의 밑면을 대각선 방향으로 Ctrl 키를 누른 채 클릭&드래그한 후 수치 창에 '0.98'을 입력합니다.

TIP 작업할 객체가 다른 객체에 가려 잘 보이지 않을 때 X-Ray 아이콘이나 Back Edge 아이콘을 클릭하면 연하게 가려진 객체들이 보여서 작업이 수월해집니다.

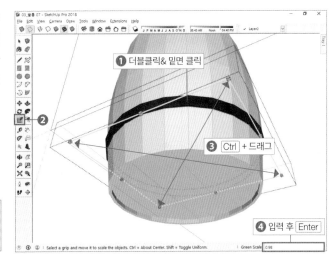

① 더블클릭& 밑면 클릭
③ Ctrl + 드래그
④ 입력 후 Enter

5 하단의 둥근 나무판자 그룹을 선택합니다. 이동 툴(✛ : M)을 선택하고 Ctrl 키를 한 번 눌러 + 표시(✛)가 나타난 상태에서 Z축(위쪽)으로 클릭&드래그한 후 수치 창으로 '835'를 입력합니다.

TIP 화면이 잘 안 보일 경우에 X-Ray 아이콘을 클릭해 가려진 부분을 보면서 작업합니다.

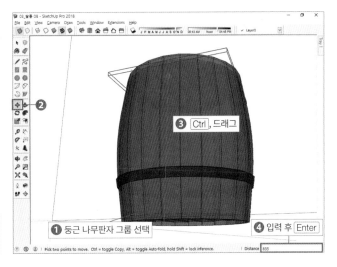

③ Ctrl , 드래그
① 둥근 나무판자 그룹 선택
④ 입력 후 Enter

6 이번에는 하단의 둥근 철재고리 그룹을 선택합니다. 이동 툴(✛ : M)을 선택하고 Ctrl 키를 한 번 눌러 + 표시(✛)가 나타난 상태에서 Z축(위쪽)으로 클릭&드래그한 후 수치 창에 '460'을 입력합니다.

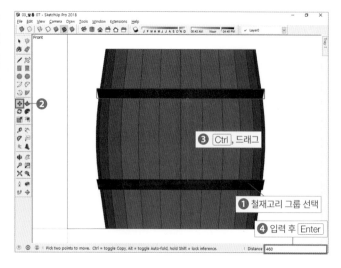

7 술통 객체에서 마우스 오른쪽 버튼을 클릭하고 [Flip Along]-[Group's Blue]를 선택합니다.

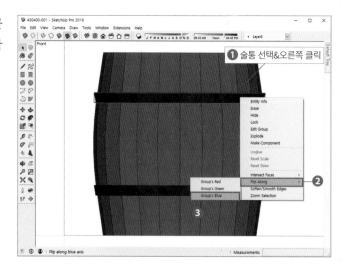

8 전체 객체를 드래그하여 선택한 후 그룹 지정합니다.

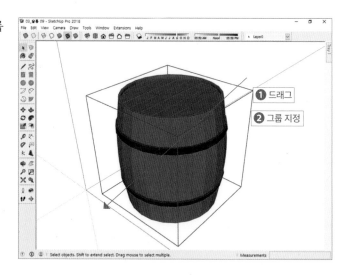

9 화면 구도를 그림과 같이 잡고 상단 툴 바의 [Show/Hide Shadows](◖)를 클릭하고 [Date]와 [Time] 슬라이더를 조정해서 그림자 위치를 조정합니다.

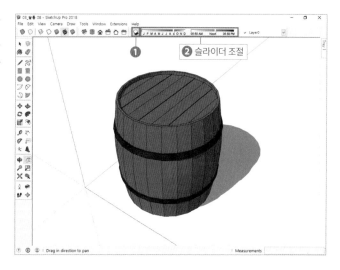

10 지금까지 만든 술통을 응용해 다음과 같이 사용할 수 있습니다. 술통의 쇠고리에 못을 넣거나 술통 보관대와 같은 소품을 사용해 꾸밀 수도 있습니다.

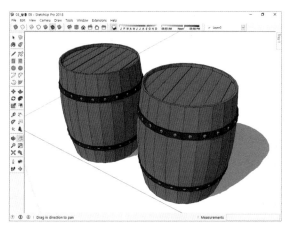

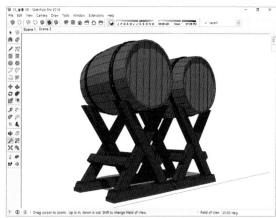

CHAPTER
02

천장등 만들기

복잡하고 어려워 보이는 소품이지만, 지금까지 따라하기한 튜토리얼에 모두
쓰였던 기능으로 충분히 만들 수 있는 소품입니다. 큰 그룹으로 나눠서 하나씩
작업해서 조합하는 방식으로 만들어 보겠습니다.

| 예제 완성파일 | Part 4/Chapter 2/460000-001.skp

천장등 문양 그리기

줄자 툴로 가이드선을 만들고, 원형 툴, 선 툴, 2점호 툴로 천장등의 문양을 그려봅니다.

| 예제 불러오기 | Part 4/Chapter 2/460100-001.skp

1 '460100-001.skp' 파일을 불러오면 촛대의 부품이 포함되어 있습니다. Front 뷰(🏠)를 선택한 후, 메뉴에서 [Camera]-[Parallel Projection]을 클릭합니다. 사각형 툴(▣ : R)로 임의의 지점에서 클릭&드래그한 후 수치 창에 '70,200'을 입력합니다.

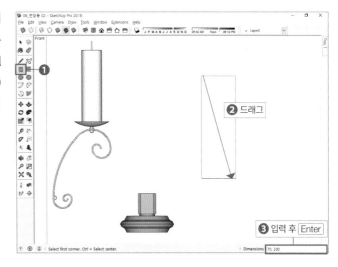

2 가이드선을 만들어봅니다. 줄자 툴(🖉 : T)로 왼쪽 라인을 클릭하고 오른쪽으로 드래그한 후 수치 창에 '35'를 입력합니다. 줄자 툴(🖉 : T)로 상단 라인을 클릭하고 밑으로 드래그한 후 수치 창에 '100'을 입력합니다.

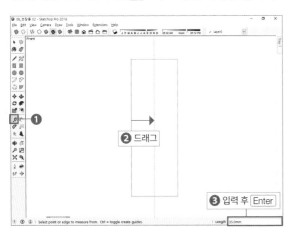
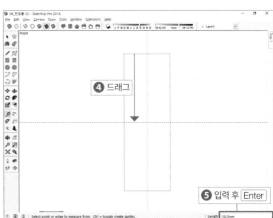

3 원형 툴(●: C)을 클릭한 후 수치 창에 '12'를 입력합니다. 가이드선의 교차지점 (intersection)을 클릭&드래그한 후 수치 창에 '10'을 입력합니다.

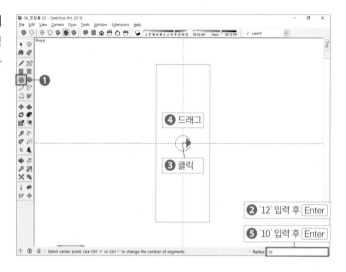

4 선 툴(✏: L)로 윗변의 중간점(Midpoint)에서 위로 클릭&드래그한 후 '60'을 입력합니다. 다시 그 라인의 중간점을 클릭하고 왼쪽으로 드래그한 후 수치 창에 '22'를 입력합니다.

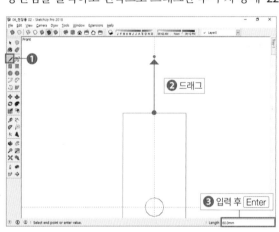
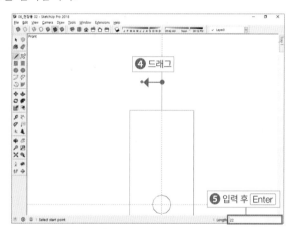

5 선 툴(✏: L)로 윗변의 중간점에서 왼쪽으로 클릭&드래그한 후 수치 창에 '10'을 입력합니다. 그림처럼 각 지점들을 연결하는 라인을 그어줍니다.

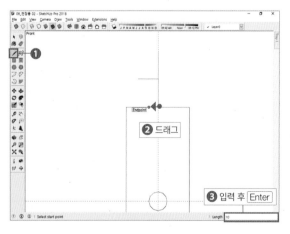
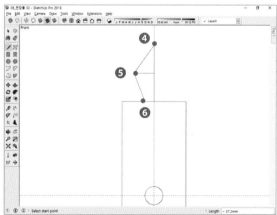

6 대칭되는 오른쪽에도 위의 작업을 반복해서 그려줍니다. 선 툴(✏ : L)로 사각형의 오른쪽 꼭지점에서 위로 클릭&드래그한 후 수치 창에 '40'을 입력합니다.

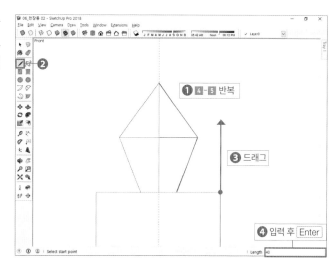

7 선 툴(✏ : L)로 방금 그은 라인의 중간점에서 오른쪽으로 클릭&드래그한 후 수치 창에 '5'를 입력합니다.

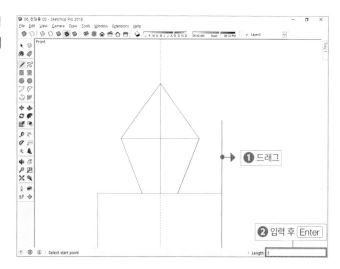

8 선 툴(✏ : L)로 사각형의 윗변 오른쪽 꼭지점에서 왼쪽으로 클릭&드래그한 후 수치 창에 '12.5'를 입력합니다. 그 지점들을 연결하는 라인을 그림처럼 그어줍니다.

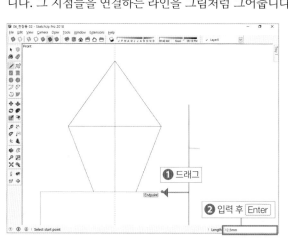

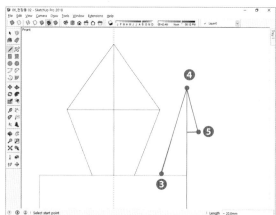

9 2점호 툴(: A)을 클릭한 후 수치 창에 '12'를 입력합니다. 그림처럼 양쪽 끝점을 클릭하고 왼쪽 대각선 방향으로 드래그한 후 수치 창에 '6'을 입력합니다. 다시 양쪽 끝점을 클릭하고 오른쪽 방향으로 드래그한 후 수치 창에 '13.2'를 입력합니다.

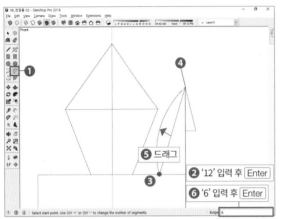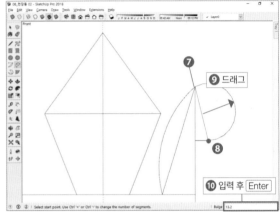

10 선 툴(: L)로 오른쪽의 교차지점 (Endpoint)을 클릭하고 위로 드래그한 후 수치 창에 '7'을 입력합니다.

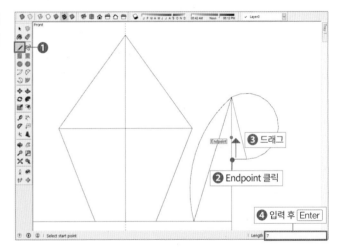

11 2점호 툴(: A)을 클릭한 후 수치 창에 '8'을 입력합니다. 그림처럼 양쪽 끝점을 클릭 하고 오른쪽으로 드래그한 후 수치 창에 '3.5' 를 입력합니다.

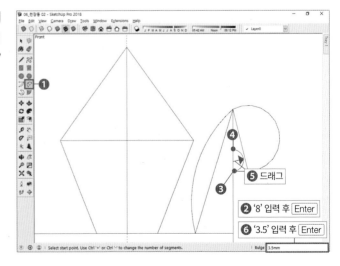

12 선택 툴(🔺 : Spacebar)을 클릭한 후 Shift 키를 누른 채 그림처럼 라인을 선택해서 삭제합니다. 최종적으로 정리된 화면을 볼 수 있습니다.

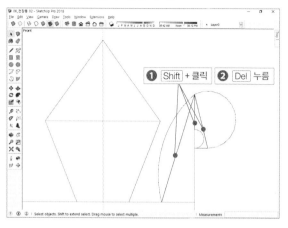
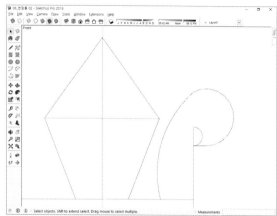

13 화면을 확대한 후 2점호 툴(🔺 : A)을 클릭하고 수치 창에 '6'을 입력합니다. 2점호 툴(🔺 : A)로 그림과 같은 위치의 두 지점을 클릭하고 위쪽으로 드래그한 후 수치 창에 '9.8'을 입력합니다.

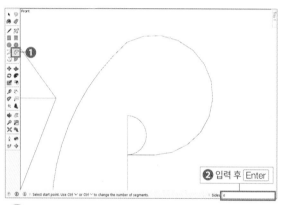
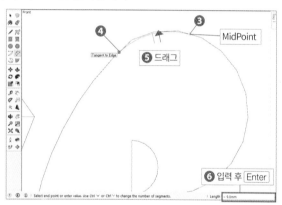

> **TIP** 두 지점을 연결할 때 분홍색이나 하늘색이 나오는 호가 가장 자연스럽게 연결되는 곡선입니다.

14 그림처럼 새로운 곡선이 그려지면 그 위의 처음의 라인을 선택한 후 삭제합니다. 완성된 화면을 볼 수 있습니다.

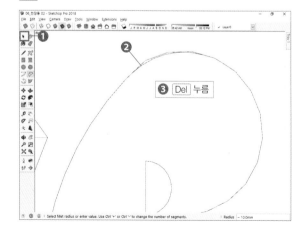
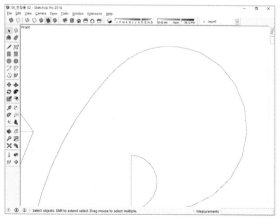

15 선택 툴(▶ : Spacebar)로 장식 부분만 더블클릭해서 선택하고 이동 툴(✛ : M)을 클릭하고 Ctrl 키를 한 번 눌러 + 표시(✛)가 나타난 상태에서 X축(왼쪽)으로 클릭&드래그한 후 수치 창에 '90'을 입력합니다. 마우스 오른쪽 버튼을 클릭해서 [Flip Along]-[Red Direction]를 선택합니다.

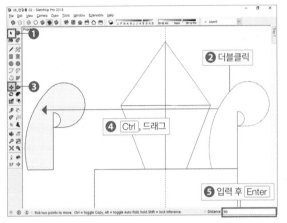 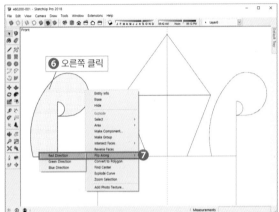

16 장식 부분을 더블클릭한 상태에서 이동 툴(✛ : M)로 X축(오른쪽)으로 클릭&드래그한 후 수치 창에 '18.2'를 입력합니다.

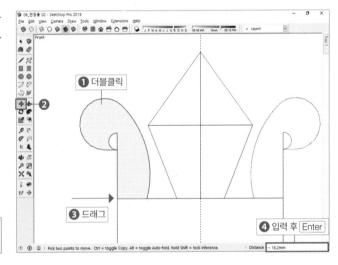

TIP

정확하게 연결되는 지점을 알고 있으면 수치를 입력하지 않고 추정 기능을 이용해도 됩니다.

SECTION 02 천장등 문양 장식 만들기

장식의 라인들을 선택하고 밀기/당기기 툴로 형태를 만들어 색상을 입혀줍니다.

|예제 불러오기| Part 4/Chapter 2/460200-001.skp

1 [Shift] 키를 누른 채 사각형 위의 장식물을 더블클릭해서 선택합니다.

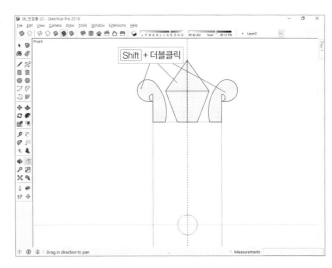

2 이동 툴(✛ : M)을 선택하고 [Ctrl] 키를 한 번 눌러 + 표시(✛)가 나타난 상태에서 장식물(Midpoint)을 Z축(아래쪽)으로 클릭&드래그한 후 수치 창에 '300'을 입력합니다. 복사한 장식물에서 마우스 오른쪽 버튼을 클릭해 [Flip Along]-[Blue Direction]을 선택하면 장식물이 대칭됩니다.

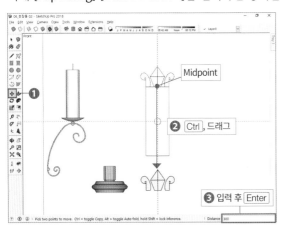
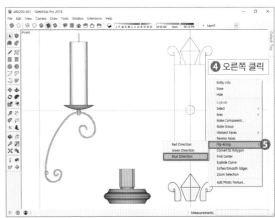

> **TIP** 객체가 그룹으로 지정되어 있으면 [Flip Along]-[Group's Blue]로 나타나는데, 그룹으로 지정되어 있지 않으면 [Flip Along]-[Blue Direction]으로 나타납니다.

3 이동 툴(: M)로 복사한 장식물을 Z축(위쪽)으로 클릭&드래그한 후 수치 창에 '40'을 입력합니다. 선택 툴 (: Spacebar)을 클릭하고 Shift 키를 누른 채 위아래 장식물의 안쪽 라인들을 선택해 삭제합니다. 또는 지우 개 툴(: E)로 라인들을 클릭해서 지워도 됩니다.

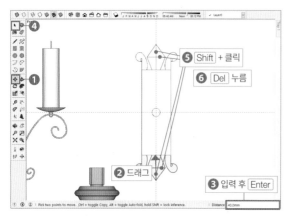
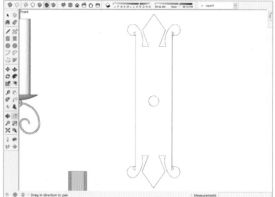

4 Iso 뷰( )를 선택하고 메뉴에서 [Camera]-[Parallel Projection]을 클릭합니다. 밀기/당기기 툴(: P)로 면을 위로 클릭&드래그한 후 수치 창에 '3'을 입력합니다. 지우개 툴(: E)을 선택한 후 Ctrl 키를 누른 채 장 식물 곡선의 라인을 클릭해서 부드럽게 해줍니다. 날카롭게 꺾이는 부분은 그대로 둡니다.

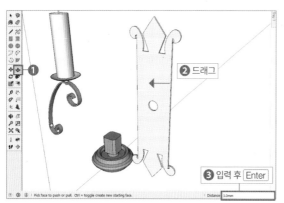
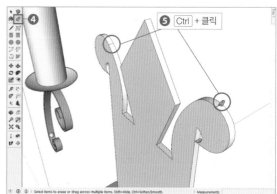

5 선택 툴(: Spacebar)로 객체를 트리플 클릭하고 그룹 지정한 후 페인트 통 툴(: B)로 객체를 클릭해 서 색(0, 0, 66)을 입혀줍니다.

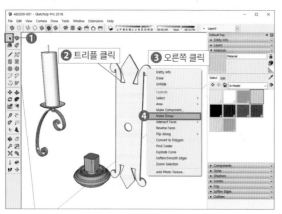
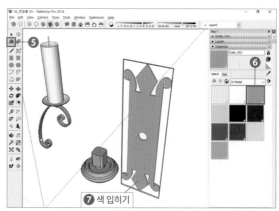

천장등 몸통 만들기

원형을 만들고 밀기/당기기 툴과 배율 툴로 형태를 만들고 색을 입혀줍니다.

| 예제 불러오기 | Part 4/Chapter 2/460300-001.skp

1 '460300-001.skp' 파일을 불러옵니다. Top 뷰(■)를 선택하고 메뉴에서 [Camera]-[Parallel Projection]을 선택합니다. 원형 툴(● : C)을 클릭하고 수치 창에 '32'를 입력한 후 장식 그룹 옆에 지점을 클릭&드래그한 후 수치 창에 '260'을 입력합니다.

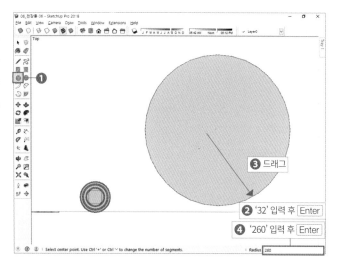

2 오프셋 툴(● : F)로 라인을 바깥쪽으로 클릭&드래그한 후 수치 창에 '60'을 입력합니다. 밀기/당기기 툴(● : P)로 윗면을 위로 클릭&드래그한 후 수치 창에 '60'을 입력합니다.

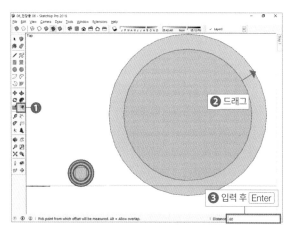

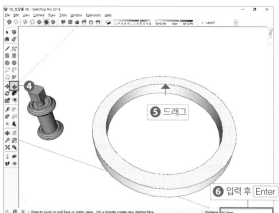

3 객체를 트리플 클릭하고 그룹 지정합니다. 페인트 통 툴(🖌 : B)로 객체를 클릭해서 색(0, 0, 66)을 입혀줍니다.

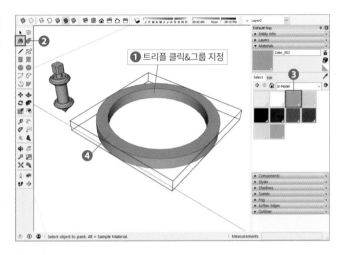

4 Top 뷰(▣)을 선택하고 메뉴에서 [Camera]-[Parallel Projection]을 선택합니다. 이동 툴(✥ : M)로 옆의 기둥 그룹의 중심점을(On Face in Group)을 클릭&드래그해서 둥근 장식 그룹 가운데로 이동한 후 정렬합니다.

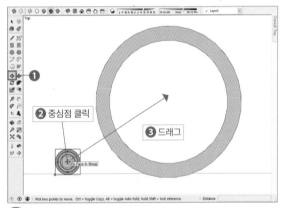

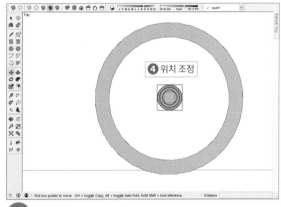

> **TIP** 호를 가진 객체에 커서를 가져가면 호의 중심점이 추정 기능으로 인해 표시됩니다.

> **TIP** 한 번에 정가운데로 맞추기 힘들면 ◁, ▷ 키를 한 번씩 눌러 한 축으로만 고정시킨 후 이동하는 것이 편합니다.

5 Front 뷰(⌂)를 선택하고 메뉴에서 [Camera]-[Parallel Projection]을 클릭합니다. 이동 툴(✥ : M)로 그림처럼 둥근 장식 그룹을 드래그하여 위치를 조정합니다.

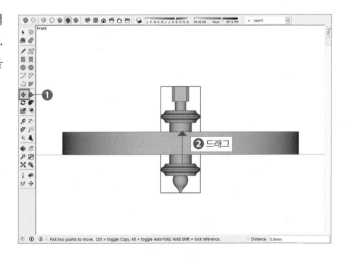

6 Iso 뷰()를 선택하고 메뉴에서 [Camera]-[Parallel Projection]을 선택합니다. 원형 툴(● : C)을 클릭하고 수치 창에 '24'를 입력하고 그림과 같이 임의의 지점에서 클릭&드래그한 후 수치 창에 '20'을 입력합니다. 밀기/당기기 툴(◆ : P)로 윗면을 위로 클릭&드래그한 후 수치 창에 '145'를 입력합니다.

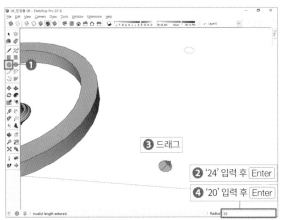
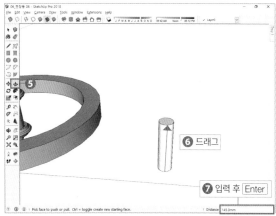

7 밀기/당기기 툴(◆ : P)을 클릭하고 Ctrl 키를 한 번 눌러 + 표시(◆)가 나타난 상태에서 면을 위로 클릭&드래그한 후 수치 창에 '20'을 입력합니다. 배율 툴(■ : S)로 윗면을 Ctrl 키를 누른 채 클릭&드래그한 후 수치 창에 '0.6'을 입력합니다.

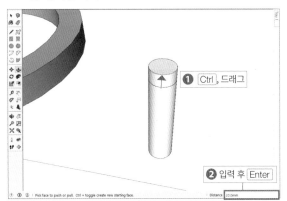
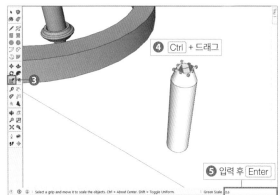

8 밀기/당기기 툴(◆ : P)을 클릭하고 Ctrl 키를 한 번 누르고 윗면을 위로 클릭&드래그한 후 수치 창에 '25'를 입력합니다. 다시 Ctrl 키를 한 번 누르고 밑면을 아래로 클릭&드래그한 후 수치창에 '20'을 입력합니다.

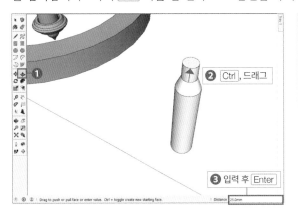
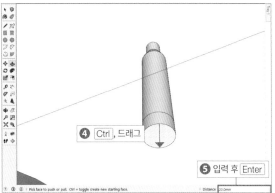

9 배율 툴(🖾 : S)로 밑면을 클릭하고 대각선 방향으로 클릭&드래그한 후 수치 창에 '0.6'을 입력합니다. 밀기/당기기 툴(♦ : P)로 밑면을 아래로 클릭&드래그한 후 수치 창에 '25'를 입력합니다.

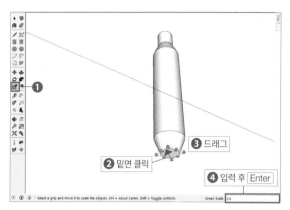
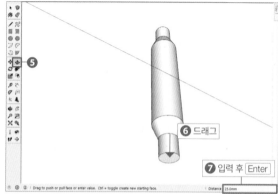

10 객체를 트리플 클릭하고 그룹 지정한 후 페인트 통 툴(🎨 : B)로 객체를 클릭해서 색을 입혀줍니다. 이동 툴(♦ : M)로 객체 앞면의 빨간 십자가 위에 커서를 가져가서 왼쪽으로 클릭&드래그한 후 수치 창에 '180'을 입력합니다.

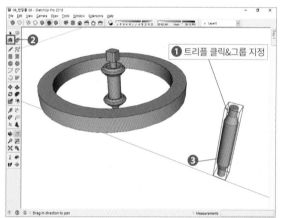
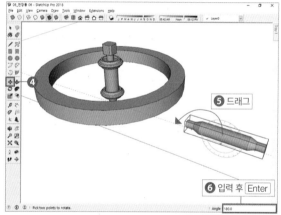

> **TIP** 실제 90도를 회전하지만 이동 툴(♦ : M)로 객체를 회전시키면 X축과 평행일 때는 0, 180, -180으로 표시되고 Z축과 평행일 때는 90, -90으로 표시됩니다.

11 Front 뷰(🏠)를 클릭하고 메뉴에서 [Camera]-[Parallel Projection]을 선택합니다. 이동 툴(♦ : M)로 둥근 장식의 중간점과 왼쪽의 장식 기둥 그룹의 중간점을 맞춰서 두 객체가 일직선에 오도록 이동합니다.

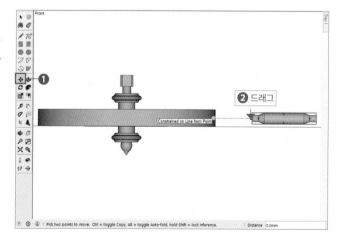

12 Top 뷰(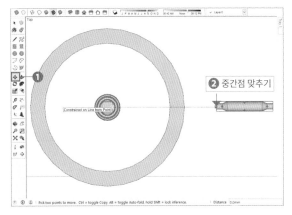)를 클릭하고 이동 툴(✥ : M)로 둥근 장식의 중간점과 안쪽 기둥의 중간점을 맞춘 후 둥근 장식을 왼쪽으로 드래그하여 그림과 같이 정렬합니다.

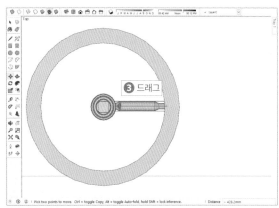

13 Iso(⬛)뷰를 클릭하고 메뉴에서 [Camera]-[Parallel Projection]을 선택합니다. 이동 툴(✥ : M)로 둥근 장식 기둥이 바깥의 둥근 기둥의 중간에 끝이 걸치도록 정렬합니다.

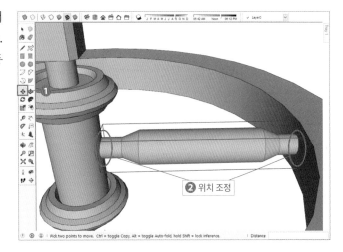

14 선택 툴(▸ : Spacebar)로 오른쪽의 둥근 장식 장식 기둥을 선택한 후 회전 툴(❍ : Q)로 그림과 같이 사각기둥의 윗변의 가운데 점(Midpoint in Group)에 커서를 가져갑니다. 사각 기둥의 왼쪽 변의 가운데 점(Midpoint in Group)에 커서를 가져간 후 커서를 가운데 기둥의 중심점에 위치시킵니다. 앞에서 찾았던 중심점 2개가 표시되면서 중심점(From Point)이 나타날 때 중심점을 클릭한 후 오른쪽으로 드래그합니다.

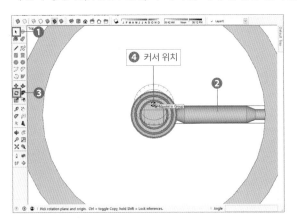
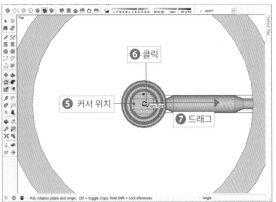

15 [Ctrl] 키를 한 번 눌러 + 표시(↻)가 나타난 상태에서 장식 기둥을 시계 반대 방향으로 클릭&드래그한 후 수치 창에 '45'를 입력합니다. 수치 창에 '*7'을 입력하고 [Enter] 키를 누릅니다.

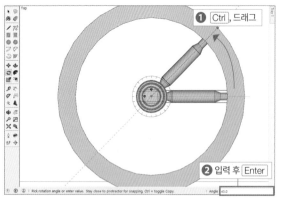
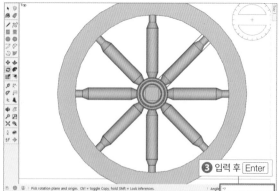

16 [Shift] 키를 누른 채 8개의 회전한 객체를 선택하고 그룹 지정합니다. 선택 툴(▸ : [Spacebar])로 8개 장식 기둥을 더블클릭을 해서 편집 모드로 들어간 후 8개 장식 기둥을 선택하고 마우스 오른쪽 버튼을 클릭해 [Intersect Faces]-[With Model]을 선택합니다.

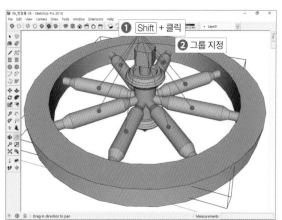
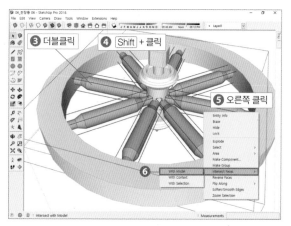

17 교차지점에 라인이 그어진 모습입니다. 화면의 빈 공간을 클릭해서 편집 모드에서 나온 후에 천장등 몸통 전체를 드래그하여 선택하고 그룹 지정합니다.

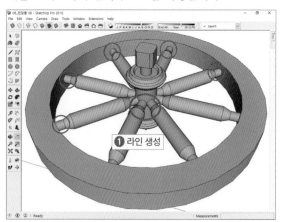
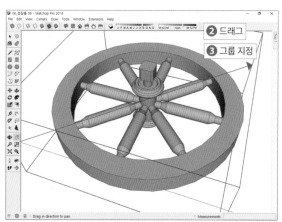

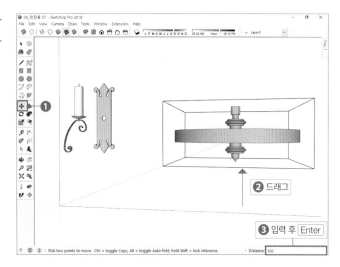

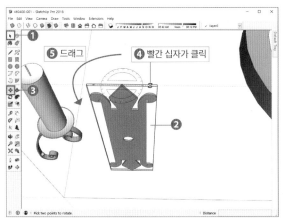

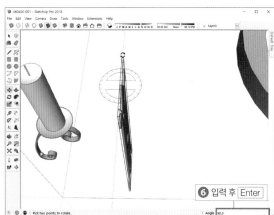

SECTION 04

천장등 촛대 만들기

촛불 장식과 사각 문양 장식을 이동하고 배율을 조정해서 촛대를 만들어보겠습니다.

| 예제 불러오기 | Part 4/Chapter 2/460400-001.skp

1 그림처럼 화면을 조정합니다. 이동 툴 (　: M)로 천장등 몸통을 Z축(위쪽)으로 클릭&드래그한 후 수치 창에 '300'을 입력합니다.

2 문양 그룹의 상단이 잘 보이도록 화면을 확대한 후 선택 툴(　: Spacebar)로 문양 그룹을 선택합니다. 이동 툴(　: M)을 클릭하고 객체 상단의 빨간 십자가 위에 커서를 가져가서 클릭하고 반시계 방향으로 드래그한 후 수치 창에 '90'을 입력합니다.

3 선택 툴(★ : Spacebar)로 촛불이 포함된 장식을 선택합니다. 배율 툴(■ : S)을 클릭하고 대각선 방향으로 클릭&드래그한 후 수치 창에 '1.5'를 입력합니다.

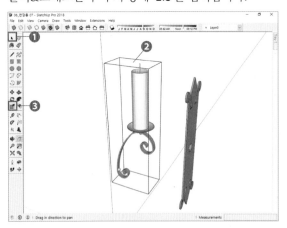 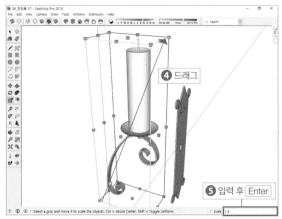

4 Top 뷰(■)를 선택한 후, 메뉴에서 [Camera]-[Parallel Projection]을 클릭합니다. 촛불 장식과 사각 문양 장식 그룹이 잘보이게 화면을 조정한 후 이동 툴(✤ : M)로 사각 문양 장식을 왼쪽으로 드래그하여 위치를 조정해 줍니다.

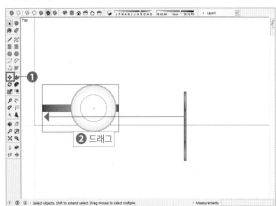 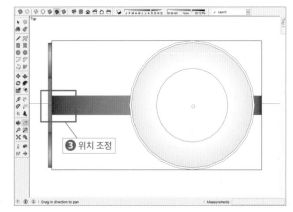

5 Iso(▦) 뷰를 선택하고 메뉴에서 [Camera]-[Parallel Projection]을 클릭합니다. 이동 툴(✤ : M)로 촛불 장식 하단을 클릭&드래그하여 사각 문양 장식의 중간에 위치하도록 Z축(위쪽)으로 이동합니다. Shift 키를 누른 채 촛불 장식과 사각 문양 장식을 전체 선택하고 그룹 지정합니다.

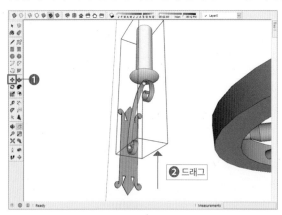 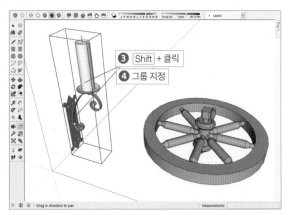

촛대 배열하기

이동 툴과 회전 툴을 이용해서 촛대를 배열해봅니다.

| 예제 불러오기 | Part 4/Chapter 2/460500-001.skp

1 Top 뷰(▦)를 선택하고 메뉴에서 [Camera]-[Parallel Projection]을 클릭합니다. 이동 툴(✛ : M)로 촛불 장식 그룹을 클릭&드래그하여 그림과 같이 천장등의 오른쪽 중앙으로 정렬합니다.

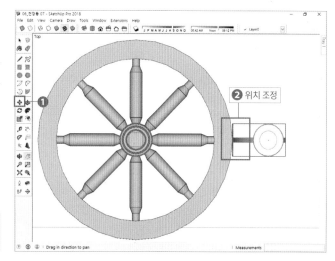

← → 키를 눌러 Y축, X축을 고정시킨 후 조정하면 더 정확하게 이동할 수 있습니다.

2 Front 뷰(⌂)를 클릭하고 메뉴에서 [Camera]-[Parallel Projection]을 선택합니다. 이동 툴(✛ : M)로 촛불 장식 하단이 천장등의 둥근 기둥의 중간점에 위치하도록 이동합니다.

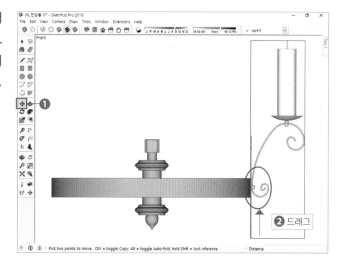

3 Top 뷰(▣)을 선택하고 메뉴에서 [Camera]-[Parallel Projection]을 선택합니다. 선택 툴(▶ : Spacebar)로 오른쪽의 촛대 그룹을 선택한 후 회전 툴(⟳ : Q)로 그림과 같이 사각 기둥 윗변의 중심점(Midpoint in Group)에 커서를 가져갑니다. 커서를 사각 기둥의 왼쪽 변의 중심점(Midpoint in Group)에 가져간 후 가운데 기둥의 중심점에 위치시킵니다. 가운데 기둥의 중심점(From Point)을 클릭한 후 오른쪽으로 드래그합니다.

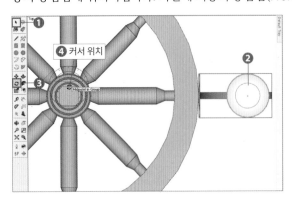 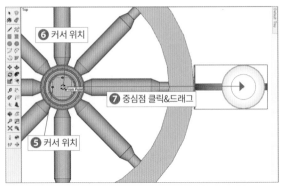

4 Ctrl 키를 한 번 눌러 + 표시(⟳)가 나타난 상태에서 촛불 장식 그룹을 시계 반대 방향으로 드래그한 후 수치 창에 '45'를 입력합니다. 수치 창에 '*7'을 입력합니다.

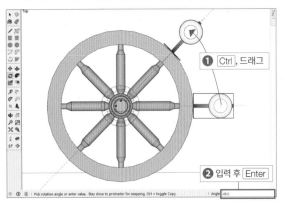 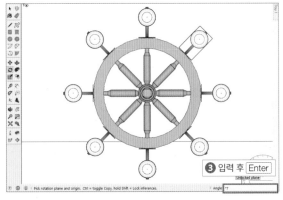

5 Iso 뷰(◈)를 선택하고 메뉴에서 [Camera]-[Parallel Projection]을 클릭하면 그림처럼 천장등의 모양이 나옵니다. 가장 오른쪽의 촛불 장식 그룹을 더블클릭해서 편집 모드로 들어간 후 촛불과 그밑의 장식이 포함된 그룹을 선택하고 복사(Ctrl + C 키)합니다.

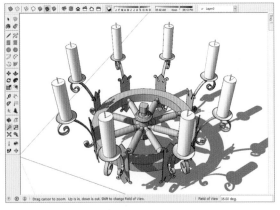 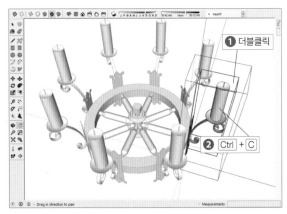

6 화면의 빈 공간을 클릭해서 편집 모드에서 나옵니다. 메뉴에서 [Edit]-[Paste In Place]를 클릭하면 동일한 모양의 촛불 그룹이 같은 위치에 복사됩니다. 이동 툴(✛ : M)로 복사한 촛불 그룹을 Z축(위쪽)으로 클릭&드래그한 후 수치 창에 '130'을 입력합니다.

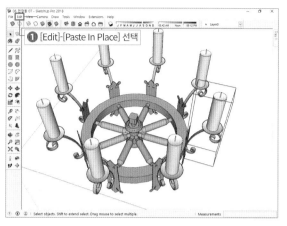
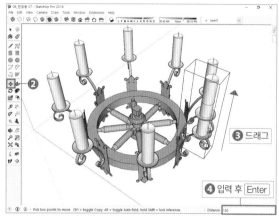

7 이동 툴(✛ : M)을 클릭하고 Ctrl 키를 한 번 눌러 + 표시(✛)가 나타난 상태에서 복사한 촛대 그룹을 X축(왼쪽)으로 클릭&드래그해 '300.6'만큼 이동합니다. 복사한 촛불 그룹이 중심으로 이동됐습니다. 그림에 선택된 촛불 장식 3개도 동일한 방법으로 복사하여 중심으로 이동해봅니다.

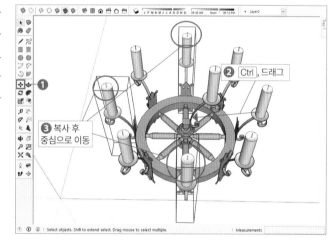

8 그림처럼 4개의 촛불장식이 가운데로 모였습니다. 4개의 객체를 Shift 키를 누른 채 선택해 그룹 지정하고 촛불 장식 전체를 선택하고(Ctrl + A 키) 그룹 지정합니다.

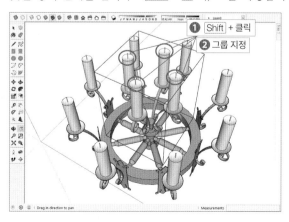
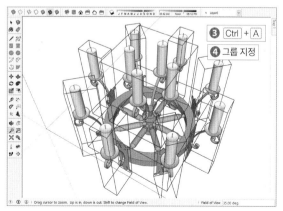

천장등 완성하기

페인트 통 툴이나 돋보기, 곡선 툴, 팔로미 툴로 나머지 소품을 만들어 천장등을 완성합니다.

| 예제 불러오기 | Part 4/Chapter 2/460600-001.skp, Texture/Metal_Black_01.jpg

1 [Materials] 패널에서 [Create Material...] ( ) 을 클릭하고 [Choose Image] 대화상자에서 [Metal_Black_01.jpg] 파일을 불러옵니다. [Create Material...] 창에서 [Color] 항목의 H, S, L에 '0', '0', '24'를 입력하고 크기 설정란에 '250', '159.1'을 입력한 후 [OK]를 클릭합니다.

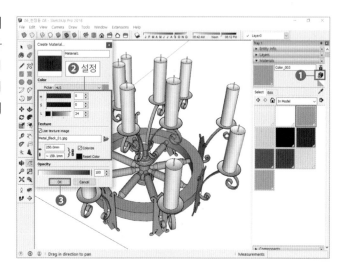

2 선택 툴(: Spacebar)로 먼저 천장등의 기둥 그룹을 더블클릭해 편집 모드로 들어간 후 페인트 통 툴 (: B)로 천장등의 기둥 그룹을 클릭해 색(Material1)을 입힙니다. 수레바퀴 모양 그룹을 더블클릭해 편집 모드로 들어간 후 페인트 통 툴(: B)로 수레바퀴 모양을 클릭해 색을 입힙니다. 정가운데 그룹도 더블클릭 후 색을 입힙니다.

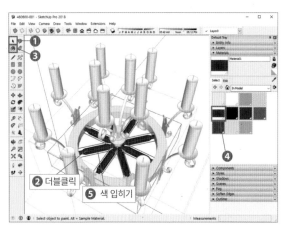

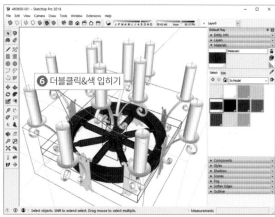

3 선택 툴(▶ : Spacebar)로 화면의 빈 공간을 클릭해서 편집 모드에서 나옵니다. 중간의 천장등의 텍스처와 촛불 장식의 텍스처가 구분되어 보기 편해졌습니다.

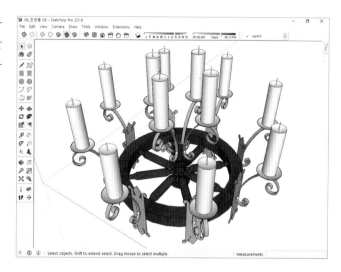

4 Front 뷰(⌂)를 클릭한 후 메뉴에서 [Camera]-[Parallel Projection]을 선택합니다. 사각형 툴(▣ : R)로 천장등의 옆 부근에서 클릭&드래그한 후 수치 창에 '30,45'를 입력합니다.

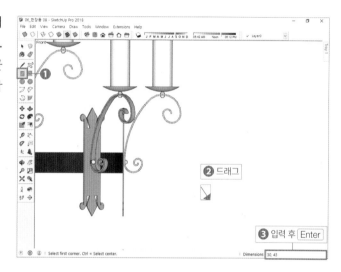

5 사각형을 확대하여 그림과 같이 조정합니다. 2점호 툴(◔ : A)를 클릭하고 수치 창에 '6'을 입력합니다. 그림처럼 양쪽 끝점을 클릭하고 위쪽으로 드래그한 후 수치 창에 '15'를 입력합니다. 아래쪽에도 양쪽 끝점을 클릭하고 아래쪽으로 드래그한 후 수치 창에 '15'를 입력합니다.

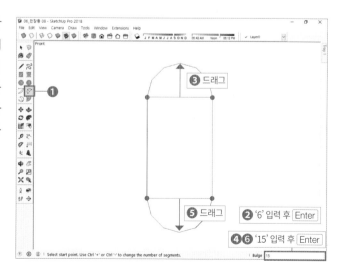

6 안쪽 가로라인 2개와 면들을 드래그하여 선택해서 삭제합니다. 원형 툴(⊙ : C)을 선택하고 수치 창에 '8'을 입력합니다. 타원의 세로선 중간지점(Midpoint)을 클릭하고 오른쪽으로 드래그한 후 수치 창에 '5'를 입력합니다.

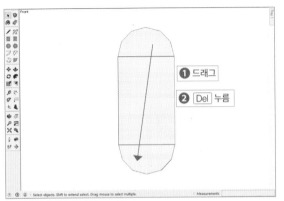
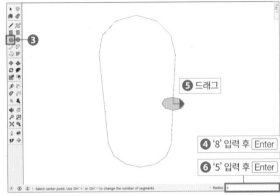

TIP 원의 세로선 중간지점을 드래그할 때 ↑ 키를 눌러 Z축을 잠그면 작업이 편리합니다.

7 선택 툴(▶ : Spacebar)로 타원 라인을 더블클릭해서 선택하고 팔로미 툴(🍥)로 작은 원을 클릭합니다. 그림과 같은 고리 모양이 만들어집니다.

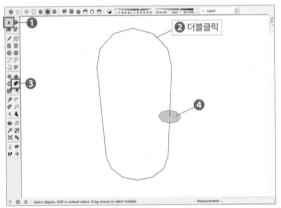

8 객체를 트리플 클릭하고 그룹 지정합니다. 페인트 통 툴(🪣 : B)으로 색(H, S, L: 0, 0, 24)을 선택한 후 객체를 클릭합니다.

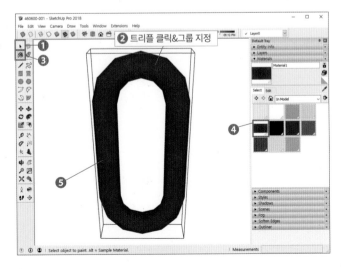

9 이동 툴(✥ : M)을 클릭하고 Ctrl 키를 한 번 눌러 + 표시(✥)가 나타난 상태에서 고리 모양의 중심점(Midpoint in Group)을 Z축(위쪽)으로 클릭&드래그한 후 수치 창에 '63'을 입력합니다.

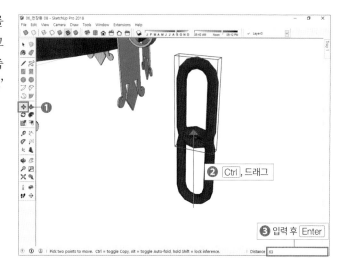

10 이동 툴(✥ : M)을 선택하고 객체 상단의 빨간 십자가 위에 커서를 가져가서 오른쪽으로 클릭&드래그해서 90도 회전시켜 줍니다. 사슬 2개를 선택하고 그룹 지정합니다.

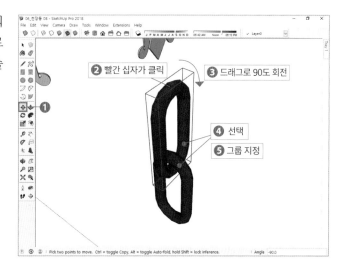

11 이동 툴(✥ : M)을 클릭하고 Ctrl 키를 한 번 눌러 + 표시(✥)가 나타난 상태에서 Z축(위쪽)으로 클릭&드래그한 후 수치 창에 '126'을 입력합니다.

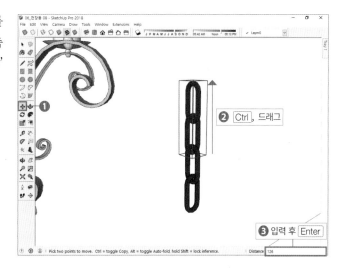

12 수치 창에 '*10'을 입력하면 고리 모양이 10개 복사되어 사슬이 됩니다. 사슬이 다 보이게 화면을 축소한 후, 사슬을 모두 선택하고 그룹으로 지정합니다.

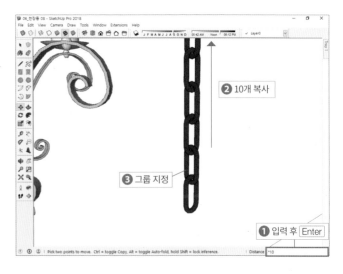

❷ 10개 복사

❸ 그룹 지정

❶ 입력 후 Enter

13 Top 뷰( )를 클릭하고 메뉴에서 [Camera]-[Parallel Projection]을 선택합니다. 이동 툴(: M)로 그림처럼 사슬 그룹이 천장등의 중심에 오도록 정렬해 줍니다.

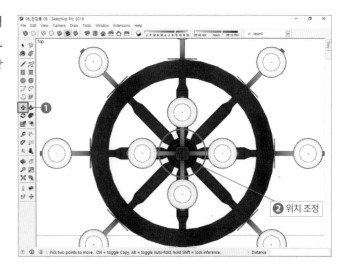

❷ 위치 조정

14 Iso 뷰( )를 클릭하고 메뉴에서 [Camera]-[Parallel Projection]을 선택한 후 천장등의 중심부를 확대합니다. 이동 툴(: M)로 사슬을 Z축(아래쪽)으로 드래그해서 사슬이 그림처럼 약간 들어가게 해줍니다.

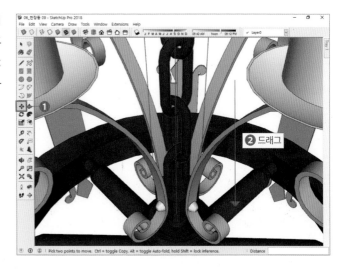

❷ 드래그

15 천장등 전체를 선택하고([Ctrl] + [A] 키) 그룹 지정합니다. 그림과 같이 구도를 잡고 상단 툴 바의 [Show/Hide Shadows]( )를 클릭하고 [Date]와 [Time] 슬라이더를 조절해서 그림자 위치를 조정합니다.

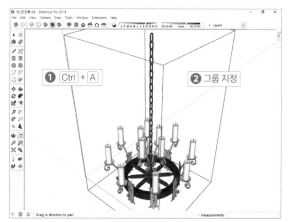 

16 다른 구도에서 본 천장등입니다.

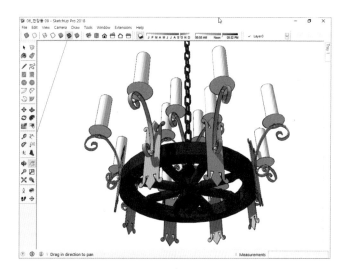

판타지에 자주 쓰이는
여관 건물 만들기

이번에는 판타지에 가장 많이 등장하는 주점을 겸하는 여관 건물을 만들어
보겠습니다. 여러 층의 건물이므로 다양한 목재와 돌 재질로 벽을 장식하고
나무 기둥의 다양한 배치로 단조롭지 않은 느낌을 연출해보겠습니다.

| 예제 완성파일 | Part 4/Chapter 3/470000-001.skp

1층 벽 만들기

사각형 툴, 오프셋 툴, 밀기/당기기 툴로 1층 벽을 만들어봅니다.

|예제 불러오기| Part 4/Chapter 3/470100-001.skp, Texture/wall_001.jpg

1 '470100-001.skp' 파일을 불러오면 미리 만들어진 그룹들이 있습니다. 마우스 휠 버튼으로 화면을 그림과 같이 조정합니다. 사각형 툴(: R)로 원점에서 위로 클릭&드래그한 후 수치 창에 '10000,15000'을 입력합니다.

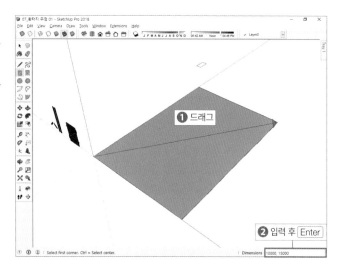

2 오프셋 툴(: F)로 오른쪽 변을 안쪽으로 클릭&드래그한 후 수치 창에 '100'을 입력합니다. 가운데 면을 선택해서 삭제합니다.

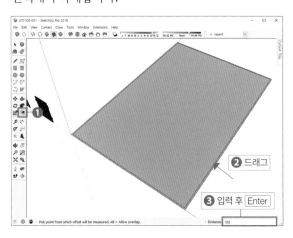

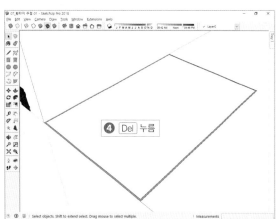

3 밀기/당기기 툴(: P)로 면을 위로 클릭&드래그한 후 수치 창에 '2800'을 입력합니다. 객체를 트리플 클릭하고 그룹 지정합니다.

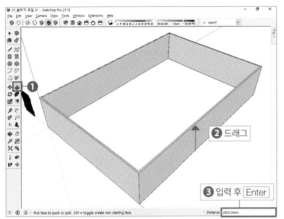
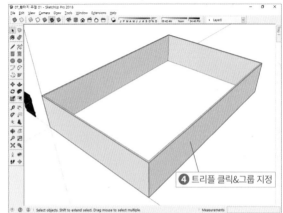

4 [Materials]-[Create Material]( )을 클릭해 [Choose Image] 대화상자에서 [wall_001.jpg] 파일을 불러옵니다. [Create Material...] 창에서 [Color] 항목의 H, S, L에 '0, 0, 88'을 입력하고, 크기 설정란에 '4000', '2666.7'을 입력한 후 [OK]를 클릭합니다. 페인트 통 툴(: B)로 객체에 텍스처를 입혀줍니다.

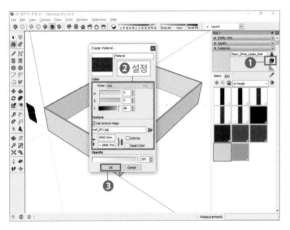
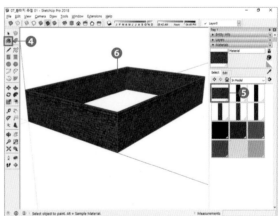

SECTION 02

1층 문과 나무 기둥 배열하기

이동 툴, 사각형 툴, 밀기/당기기 툴로 1층 문을 만들고 나무 기둥을 배열합니다.

| 예제 불러오기 | Part 4/Chapter 3/470200-001.skp

1   '470200-001.skp' 파일을 불러옵니다. 이동 툴(✛ : M)을 선택하고 X축(오른쪽)으로 클릭&드래그한 후 수치 창에 '7636.5'를 입력합니다. 벽을 더블클릭해서 편집 모드로 들어가서 사각형 툴(▣ : R)을 선택하고 문과 겹치는 부분을 기준으로 클릭&드래그한 후 수치 창에 '2016.1,1272.9'를 입력합니다.

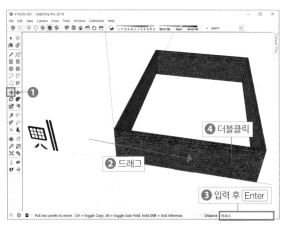
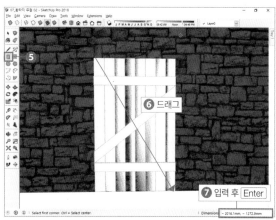

2   밀기/당기기 툴(◆ : P)로 면을 벽 뒤쪽으로 클릭&드래그한 후 수치 창에 '100'을 입력합니다. 이동 툴(✛ : M)로 문을 Y축(뒤쪽)으로 클릭&드래그한 후 수치 창에 '30'을 입력합니다.

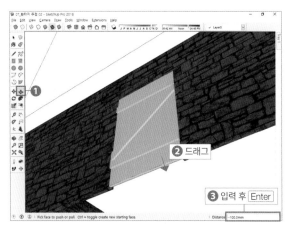

3 왼쪽 기둥 2개 중에서 오른쪽 기둥을 선택합니다. 이동 툴(✛ : M)을 클릭하고 Ctrl 키를 한 번 눌러 + 표시 (✛)가 나타난 상태에서 X축(오른쪽)으로 클릭&드래그한 후 수치 창에 '10540.4'를 입력합니다. 다시 Ctrl 키를 한 번 눌러 + 표시(✛)가 나타난 상태에서 문의 오른쪽 기둥을 X축(왼쪽)으로 클릭&드래그한 후 수치 창에 '1412.9'를 입력합니다.

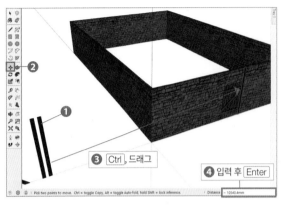

4 다시 Ctrl 키를 한 번 눌러 + 표시(✛)가 나타난 상태에서 문의 왼쪽 기둥을 X축(왼쪽)으로 클릭&드래그한 후 수치 창에 '4243.5'를 입력합니다. 수치 창에 '/3'을 입력하면 복사된 3개의 기둥을 볼 수 있습니다.

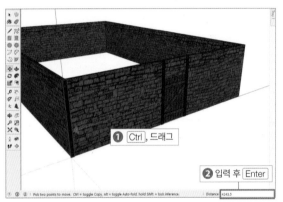
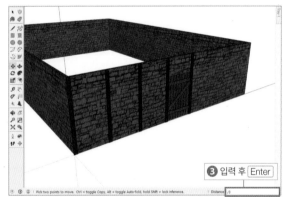

5 이동 툴(✛ : M)을 클릭하고 Ctrl 키를 한 번 눌러 + 표시(✛)가 나타난 상태에서 문의 오른쪽 기둥을 X축 (오른쪽)으로 클릭&드래그한 후 수치 창에 '4243.5'를 입력합니다. 수치 창에 '/3'을 입력하면 복사된 3개의 기둥을 볼 수 있습니다.

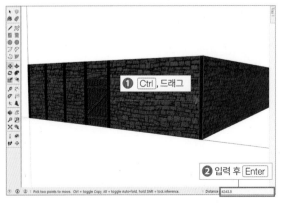
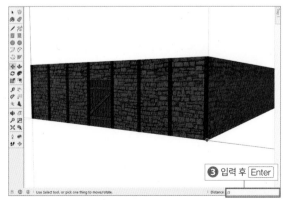

SECTION

03

창문 넣기

사각형 툴과 밀기/당기기 툴을 이용해 창문을 넣어보겠습니다.

| 예제 불러오기 |　Part 4/Chapter 3/470300-001.skp

1　'470300-001.skp' 파일을 불러옵니다. 벽을 더블클릭해서 편집 모드로 들어갑니다. 사각형 툴(■ : R)로 벽의 중앙 부분에 기둥과 벽의 교차점(intersection)을 클릭합니다.

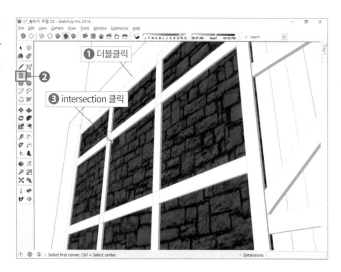

2　그림과 같이 화면을 돌린 후에 대각선 밑의 벽과 나무 기둥의 교차점(intersection)을 클릭하면 X축, Z축 각각 '1274.5', '1082.3'mm의 사각형이 그려집니다. 밀기/당기기 툴(◆ : P)로 그려진 사각형의 면을 뒤로 클릭&드래그한 후 수치 창에 '100'을 입력합니다.

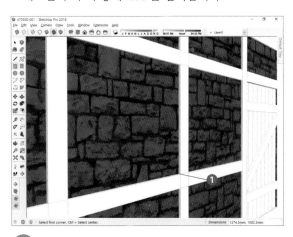

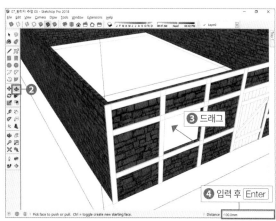

TIP　밀기/당기기 툴로 면을 뒤로 밀어도 되지만 벽의 반대편 면을 클릭해서 창문이 들어갈 부분을 뚫어줘도 됩니다.

3 오른쪽 벽의 중앙에도 사각형 툴(■ : R)로 X축, Z축 각각 '1274.5', '1082.3'mm의 사각형을 그립니다. 밀기/당기기 툴(◆ : P)로 면을 뒤로 클릭&드래그한 후 수치 창에 '100'을 입력합니다.

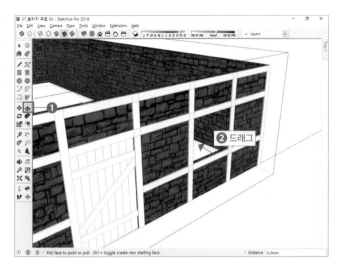

4 화면의 빈 공간을 클릭해서 편집 모드에서 나온 후, 왼쪽의 창문을 선택합니다. 이동 툴(◆ : M)을 클릭하고 Ctrl 키를 한 번 눌러 + 표시(✛)가 나타난 상태에서 X축(오른쪽) 방향으로 클릭&드래그한 후 수치 창에 '8309'를 입력합니다. 이동 툴(◆ : M)로 Y축(뒤쪽)으로 클릭&드래그한 후 수치 창에 '100'을 입력합니다.

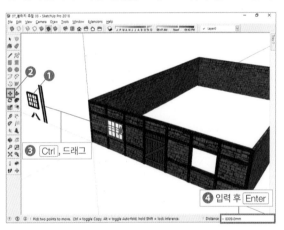
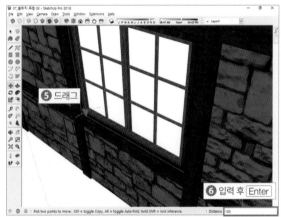

5 이동 툴(◆ : M)을 클릭하고 다시 Ctrl 키를 한 번 눌러 + 표시(✛)가 나타난 상태에서 왼쪽의 창문을 X축(오른쪽)으로 클릭&드래그한 후 수치 창에 '5656.4'를 입력합니다.

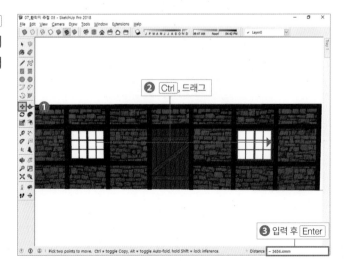

나무 받침대 넣기

SECTION 04

이동 툴로 사선 기둥 등을 드래그하여 나무 받침대에 넣어보겠습니다.

| 예제 불러오기 | Part 4/Chapter 3/470400-001.skp

1 선택 툴(▶ : Spacebar)로 왼쪽의 사선 기둥 2개를 Shift 키를 누른 채 선택합니다. 이동 툴(✤ : M)을 클릭하고 Ctrl 키를 한 번 눌러 + 표시(✤)가 나타난 상태에서 X축(오른쪽)으로 클릭&드래그한 후 수치 창에 '9079'를 입력합니다.

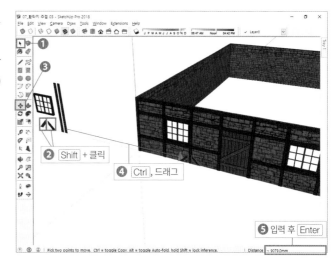

2 복사해서 이동한 사선 기둥이 잘 보이도록 확대하고 선택 툴(▶ : Spacebar)로 왼쪽 사선 기둥을 선택합니다. 이동 툴(✤ : M)로 X축(오른쪽)으로 클릭&드래그한 후 수치 창에 '68'을 입력합니다. 오른쪽 사선 기둥을 선택한 후, 이동 툴(✤ : M)을 클릭하고 Ctrl 키를 한 번 눌러 + 표시(✤)가 나타난 상태에서 X축(왼쪽)으로 클릭&드래그한 후 수치 창에 '2829'를 입력합니다.

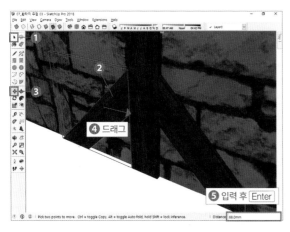

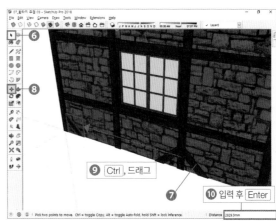

3 선택 툴(▶ : Spacebar)로 사선 기둥 2개를 Shift 키를 누른 채 선택한 후, 이동 툴(✛ : M)을 클릭하고 Ctrl 키를 한 번 눌러 + 표시(✛)가 나타난 상태에서 X축(오른쪽)으로 클릭&드래그한 후 수치 창에 '4241.9'를 입력합니다.

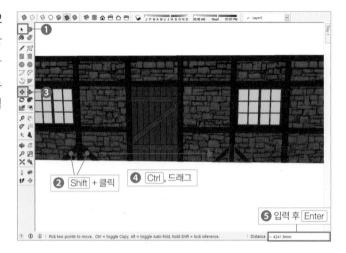

4 선택 툴(▶ : Spacebar)로 복사한 문 오른쪽의 왼쪽 사선 기둥을 선택합니다. 이동 툴(✛ : M)을 클릭하고 Ctrl 키를 한 번 눌러 + 표시(✛)가 나타난 상태에서 X축(오른쪽)으로 클릭&드래그한 후 수치 창에 '2829'를 입력합니다. 문 왼쪽의 사선 기둥 2개를 Shift 키를 누른 채 선택한 후, 그룹 지정합니다.

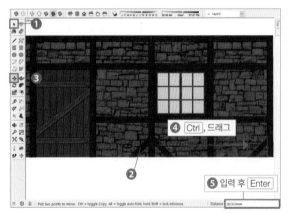

5 선택 툴(▶ : Spacebar)로 문 왼쪽의 사선 기둥 2개를 Shift 키를 누른 채 선택합니다. 이동 툴(✛ : M)을 클릭하고 Ctrl 키를 한 번 눌러 + 표시(✛)가 나타난 상태에서 Z축(위쪽)으로 클릭&드래그한 후 수치 창에 '2156.1'을 입력합니다. 이동 툴(✛ : M)로 객체 상단의 빨간 십자가 위에 커서를 가져가서 클릭&드래그한 후 180도 회전합니다.

6 이동 툴(✥ : M)로 회전시킨 창문 위의 사선 기둥을 Z축(위쪽)으로 클릭&드래그한 후 수치 창에 '36.4'를 입력합니다.

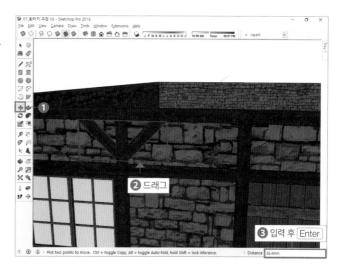

7 이동 툴(✥ : M)을 클릭하고 Ctrl 키를 한 번 눌러 + 표시(✥)가 나타난 상태에서 창문 위 사선 기둥 2개를 X축(왼쪽)으로 클릭&드래그한 후 수치 창에 '1414.5'를 입력합니다. '*2'를 입력하면 2개가 복사됩니다.

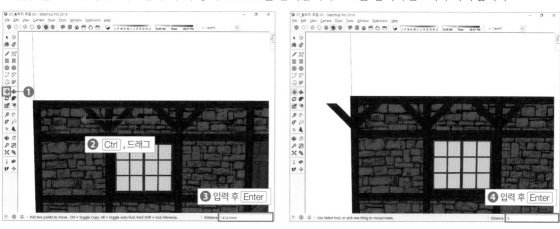

8 복사한 창문 위 사선 기둥 2개를 더블클릭해서 편집 모드로 들어간 후 그림과 같이 왼쪽 사선 기둥을 삭제한 후 빈 곳을 클릭해서 편집 모드에서 나옵니다. 왼쪽 창문의 오른쪽 사선 기둥 2개를 선택하고 이동 툴(✥ : M)을 클릭하고 Ctrl 키를 한 번 눌러 +표시(✥)가 나타난 상태에서 X축(오른쪽)으로 클릭&드래그한 후 수치 창에 '1414.5'를 입력합니다.

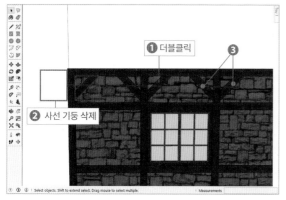
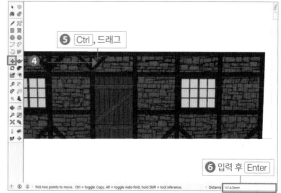

9 이동 툴(✤ : M)을 클릭하고 Ctrl 키를 한 번 눌러 + 표시(✤)가 나타난 상태에서 복사한 사선 기둥 2개를 X축(오른쪽)으로 클릭&드래그한 후 수치 창에 '1412.9'를 입력합니다.

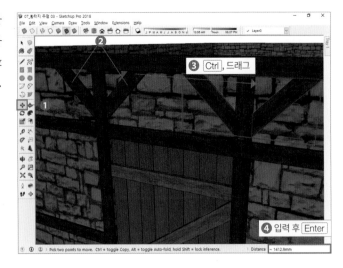

10 이동 툴(✤ : M)을 클릭하고 다시 Ctrl 키를 한 번 눌러 + 표시(✤)가 나타난 상태에서 사선 기둥 2개를 X축(오른쪽)으로 클릭&드래그한 후 수치 창에 수치 창에 '1414.5'를 입력합니다. '*3'을 입력하면 3개의 사선 기둥이 복사됩니다.

11 가장 오른쪽의 사선 기둥 그룹을 더블클릭해서 편집 모드로 들어갑니다. 그림과 같이 오른쪽 사선 기둥을 선택하고 삭제합니다.

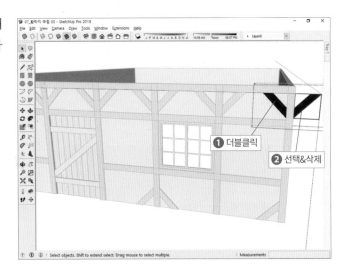

옆 벽 창문 넣기

사각형 툴, 이동 툴, 밀기/당기기 툴로 옆 벽의 창문이 들어갈 곳을 만들고 창문을 넣어봅니다.

| 예제 불러오기 |　Part 4/Chapter 3/470500-001.skp

1　'470500-001.skp' 파일을 불러온 후 그림과 같은 벽면이 보이도록 화면을 조정합니다. 벽면을 더블클릭해서 편집 모드로 들어갑니다. 사각형 툴(■ : R)로 벽과 나무 기둥의 교차지점에 클릭&드래그한 후 수치 창에 '1338.3, 1082.3'을 입력합니다. 총 3개의 사각형을 그려줍니다.

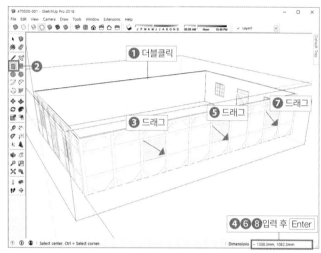

2　메뉴에서 [View]-[Component Edit]-[Hide Rest Of Model]을 클릭해서 벽면만 보이게 하고 Shift 키를 누른 채 3개의 사각형을 선택합니다.

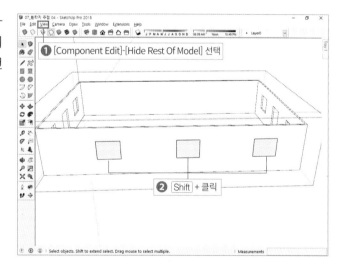

3 그림과 같이 화면을 조정한 후에 선택한 3개의 창문을 반대편 벽면으로 복사해 보겠습니다. 이동 툴(✛ : M)을 클릭하고 `Ctrl` 키를 한 번 눌러 + 표시(✛)가 나타난 상태에서 선택한 3개의 창문을 X축(왼쪽)으로 클릭&드래그한 후 수치 창에 '10000'을 입력합니다. 밀기/당기기 툴(◆ : P)로 면을 안쪽으로 클릭&드래그해 100mm만큼 이동해줍니다.

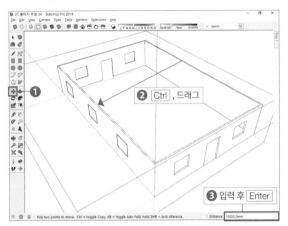
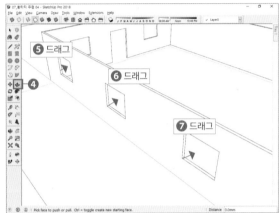

4 반대편 벽에도 밀기/당기기 툴(◆ : P)로 면을 안으로 10mm만큼 클릭&드래그합니다. 사각형 3개씩 모두 뚫어준 후 선택 툴(▶ : `Spacebar`)로 화면의 빈 공간을 클릭해서 편집 모드에서 나옵니다. 그림과 같이 창문이 들어갈 위치가 만들어졌습니다.

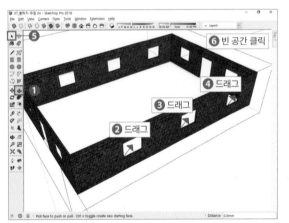
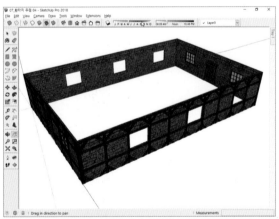

5 이동 툴(✣ : M)을 선택하고 Ctrl 키를 한 번 눌러 + 표시(✣)가 나타난 상태에서 건물 정면의 오른쪽 창문을 X축(오른쪽)으로 클릭&드래그한 후 수치 창에 '4000'을 입력합니다.

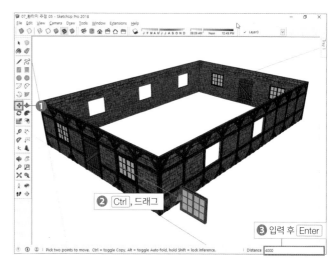

6 이동 툴(✣ : M)로 상단의 빨간 십자가 위에 커서를 가져가서 반시계 방향으로 클릭&드래그해서 90도 회전을 시켜줍니다.

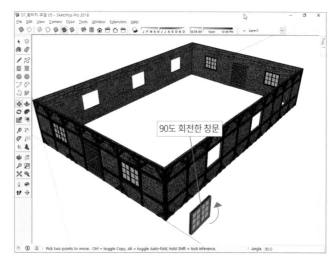

7 이동 툴(✣ : M)로 Y축(뒷쪽)으로 클릭&드래그한 후 수치 창에 '3768.8'을 입력합니다.

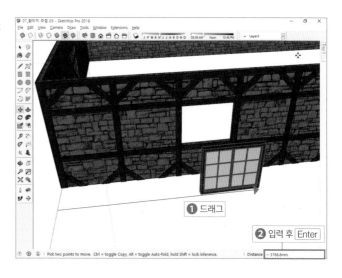

8 다시 이동한 창문을 위쪽으로 클릭&드래그한 후 수치 창에 '1878.4'를 입력합니다.

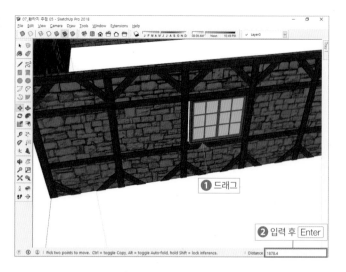

9 배율 툴(: S)을 클릭하고 가로 스케일을 왼쪽으로 클릭&드래그한 후 수치 창에 '1.05'를 입력합니다.

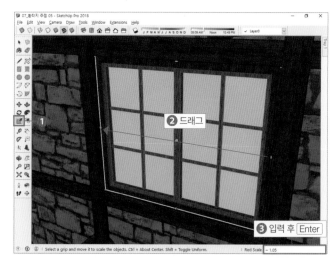

10 이동 툴(: M)을 클릭하고 Ctrl 키를 한 번 눌러 + 표시( )가 나타난 상태에서 이동해온 옆 벽의 창문을 Y축(뒤쪽)으로 클릭&드래그하여 '4455.9' 간격으로 2개를 복사합니다. Shift 키를 누른 채 창문 3개를 선택하고 그룹 지정합니다.

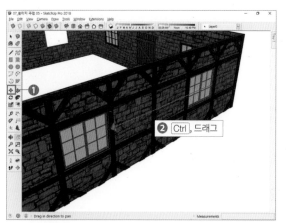

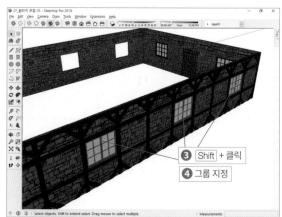

1 1층 전체를 선택하고 그룹 지정합니다. 이동 툴(✛ : M)을 클릭하고 Ctrl 키를 한 번 눌러 + 표시(✛)가 나타난 상태에서 Z축(위쪽)으로 클릭&드래그한 후 수치 창에 '2940'을 입력합니다. 2층을 더블클릭을 해서 편집 모드로 들어간 후 Shift 키를 누른 채 앞문, 뒷문 2개를 선택해서 삭제합니다.

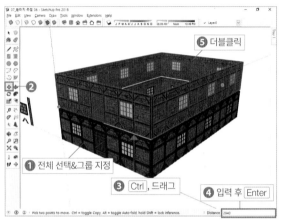
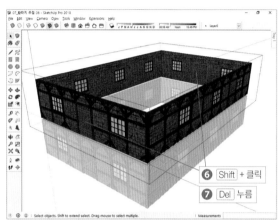

2 [white_002.jpg] 파일을 불러온 후 [Create Material...] 창에서 [Color] 항목의 H, S, L에 '46', '14', '82'를 입력하고, 크기 설정란에 '2600', '2600'을 입력합니다. 페인트 통 툴(🖌 : B)을 클릭한 후 [Material1]을 선택하고 객체를 클릭해 텍스처를 입혀줍니다.

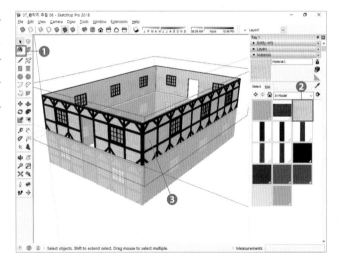

3 문을 삭제한 공간을 벽으로 채워넣겠습니다. 밀기/당기기 툴(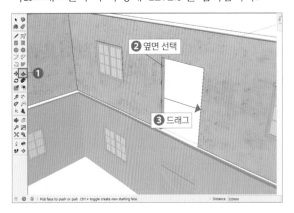 : P)로 문이 있던 자리의 옆면을 선택하고 오른쪽으로 드래그한 후 수치 창에 '1272.9'를 입력합니다. 반대편의 벽면도 밀기/당기기 툴(: P)로 옆면을 클릭&드래그한 후 수치 창에 '1272.9'를 입력합니다.

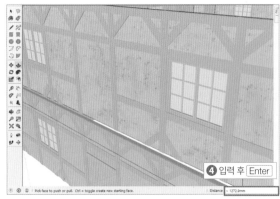

4 2층 앞면의 나무 기둥을 정리하겠습니다. 가운데 오른쪽 기둥을 선택한 후 삭제하고, 윗기둥을 선택합니다. 이동 툴(: M)을 클릭하고 Ctrl 키를 한 번 눌러 + 표시( )가 나타난 상태에서 Z축(밑쪽)으로 클릭&드래그한 후 수치 창에 '1222.3'을 입력합니다.

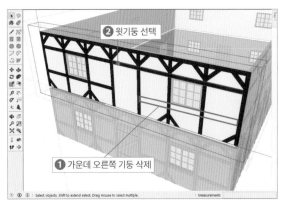

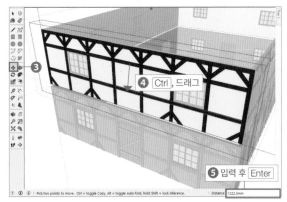

5 가운데 2개 기둥을 선택합니다. 이동 툴(: M)을 클릭하고 Ctrl 키를 한 번 눌러 + 표시( )가 나타난 상태에서 Z축(밑쪽)으로 클릭&드래그한 후 수치 창에 '933.8'을 입력합니다. 복사한 아래쪽 오른쪽 가운데 기둥을 선택한 후 배율 툴(: S)로 가로 스케일을 오른쪽으로 클릭&드래그하고 수치 창에 '1.03'을 입력합니다.

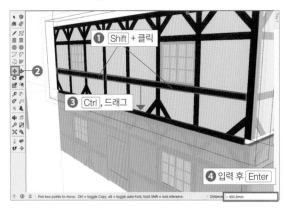

6 복사한 아래쪽 왼쪽 가운데 기둥을 선택합니다. 배율 툴(▣ : S)로 가로 스케일을 오른쪽으로 클릭&드래그하고 수치 창에 '1.03'을 입력합니다. 배율 툴(▣ : S)로 가로 스케일을 왼쪽으로 클릭&드래그한 후 수치 창에 '1.03'을 입력합니다.

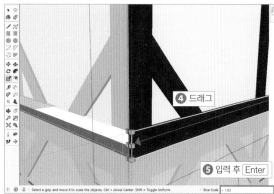

7 그림과 같이 화면을 건물 뒷면으로 회전시킨 후 나무 기둥 그룹을 선택해 삭제합니다. 정면의 나무 기둥 그룹을 복사해 Y축(뒤쪽)으로 '15020'만큼 이동합니다.

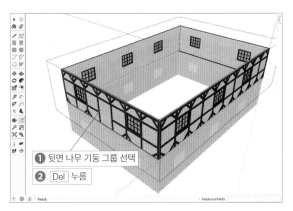
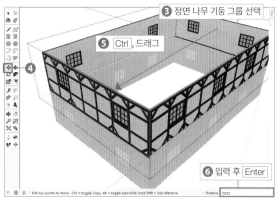

8 정면을 기준으로 오른쪽 벽의 나무 기둥 그룹의 편집 모드로 들어갑니다. 3번째 가로 기둥을 선택하고 복사한 후 Z축(아래쪽)으로 '933.8'만큼 이동합니다. 배율 툴(▣ : S)로 가로 스케일을 오른쪽 방향으로 클릭&드래그한 후 수치 창에 '3.48'을 입력합니다.

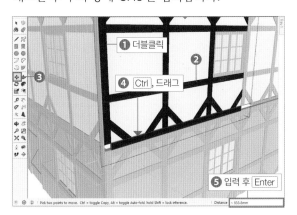
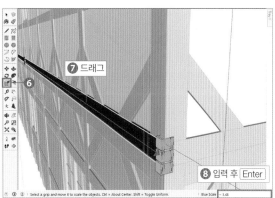

9 가장 오른쪽 나무 기둥 그룹을 더블클릭해서 편집 모드로 들어가서 3번째 가로 기둥을 선택합니다. 이동 툴 (✣ : M)을 클릭하고 [Ctrl] 키를 한 번 눌러 + 표시(✣)가 나타난 상태에서 Z축(밑쪽)으로 클릭&드래그한 후 수치 창에 '933.8'을 입력합니다.

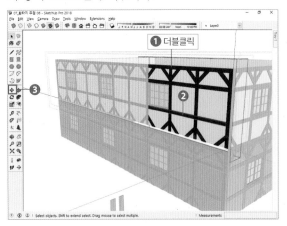
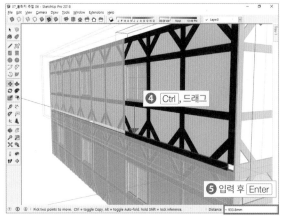

10 이동 툴(✣ : M)로 현재 보이는 축 기준으로 X축(오른쪽)으로 클릭&드래그한 후 수치 창에 '147'을 입력합니다. 배율 툴(▧ : S)을 클릭하고 가로 스케일을 왼쪽으로 클릭&드래그한 후 수치 창에 '3.48'을 입력합니다.

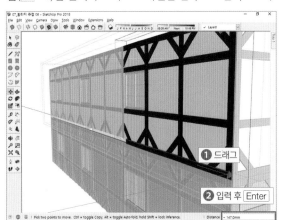
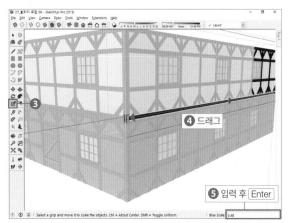

11 화면의 빈 공간을 클릭해서 편집 모드에서 나옵니다. 2층의 기본 형태가 만들어졌습니다.

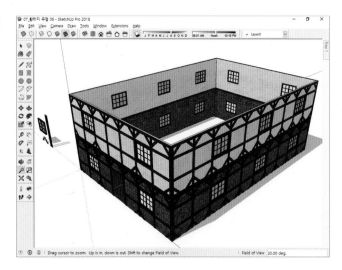

2층 다듬기

이동 툴, 밀기/당기기 툴, 페인트 통 툴을 이용해 2층을 다듬어봅니다.

| 예제 불러오기 | Part 4/Chapter 3/470700-001.skp

1 2층을 더블클릭해서 편집 모드로 들어간 후 Shift 키를 누른 채 정면의 나무 기둥 그룹과 창문 2개를 선택합니다. 이동 툴(✛ : M)로 Y축(앞쪽)으로 클릭&드래그한 후 수치 창에 '1000'을 입력합니다.

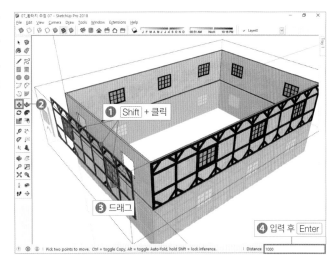

2 벽을 더블클릭해서 편집 모드로 들어간 후 화면처럼 구도를 잡고 정면 벽면을 선택합니다. 이동 툴(✛ : M)로 Y축(앞쪽)으로 클릭&드래그한 후 수치 창에 '1000'을 입력합니다.

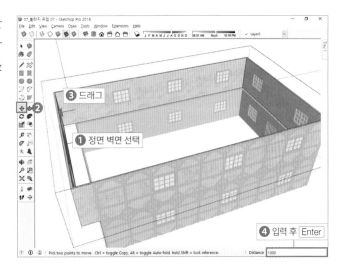

3 앞쪽 벽을 튀어나오게 했습니다. 이번에는 오른쪽 벽면을 튀어나오도록 하기 위해 `Shift` 키를 누른 채 나무 기둥 그룹과 창문 3개를 선택한 후 이동 툴(⊕ : M)로 X축(오른쪽)으로 클릭&드래그한 후 수치 창에 '1000'을 입력합니다.

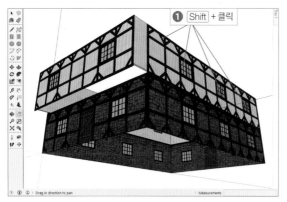

4 벽을 더블클릭해서 편집 모드로 들어간 후 오른쪽 벽면을 선택합니다. 이동 툴(⊕ : M)로 X축(오른쪽)으로 클릭&드래그한 후 수치 창에 '1000'을 입력합니다. 빈 공간을 클릭해서 벽면의 편집 모드에서 나온 후 `Shift` 키를 누른 채 왼쪽 벽면 나무 기둥 그룹과 창문 3개를 선택합니다. 이동 툴(⊕ : M)로 X축(왼쪽)으로 클릭&드래그한 후 수치 창에 '1000'을 입력합니다.

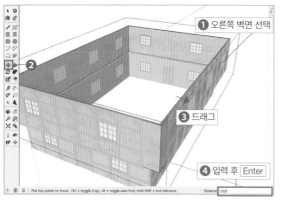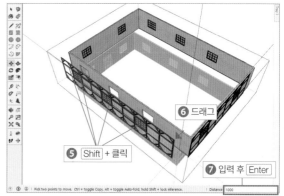

5 벽을 더블클릭해서 편집 모드로 들어가서 왼쪽 벽면을 선택한 후 이동 툴(⊕ : M)로 X축(왼쪽)으로 클릭&드래그한 후 수치 창에 '1000'을 입력합니다. 빈 공간을 클릭해서 벽면의 편집 모드에서 나온 후 `Shift` 키를 누른 채 건물의 뒷면 나무 기둥 그룹과 창문 2개를 선택합니다. 이동 툴(⊕ : M)로 Y축(뒤쪽)으로 클릭&드래그한 후 수치 창에 '1000'을 입력합니다.

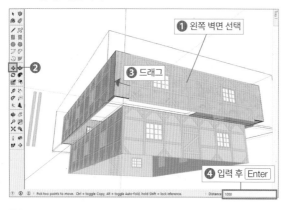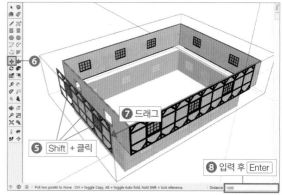

6 벽을 더블클릭을 해서 편집 모드로 들어간 후 뒷면의 벽면을 선택합니다. 이동 툴(✛ : M)로 Y축(뒤쪽)으로 클릭&드래그한 후 수치 창에 '1000'을 입력합니다.

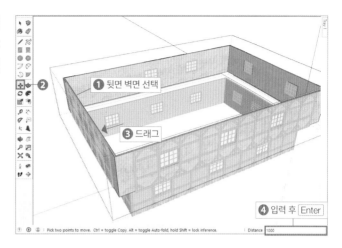

7 Top 뷰(▣)를 클릭해서 그림처럼 구도를 잡고 사각형 툴(▣ : R)로 2층 벽면 밑쪽의 꼭지점들을 클릭&드래그한 후 수치 창에 '11800, 16800'을 입력합니다.

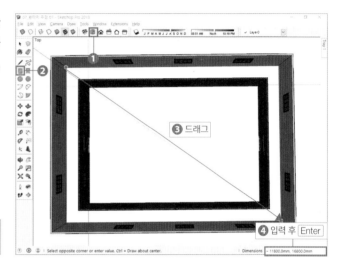

TIP 사각형을 그릴 때 첫 모서리를 찍고 ↑ 키를 한 번 누르면 Z축 고정이 되어 보다 정확하게 그릴 수 있습니다.

8 Iso 뷰(◈)를 클릭하고 메뉴에서 [Camera]-[Parallel Projection]을 선택합니다. 밀기/당기기 툴(◈ : P)로 그린 사각형의 면을 아래로 클릭&드래그한 후 수치 창에 140'을 입력한 후 2층 바닥이 될 객체를 트리플 클릭하고 그룹 지정합니다. 페인트 통 툴(◈ : B)로 객체를 클릭해 텍스처(H, S, L: 46, 13, 81)를 입혀줍니다.

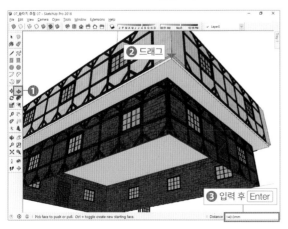
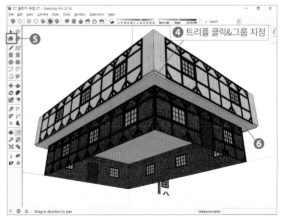

2층 하단부 만들기

사각형 툴, 밀기/당기기 툴, 페인트 통 툴로 2층 하단부를 만들어봅니다.

| 예제 불러오기 | Part 4/Chapter 3/470800-001.skp

1 2층 하단부를 만들기 위해 정면 1층 왼쪽 모서리 부분을 확대합니다. 사각형 툴(▦ : R)로 1층 가장 왼쪽 위 모서리를 클릭&드래그하여 '147, 140' 크기의 사각형을 만듭니다. 밀기/당기기 툴(◈ : P)로 면을 앞으로 클릭&드래그한 후 수치 창에 '1100'을 입력합니다.

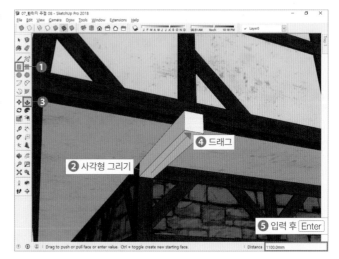

2 모서리 나무 기둥을 트리플 클릭하고 그룹 지정합니다. 페인트 통 툴(⊚ : B)을 선택하고 Alt 키를 누른 채 근처의 나무 기둥을 샘플링한 후 모서리 나무 기둥을 클릭해 텍스처를 입혀줍니다.

3 이동 툴(✥ : M)을 클릭하고 Ctrl 키를 한 번 눌러 + 표시(✤)가 나타난 상태에서 X축(오른쪽)으로 클릭&드래그한 후 수치 창에 '1414.5'를 입력합니다. 수치 창에 '*3'을 입력하면 3개의 모서리 나무 기둥이 복사됩니다.

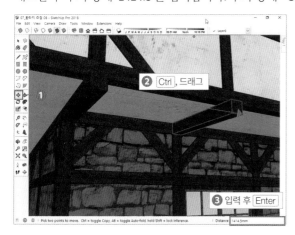

4 이동 툴(✥ : M)을 클릭하고 Ctrl 키를 한 번 눌러 + 표시(✤)가 나타난 상태에서 복사한 4번째 모서리 나무 기둥을 X축(오른쪽)으로 클릭&드래그한 후 수치 창에 '1412.9'를 입력합니다.

5 Ctrl 키를 한 번 눌러 + 표시(✤)가 나타난 상태에서 다시 5번째 모서리 나무 기둥을 X축(오른쪽)으로 클릭&드래그한 후 수치 창에 '1414.5'를 입력합니다. 수치 창에 '*3'을 입력하면 3개가 복사되어 총8개의 모서리 나무 기둥이 만들어졌습니다.

6 Shift 키를 누른 채 건물 정면의 모서리 나무 기둥을 모두 선택하고 그룹 지정합니다. 이동 툴(✛ : M)을 클릭하고 Ctrl 키를 한 번 눌러 + 표시(✛)가 나타난 상태에서 건물의 뒷면인 Y축(뒤쪽)으로 클릭&드래그한 후 수치 창에 '16120'을 입력합니다.

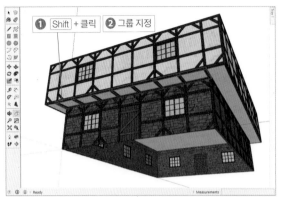

7 정면을 기준으로 오른쪽 벽의 앞 모서리가 보이게 화면을 조정합니다. 사각형 툴(▦ : R)을 선택하고 그림과 같이 위 모서리에서 클릭&드래그한 후 수치 창에 '140, 147'을 입력합니다. 밀기/당기기 툴(◆ : P)로 면을 앞으로 클릭&드래그한 후 수치 창에 '1100'을 입력합니다.

8 객체를 트리플 클릭하고 그룹 지정합니다. 페인트 통 툴(▧ : B)을 선택하고 Alt 키를 누른 채 근처의 나무 기둥을 샘플링한 후 모서리 나무 기둥을 클릭해 텍스처를 입혀줍니다.

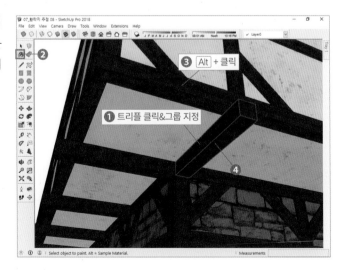

9 이동 툴(✛ : M)을 클릭하고 Ctrl 키를 한 번 눌러 + 표시(✛)가 나타난 상태에서 모서리 나무 기둥을 Y축 (뒤쪽)으로 클릭&드래그한 후 수치 창에 '1485.3'을 입력합니다. 수치 창에 '*10'을 입력합니다.

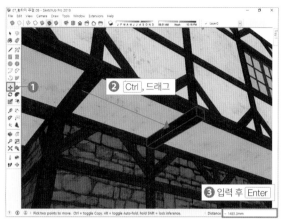

10 Shift 키를 누른 채 모서리 나무 기둥들을 모두 선택하고 그룹 지정합니다. 이동 툴(✛ : M) 클릭하고 Ctrl 키를 한 번 눌러 + 표시(✛)가 나타난 상태에서 X축(왼쪽)(건물의 왼쪽 벽)으로 클릭&드래그한 후 수치 창에 '11140'을 입력합니다.

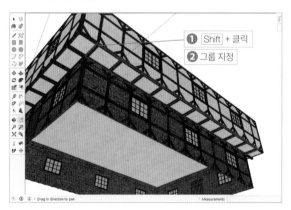

11 Shift 키를 누른 채 1층과 나무 기둥 그룹 전 체를 선택하고 그룹 지정합니다.

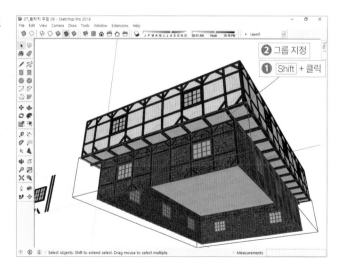

SECTION 09

3층과 지붕 만들기

선 툴, 오프셋 툴, 밀기/당기기 툴을 이용해 3층과 지붕을 만들어봅니다.

| 예제 불러오기 | Part 4/Chapter 3/470900-001.skp, Texture/roof_001.jpg

1 선택 툴(▸ : Spacebar)로 Shift 키를 누른 채 2층의 벽면, 나무 기둥 그룹, 바닥을 선택하고 그룹 지정합니다.

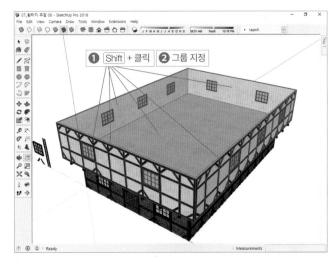

2 이동 툴(✛ : M)을 클릭하고 Ctrl 키를 한 번 눌러 + 표시(✛)가 나타난 상태에서 Z축(위쪽)으로 클릭&드래그한 후 수치 창에 '2940'을 입력합니다.

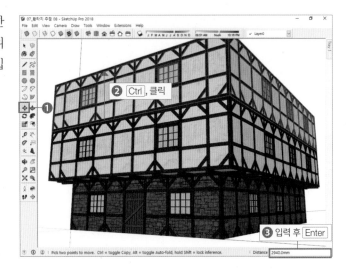

3 화면 구도를 그림처럼 조정합니다. 사각형 툴(▨ : R)로 3층의 꼭지점을 연결하는 지점을 클릭&드래그한 후 수치 창에 '12000,17000'을 입력합니다. 지붕 바닥을 트리플 클릭하고 그룹 지정합니다.

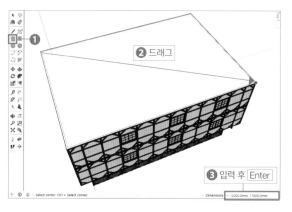

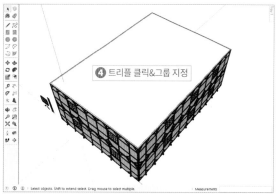

4 지붕 바닥을 더블클릭해서 편집 모드로 들어갑니다. 선 툴(✏ : L)로 앞부분의 중간점을 찾아서 서로 연결하는 라인을 그어준 후 중간의 라인을 선택합니다.

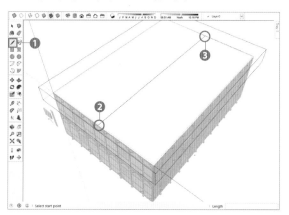

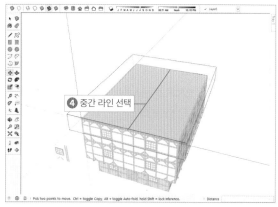

5 이동 툴(✛ : M)로 선택한 중간 라인을 Z축(위쪽)으로 클릭&드래그한 후 수치 창에 '7000'을 입력합니다. 메뉴에서 [View]-[Component Edit]-[Hide Rest Of Model]을 클릭하면 나타나는 지붕 단독 모드에서 선 툴(✏ : L)로 하단을 잇는 라인을 클릭&드래그한 후 수치 창에 '12000'을 입력합니다. 반대편도 선 툴(✏ : L)로 하단을 잇는 12000mm의 라인을 그려줍니다.

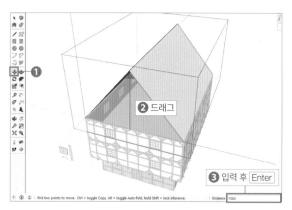

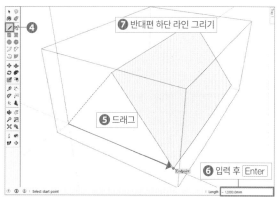

6 메뉴에서 [View]-[Component Edit]-[Hide Rest Of Model]을 클릭해서 단독 모드에서 빠져나옵니다. 페인트 통 툴(: B)을 선택하고 Alt 키를 누른 채 3층의 벽면을 클릭해 색상을 샘플링한 후 지붕을 클릭해 벽면 텍스처를 입혀줍니다.

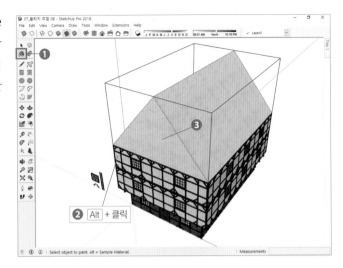

7 Front 뷰( )를 클릭하고 메뉴에서 [Camera]-[Parallel Projection]을 선택합니다. 선 툴(: L)로 천장의 꼭대기를 클릭하고 사선을 따라 드래그하면 라인이 분홍색으로 변하면서 추정 기능이 작동합니다. 수치 창에 '10600'을 입력한 후 반대편도 선 툴(: L)로 10600mm의 라인을 그려줍니다.

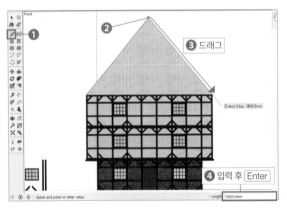
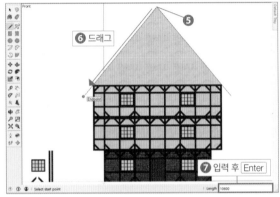

8 Shift 키로 천장의 양라인을 선택한 후 오프셋 툴(: F)로 라인을 바깥쪽으로 클릭&드래그한 후 수치 창에 '100'을 입력합니다. 그림과 같이 화면을 확대한 후, 선 툴(: L)로 2개 라인의 끝을 연결하는 라인을 그려줍니다. 반대편도 동일한 방법으로 그려줍니다.

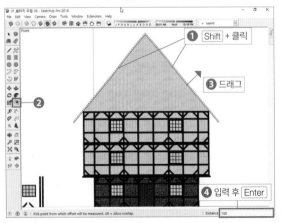
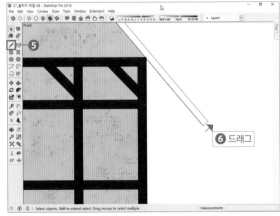

9 Iso 뷰(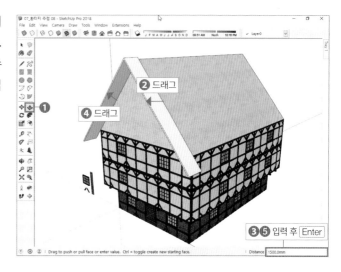)를 클릭하고 메뉴에서 [Camera]-[Parallel Projection]을 선택합니다. 밀기/당기기 툴(◆ : P)로 지붕의 앞면을 앞쪽으로 클릭&드래그한 후 수치 창에 '1500'을 입력합니다.

10 이번에는 밀기/당기기 툴(◆ : P)로 지붕의 앞면을 뒤쪽으로 클릭&드래그한 후 수치 창에 '18500'을 입력합니다. 지붕 앞면을 트리플 클릭하고 그룹 지정합니다.

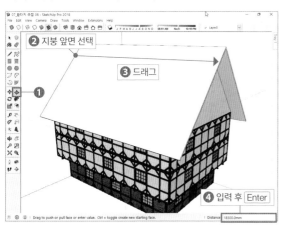
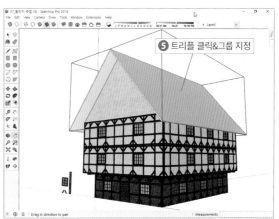

11 [roof_001.jpg] 파일을 불러온 후, [Create Material...] 창에서 [Color] 항목의 H, S, L에 '24', '2', '56'을 입력하고, 크기 설정란에 '7000', '4690'을 입력합니다. 페인트 통 툴(🪣 : B)로 지붕을 클릭해 텍스처를 입혀줍니다.

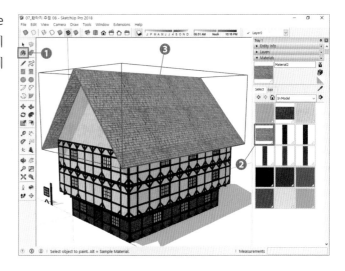

4층 만들기

이동 툴, 선 툴, 밀기/당기기 툴로 4층을 만들어봅니다.

|예제 불러오기| Part 4/Chapter 3/471000-001.skp

---

1 지붕 위에서 마우스 오른쪽 버튼을 클릭해 [Hide]를 선택합니다. 3층을 더블클릭해서 편집 모드로 들어가
서 Shift 키를 누른 채 3층 정면의 나무 기둥 그룹과 창문 2개를 선택한 후 복사(Ctrl + C 키)합니다.

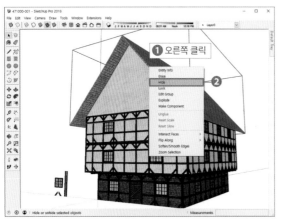
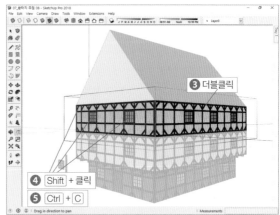

---

2 Front 뷰(⌂)를 클릭한 후, 메뉴에서
[Camera]-[Parallel Projection]을 선택합니다.
화면의 빈 공간을 클릭해서 편집 모드에서 빠져
나온 후 메뉴에서 [Edit]-[Paste In Place]를 클릭
하면 동일한 자리에 붙여넣기가 됩니다.

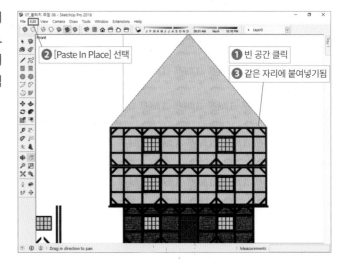

---

3 이동 툴(✥ : M)을 클릭하고 Ctrl 키를 한 번 눌러 + 표시(✥)가 나타난 상태에서 복사한 나무 기둥 그룹을 Z축(위쪽)으로 클릭&드래그한 후 수치 창에 '2940'을 입력합니다.

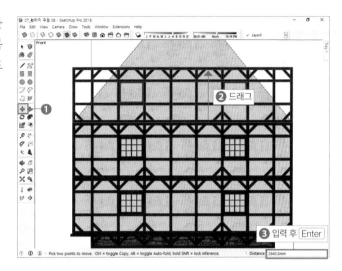

4 4층의 나무 기둥 그룹을 더블클릭해서 편집 모드로 들어갑니다. Shift 키를 누른 채 그림처럼 가운데 가로 기둥 2개, 양옆의 세로 기둥 2개, 사선 모양의 모든 기둥을 선택한 후 삭제해 사다리 모양의 틀만 남깁니다.

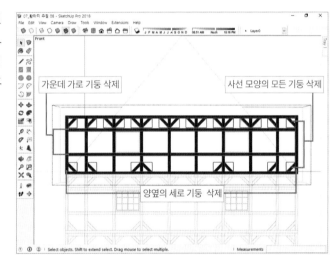

5 이번에는 위쪽 가로 기둥과 중간의 세로 기둥 4개를 선택합니다. 이동 툴(✥ : M)을 클릭하고 Ctrl 키를 한 번 눌러 + 표시(✥)가 나타난 상태에서 Z축(위쪽)으로 클릭&드래그한 후 수치 창에 '2800'을 입력합니다.

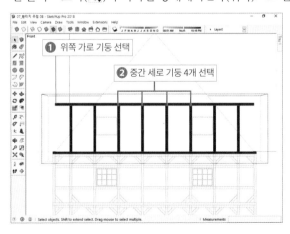
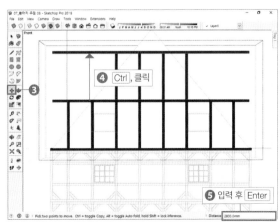

6 2번째 줄의 3번째 세로 기둥을 선택하고 이동 툴(✥ : M)을 클릭하고 Ctrl 키를 한 번 눌러 + 표시(✥)가 나타난 상태에서 Z축(위쪽)으로 클릭&드래그한 후 수치 창에 '2800'을 입력합니다. 이동 툴(✥ : M)로 X(왼쪽)으로 클릭&드래그한 후 수치 창에 '706.4'를 입력합니다.

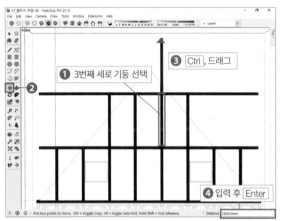 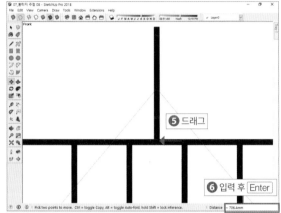

7 상단 툴 바의 Hidden Line(◻)을 클릭한 후 4층 나무 기둥 중 1개를 선택하고 마우스 오른쪽 버튼을 클릭해 [Make Unique]를 선택합니다. 현재 그룹 안의 모든 나무 기둥들을 하나씩 선택해서 동일한 작업을 해줍니다.

TIP 나무 기둥 모양을 모두 다르게 편집해야 하기 때문에 독립적인 컴포넌트로 만들어 줍니다.

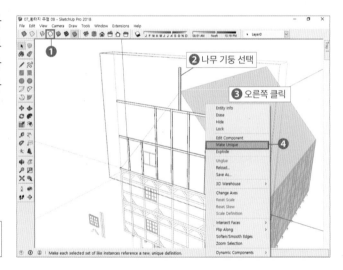

8 화면의 구도를 그림처럼 조정합니다. 가장 위쪽 나무 기둥의 편집 모드로 들어간 후 선 툴(✏ : L)로 녹색점이 찍힌 지점에서 지붕선과 교차지점을 따라 양쪽으로 선을 그려줍니다.

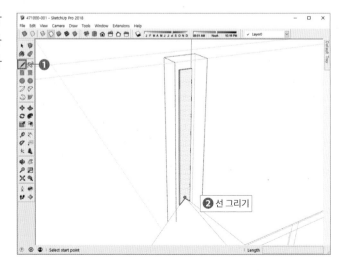

9 밀기/당기기 툴(◈ : P)로 면을 앞으로 클릭&드래그한 후 수치 창에 '20'을 입력합니다. 그림처럼 나무 기둥이 지붕 모양에 맞춰집니다. 다른 나무 기둥들도 하나씩 지붕 모양에 맞춰서 선 툴(✎ : L)로 겹치는 라인을 그린 후, 밀기/당기기 툴(◈ : P)로 밀어서 지붕 위로 올라오는 부분을 모두 없애줍니다.

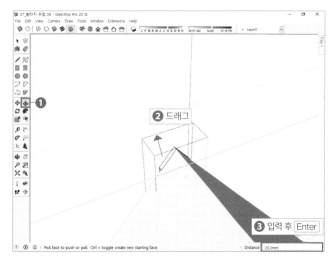

10 오른쪽 기둥들을 지붕 모양에 맞춰서 작업한 모습입니다. 왼쪽의 기둥들도 동일한 방법으로 작업합니다.

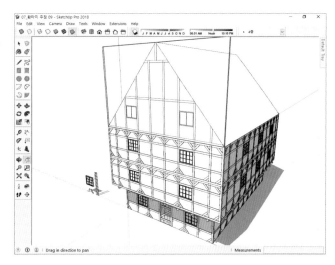

11 상단 툴 바의 Shaded With Textures(◕)을 클릭하면 좀더 재질감 있게 표현됩니다.

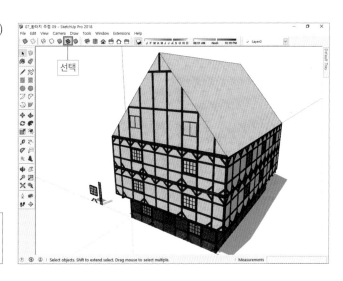

> **TIP**
> Shaded With Textures는 스케치업 작업 시 기본 스타일로 세팅되어 있으며 선과 색, 명암, 재질 등을 모두 표현하는 기능입니다.

건물 완성하기

Layer 패널을 층별로 설정해 건물을 완성합니다.

| 예제 불러오기 | Part 4/Chapter 3/471100-001.skp

1 '471100-001.skp' 파일을 불러오면 창문이 추가된 모습을 볼 수 있습니다. [Layer] 패널을 열고 Add Layer(⊕) 아이콘을 클릭하고 [1층], [2층], [3층], [4층] 레이어를 만들어 줍니다.

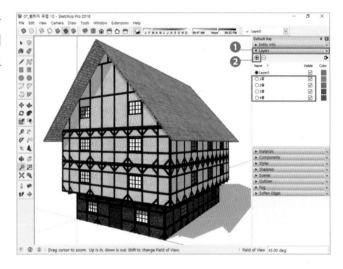

2 건물의 1층을 선택하고 상단 툴 바의 Layer(⌄ Layer0 ⌄)에서 [1층]을 선택합니다. 건물의 2층을 선택하고 상단 툴 바의 Layer에서 [2층]을 선택한 후 건물의 3층을 선택하고 Layer에서 [3층]을 선택합니다. 4층과 지붕을 그룹 지정하고 Layer에서 [4층]을 선택한 후 객체를 모두 선택(Ctrl + A 키)하고 그룹 지정합니다.

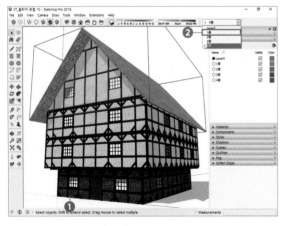

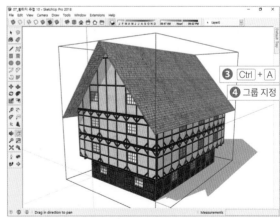

SECTION

12

소품 배치하기

지금까지 작업한 판타지 소품들을 배치해 봅니다.

| 예제 불러오기 | Part 4/Chapter 3/471200-001.skp, 471200-판타지소품.skp

1 '471200-판타지소품.skp' 파일을 불러온 후 그림처럼 작업한 소품들을 배치해 놓았습니다. 식탁과 천장등을 선택하고 복사(Ctrl + C 키)합니다. 새로운 창을 열고 '471200-001.skp' 파일을 불러옵니다. 여관 건물에서 1층만 보이게 하고 나머지 레이어는 끄고 붙여넣기(Ctrl + V 키)한 후 배치해 봅니다. 나무 상자와 술통들도 하나씩 복사해서 배치해 봅니다.

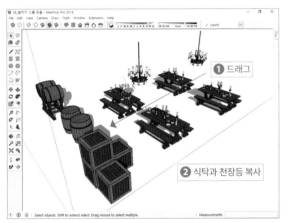
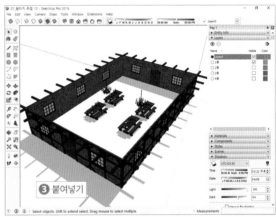

2 배치가 끝나고 레이어를 모두 켠 여관의 옆모습과 전체 모습입니다.

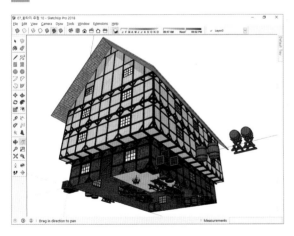

웹툰 원고와 배경 이미지 합성/보정하기

웹툰 원고와 배경 이미지를 합성하고 보정하는 방법을 알아보겠습니다. 저자는 먼저 클립 스튜디오에서 별에별 작가님의 '옆집남자와 소설가와 기묘한 이야기' 웹툰 원고 이미지를 열고, 스케치업에서 파트 2에서 만든 5층 상가건물과 거리를 불러온 후에 스케치업 화면 창을 클립 스튜디오 창 위에 보이게 배치했습니다. 이때 투명 유틸리티로 구도를 잡고 2D Export로 이미지를 저장한 후 클립 스튜디오에서 합성과 간단한 보정을 하였습니다.

1. 투명 유틸리티로 배경 구도 잡기

구글(www.google.com)에서 '투명 유틸'을 검색해 원하는 유틸리티 프로그램을 다운 받아 설치한 후 실행합니다(저는 Transparent window for w2k를 다운 받았습니다). 투명 유틸리티 창의 조준선 모양의 아이콘을 클릭&드래그해서 스케치업 창을 클릭하면 그림과 같이 스케치업 창이 투명해지면서 밑바탕에 클립 스튜디오 화면이 비쳐 보입니다.

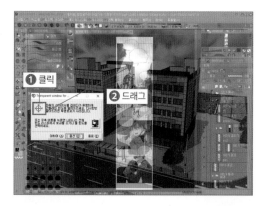

웹툰 컷의 크기와 스케치업의 작업 창의 크기를 줄입니다. 스케치업 창은 원고의 컷보다 약간 더 크게 조절하고 배경의 구도를 완전히 맞춥니다. 구도잡기가 끝나면 투명 유틸리티의 조준선 아이콘을 클릭&드래그해서 스케치업 창을 클릭하면 불투명도가 다시 원래대로 돌아옵니다. 스케치업 작업 창의 크기는 그대로 둡니다.

> **TIP**
> 감으로 작업하는 것보다 투명 유틸리티로 직접 보면서 구도를 잡으면 배경합성 작업 시간이 획기적으로 줄어듭니다. 투명 유틸리티를 적극적으로 사용하기를 권합니다.

2. 2D Export에서 스타일 별로 추출하기

앞에서 유틸리티를 통해 만든 이미지를 2D Export를 통해 원하는 스타일로 저장합니다. 스케치업의 [Styles] 패널의 기능을 이용해 Line과 Profile, Texture, Shadow, Color 스타일을 추출하고 각각 메뉴의 [File]-[Export]-[2D Graphic...]를 클릭해서 저장합니다.

1) Line과 Profile을 2D Export로 저장하기

[Styles] 패널에서 홈버튼 옆의 라이브러리에서 'HiddenLine' 스타일을 클릭합니다. [Edit]탭을 누르면 Edges만 체크되어 있는데 Profiles를 체크 선택하고 1에서 4까지 적당한 굵기의 외곽선을 지정해줍니다(Line과 Profile은 따로 저장해도, 하나로 저장해도 됩니다).

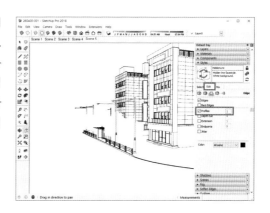

2) Texture 스타일을 2D Export로 저장하기

[Styles] 패널에서 홈버튼 옆의 'Default Styles' 라이브러리에서 'Shaded with textures' 스타일을 클릭합니다. [Edit]탭을 클릭해 Edges를 체크 해제해 줍니다.

3) 그림자를 2D Export로 저장하기

위 1번의 'HiddenLine' 스타일을 선택한 상태에서 [Edit]탭에서 Edges, Profiles를 모두 체크 해제 하면 화면에 아무것도 보이지 않습니다. [Shadows] 패널에서 'Show/Hide Shadows' 아이콘을 클릭하고 Light는 '100', Dark는 '0'으로 설정합니다.

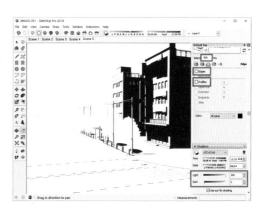

4) Color 스타일을 2D Export로 저장하기

스타일 패널에서 홈버튼 옆의 'Default Styles' 라이브러리에서 'Shaded' 스타일을 클릭합니다. [Edit]탭을 클릭해 Edges를 체크 해제해 줍니다.

TIP
1)번부터 4)번까지 스타일을 만들었으면 메뉴의 [File]-[Export]-[2D Graphic...]을 클릭해서 각각 저장해 줍니다. 파일 포맷은 png로 저장합니다.

4. 이미지 프로그램에서 스케치업 배경 합성하기

앞에서 스케치업으로 작성한 5장의 이미지를 복사해서 하나의 파일에 붙여넣기 합니다(여기서는 클립 스튜디오를 사용합니다). 위쪽에 프로파일과 라인, 중간에 텍스처, 아래쪽에 컬러와 그림자가 오도록 순서를 조정합니다.

프로파일 레이어와 라인 레이어를 선택한 후 레이어 혼합 모드를 [곱하기]로 변경하고, 3번째에 텍스처 레이어를 위치시키면 텍스처 위에 라인들이 보입니다.

웹툰 원고의 시간대에 맞는 하늘 배경을 불러온 후 레이어는 하단에 위치시킵니다.

이제 그림자를 넣어보겠습니다. 레이어 팔레트에서 [새 레이어]를 클릭한 후 레이어명을 [그림자]로 지정합니다. Ctrl 키를 누른 채 앞에서 불러온 하단의 [그림자] 레이어를 선택하면 다음 그림과 같이 그림자 부분이 선택됩니다.

좌측 툴 바에서 [그라데이션] 툴을 선택한 후 [그라데이션] 창에서 '밤 하늘'을 선택하고 작업 화면의 배경에서 대각선으로 드래그해줍니다. 레이어의 혼합 모드는 '곱하기'로 설정하고 불투명도는 60% 정도로 맞춰주면 되는데 원하는 어둡기를 찾아서 조절하면 됩니다.

5. 간단한 보정으로 배경 완성하기

새 레이어를 만든 후에 레이어의 혼합 모드는 '스크린'으로, 불투명도는 50%로 설정합니다. [그라데이션] 창에서 '저녁 노을'을 선택한 후 작업 화면의 배경에서 오른쪽 아래에서 왼쪽 위로 드래그한 후 전체 레이어를 선택하고 복사합니다.

배경이 들어갈 원고를 선택하고 레이어들을 붙여넣기(Ctrl + V)하면 레이어 마스크를 만들어 주어서 컷에 딱 맞게 들어간 배경이 보입니다.

좌측 툴 바에서 [레이어 이동] 툴을 선택한 후 배경 레이어들을 모두 선택해 처음에 잡았던 구도로 이동합니다. 원고의 구도에 맞도록 작업 화면의 배경을 Ctrl + T 키를 눌러 시계 방향으로 조금 회전해줍니다. 이제 기본적인 스케치업 배경 합성 작업을 마쳤습니다.

스케치업 배경 작업과 원고 합성이 완료된 전체 원고의 모습입니다. 원고의 대사 칸과 효과음 레이어를 켜주고 대사를 만들어주면 원고 작업은 완성됩니다. 본인의 스타일에 따라 좀 더 리터칭을 해주거나 효과를 줄 수 있습니다.

▼ 배경 작업과 원고 합성이 완료된 원고   ▼ 대사 칸과 효과음을 넣은 원고

TIP

카카오페이지와 저스툰에 동시 연재중인 별에별 작가님의 작품인 '옆집남자와 소설가와 기묘한 이야기'를 작가님의 동의하에 스케치업 배경작업 예제를 만들었습니다.
카카오페이지: https://page.kakao.com/home?seriesId=52552551
저스툰: https://www.justoon.co.kr/content/home/18hf19h7b8de

웹툰 원고 제작 과정(페이지 방식)

카카오페이지와 저스툰에 연재 중인 '옆집남자와 소설가와 기묘한 이야기'의 별에별 작가님의 원고 과정을 참고로 살펴보겠습니다.

- 라인 작업/스케치업 배경 합성

데생과 펜터치로 라인 작업을 완료한 후 스케치업 배경 작업과 리터칭 작업을 하고 인물과 합성 작업을 합니다.

- 블렌딩 모드로 마무리 작업

스케치업으로 추출한 배경을 원고에 합성합니다. Multyply Mode(곱하기 모드)나 비슷한 다른 레이어 모드로 인물과 배경에 전체적인 분위기를 어둡거나 진하게 조절해줍니다. Screen Mode(스크린 모드) 계열로는 인물과 배경에 전체적인 분위기를 밝거나 부드럽게 조절해서 완성해줍니다.

> **TIP** 웹툰 원고 제작 방식은 스크롤 방식과 페이지 방식이 있으며, 보통 자신이 편한 방법으로 작업하면 됩니다. 페이지 방식의 원고 제작은 나중에 웹툰 스크롤 방식으로 편집해야 합니다.